国家自然科学基金项目
"异质性与共享资源自发治理的集体行动研究"（编号：70573046）

教育部2006年博士学科点专项科研基金项目
"转型期共享资源合作治理与个体行为模式调整"（编号：20060288016）

Principle of Human Behavior: Study of Behavioral Economics

人类行为的法则

学 习 行 为 实 验 经 济 学 研 究

朱宪辰　编选

ZHEJIANG UNIVERSITY PRESS
浙江大学出版社

前　言

　　本书中选取的论文反映了目前行为实验经济学前沿的一个重要领域——学习行为过程的实验研究。南京理工大学应用经济研究所长期关注纽约大学肖特带领的团队，以及马克斯－普朗克（MP）经济学研究所演化学习方向的相关工作。

　　本书中的论文主要取自纽约大学实验社会科学中心（The Center for Experimental Social Science，CESS）和纽约大学 C. V. Starr 应用经济学中心的几项代表性的工作，即以学习行为研究为核心的实验经济学项目（Experimental Economics Projects）中的成果。全书共收录了 7 篇的论文，可以分为以下三个类别：

　　第一类是学习理论与模型构建的综述，即第 1 篇《经济学的个体学习模型构建综述》。这篇论文介绍了学习理论的整体研究状况，安排这一篇便于读者了解学习理论与模型。此文可以作为顺序消化相关理论的基础，也可以作为此后应用的指导性文献（该文是作者为《基于代理人的计算经济学手册》的第 18 章而撰写的综述）。

　　第二类是学习行为实验方法的重要文献，也就是第 2 篇《使用诱导信念的信念学习实验研究》。该项工作事关重要的学习过程理论——信念学习理论，能否直接纳入模型的关键性技术，即能否记录并处理被试在决策前的主观信念。肖特团队给出方法主要是诱导被试"如实"给出自己的"陈述信念"，是否"如实"，可以由此后的决策行动进行判断。

　　第三类是针对各种不同信息接收方式、不同场景、不同假设开展的学习行为实验。不同信息接收方式包括：自己动手经历新信息，看到别人决策经历的信息，听到别人建议的信息。围绕"用手"、"用眼"和"用耳"的文献是第4、第5和第6篇。针对不同环境场景，这里主要分个体与代际交叠两种发展为讨论部分，代际环境下的学习为第7篇《代际博弈中的社会学习与习俗调整：一个实验研究》。针对被试是否符合主流理性假设的文献是第3篇《从羊群行为中区分信息追随的实验研究》。

　　本书的读者对象包括高等院校经济学和行为科学相关学科的高年级本科生和研究生，以及相关教学研究机构中的教师和研究人员。本书可以作为实验经济学和行为经济学的高级教材和参考资料，亦可以作为对行为经济学感兴趣的读者的补充阅读材料。

　　论文的编选、翻译由南京理工大学经济管理学院朱宪辰教授主持，是在持续的教学讨论和自然科学基金项目（学习行为课题）实施过程中逐步消化、完善的。先后参加翻译的主要是南京理工大学经济管理学院应用经济研究所的老师和研究生，他们是杨静文、晏鹰、韩岭、李妍绮、郁婧、邹超群和黄晓庆；参与承担校对工作的有夏茂森、晏鹰、屠海良、李妍绮和韩岭。

　　这次编选的7篇论文为该研究领域的最新研究成果，由于出版编辑时间紧迫，又涉及诸多学科的专门术语，翻译中出现的错误恳请读者予以指正和谅解。

　　论文集的出版得到国家自然科学基金（项目号：70573046）和教育部高等学校博士点专项科研基金（项目号：20060288016）资助，特此致谢。

南京理工大学应用经济研究所

2008 年 8 月 14 日

目　　录

绪　　论

1　学习行为问题研究的经济学背景

正如托马斯·勃伦纳（2004）所言，"长期以来，学习问题都只是经济学的一个很小的问题"。由此引发出两点思考：一是为什么以往经济学研究一直不关注学习行为，二是学习行为研究对经济学中什么领域至为重要。

第一点，为什么以往经济学研究一直不关注学习行为？

粗略地看，其主要原因是研究任务来源于社会工程用户的愿望。无论是君主还是一般民众，当他们认为需要经世济民的富国强兵之策或需要构建自己愿望中的亲睦安逸之邦，进而带领众人接近大同世界，并把这种社会工程的设计任务称之为经济学的时候，那么，以此为己任的经济学家，就会一门心思围绕社会福利的效率指标，例如帕累托效率、卡尔多—希克斯效率，精心开展机制设计工作，或者说开发机制设计的技术。

比较一下其他学科，例如，有生物工程也有生物学，有临床医学技术也有生理病理等基础学科研究，有化学工程也有化学。这些工程技术与基础研究之间虽然有紧密的关联，前者可以为后者提出研究任务——需解答的疑问，但后者本身就有自己学科活动、处理经验观察中出现的问题。[①] 而前面以社会工程为目标的经济学，其全部使命就是实现或尽量接近社会工程用户的愿望，所以这种经济学几乎不可能有自己的基础研究任务。可具体表述为：作为社会工程设计的经济学最关心的是多方参与的决策状态，不同的参与规则及初始条件会导致什么样的决策均衡——产出量、效率和分配；对其他人采取什么样的激励、约束，施加什么影响，会使工程用户方的愿望最大化。这样的经济学研究任务就不再包括 Menger 早期关注的核心问题——人类决策行为本身及其行为变化。所以，包括选择偏好的变化，个体关于自己可以采取的策略知识的变化，关于不同策略可能导致结果的认识变化等，这些都不在主流经济学的视野之内了。

还有一个主要原因，来自于主流经济学方法的公理化趋势。多年来，从基于极值一阶条件的局部均衡联立方程、阿罗—德布罗的点集拓扑的微观体系，一直到基于共同知识的纳什均衡表达形式，基本走上了立足于公理基点的思辨演绎之路，虽然也做应用题——计量估计，但这种计量估计的确就是数学的应用题，其检验的不是数学形式而是应用时的简化假设。数学形式本身不需要也不可能通过计量估计检验确认或拒绝。所以，在经济学的这种方法论趋势发展之下，就不会产生个体在相应环境下究竟是如何作出决策的基础性问题，也就不会产生个体是否会改变、如何改变决策知识之类的问题了。简而言之，主流经济学在此意义上不同于所有基于经验观察抽象基本问题的学科。

第二点，学习行为研究对经济学内哪些领域是至为重要的？

至少我们可以认为，一旦研究者关注的现实事件发生的变化，在主流经典模型框架里难以刻画的时候（例如，制度或技术变迁过

---

① 而且，基础学科研究中争议的判断，几乎完全与应用者的好恶评价无关，不同假说中的哪一种更有解释力只能以经验检验为准。

程的刻画与解释），那么，学习过程的行为研究就可能被纳入经济学的关键环节。最显著的当属诺斯的工作，诺斯致力于寻找制度变迁的微观基础，因为制度变迁是决定经济体增长、提高绩效的最重要因素，所以，诺斯等（C. Mantzavinos, Douglass C. North, Syed Shariq, 2004）指出：

The greatest challenge for the social sciences is to explain change—or more specifically, social, political, economic, and organizational change. The starting point must be an account of *human learning*, which *is the fundamental prerequisite for explaining such change*. The ability to learn is the main reason for *the observed plasticity of human behavior*, *and the interaction of learning individuals* gives rise to change in society, polity, economy, and organizations. Because learning is the main object of inquiry in cognitive science, only a dogmatic attitude would prevent social scientists interested in phenomena related to change from paying appropriate attention to its findings. The revolution over the past decades in cognitive science has produced valuable insights regarding the processes of individual learning across different types of environments.

这里明确指出的是，若要解释变迁，就不得不聚焦在 "the observed plasticity of human behavior, and the interaction of learning individuals" 之上，简言之，"human learning is the fundamental prerequisite for explaining such change"。

探究制度形态或者惯例的起源、变化，导向学习行为研究的另一位大师就是肖特。肖特在 1980 年完成的《社会制度的经济理论》（*The Economic Theory of Social Institutions*）一书中表明，有必要"将经济问题视为演化的问题，其中，经济行为人只有有限的生命，并将促进经济和社会活动协调的各种各样的社会经验规则、制度、规范和惯例传给他们的后代。……有些制度得到了公开的认同，并写进了法律，而另外一些制度则只是得到了默认，并随着行为人各自最大化他们效用的行为而同时演化"（安德鲁·肖特，2003：2）。即我们的根本任务是理解制度形态或者惯例为什么、如何发生变化。

近30年来，纽约大学的CESS在肖特的带领下，已经发展出了一大批以学习行为研究为核心的实验经济学项目（Experimental Economics Projects），主要开展的项目内容如下：

- Project on Learning
- Project on Intergenerational Games and Advice
- Project on Advice Giving and Following
- Project on Bank Runs

本书所选的文献，大部分都与肖特率领的研究团队——CESS组织开展的工作有关。一系列实验研究的目的就是考察：个体在不同场景下决策行为变化的过程机理——受什么因素影响，是如何影响的。例如，关于行动与收益支付的不同新信号来源，分别对个体调整原有知识、影响主观估计进而决定其行动的影响如何？至于"行动与收益支付的不同新信号来源"，可以是自己的新尝试、看到的别人的尝试或听到的别人的建议，以及在不完美信息下可能的模仿行为，代际交替过程中习得的情况等。

2   经济学研究学习问题的简单回顾与学习行为的若干实验研究

针对决策行为的最基本性质的考察，实际上早在休谟那里就有了非常精辟的归纳与彻底的推理尝试——只要基于观察和实验，那么就必然要从个体接收处理信号的 perceptions 开始，个体受三种福利追求的驱动①，作出反应，调整行为。经过一步步梳理，休谟高度精练地概括出了行为调整与制度变迁的脉络：

人类个体之间重复的交往方式（包括人类共同缔结的、有关正义规则的协议），都"只是一般的共同利益感觉，这种感觉是社会全体成员互相表示出来的，并且诱导他们以某些规则来调整他们的行为。"……"当这种共同的利益感觉互相表示出来、并为双方所了解时，它就产生了一种适当的决心和行动。"②

但是，通常的经济学家在关注学习问题时，正如 MP 经济学研究组的托马斯·勒伦纳（2004）所指出的，他们关注的主要是"如何才能最优"与"怎么才会收敛到均衡"两方面的问题：

第一，建立规范性学习模型用于描述最优学习过程——贝叶斯学习；

第二，主要是发展出学习模型，以反映学习行为收敛至均衡的最优行为。

至于为什么会这样，前面在"背景"部分已作了说明。既然有前述的背景原因，所以在相当长的时期内，研究学习过程的大部分经济学工作，主要致力于证明学习过程收敛至最优行为。这一类证明的首次尝试出现于 1951 年（Brown，1951）纳什均衡的提出，激起了以下问题的讨论：人们如何变得会根据这个均衡来参与博弈。布朗建立了被称之为虚拟博弈的学习模型；而罗宾逊（Robinson，1951）说明虚拟博弈学习模型可收敛至纳什均衡行为，随后又被证明，这只有在某些条件下才成立（Shapley，1964）。

与此数学模型形式化倾向有所不同的是经验性的学习实验研究。近二十多年来，伴随着行为金融被应用领域日益关注，弗农·史密

---

① "一是我们内心的满意；二是我们身体的外表优势；三是我们凭勤劳和幸运而获得的所有物的享用。"见休谟《人性论》下，p. 528。

② 见休谟《人性论》下，pp. 530－531。

斯和卡尼曼的工作被经济学界所重视，基于经验观察抽象基本问题的经验学科研究方法得到了发展，学习行为的实验研究就是该发展趋势中的一个重要方向。

在这里必须强调的是，卡内基—梅隆的西蒙（Carnegie Mellon University，Herbert A. Simon）的伟大贡献虽然不是学习过程和制度变迁，但却直指经济学问题的核心——决策行为，即，个体究竟根据什么如何做出决策！也许这完全不是公理化体系的一般均衡所关心的问题，当然更不是依靠选择集公理化体系所能证伪的。所以西蒙对公理设定提出的质疑，使卡尼曼遵循其"有限理性"和启发式（heuristic）思维研究方向，取得了显著进展。

学习现象的经济学研究中，干中学（learning-by-doing）被关注得比较多，但实际上个体接受新的行为习俗，或者说群体中很多个体习得（acquisition）新的决策知识，并非直接来自于自己的反复练习等亲身经历，他们往往是通过观察别人的行动和结果，形成自己的新知识。这种观察别人的行动和结果的学习在心理学研究中称之为社会学习理论，经典的是班杜拉[1]（Bandura，1962）所作的示范攻击行为的观察模仿实验。按照社会学习理论[2]，观察者第一要"注意 -attn-"；第二通过观察获得别人活动的符号表征（symbolic representation，又称象征性再现表象），被编码和储存到了记忆中（不必再靠动作和图像，用逻辑思维获得知识，了解世界，简称为"符号表征的保持"或曰"记忆 -ret-"）；第三要有把符号表征转变成适当的行动的"动作再现 -prod-"过程；最后第四，要有把习得（acquisition）展现出来（performance）的"动机 -motivation"。合起来 observational learn 的四要点即"-attn-ret-prod-motivation"。

---

[1] Bandura, Department of Psychology, Stanford University, Stanford, California 94305 – 2131, USA. Email：bandura@ psych. stanford. edu.

[2] 30 多年后，班杜拉发展了自己早期的工作，将其称之为 Social Cognitive Theory（Bandura A. , 2001）。

经济学领域考察的个体决策问题与心理学在许多方面都不太一样，例如：

- 心理学实验的观察学习（observational learning）中，有待学习的就是一个既定的新策略；经济学的问题是个体没有既定的新策略，而是如何找到尚不知道的最佳策略。经济行为实验的任务就是考察这个搜寻过程。这一项考察工作，就是"看着学：一项观察学习的实验研究"文献的内容。

- 在班杜拉考察的观察记忆过程中，其理论简化的设定和实验安排都要求被观察的行动与赏罚后果是确定的，对观察学习的被试来说，所见所知的信息与行动者（殴打充气娃娃的扮演者）是一样的。但现实中的序贯行动往往是，只能看见前面行动的人在自己之前作出行动，但是看不见前行者决策获得的结果；也不知道前行者决策前的信息如何（前行者据以决策的信息是私人信息），就像看别人纷纷投资买某个金融产品，但是不知道究竟他们决策的结果——收益是多少。这种情况下，个体如何观察学习，是否会跟随着投资呢？这就构成了不完美信息下的学习行为问题——"不完美信息下观察学习的一个实验检验"。

- 可以理解，经济学的学习实验，肯定会沿着最优解的思路进行实验假设和检验。而行为实验的假设则主要来自对现实行为的观察，根本的理论突破要依赖脑科学和演化生物学的进展。所谓沿着最优解的思路进行实验假设，就是对每个人的各种不同决策行为，都认为他们能够最大限度地利用很受局限的观察信息，按照数学期望这种可能性达到最优，计算出要采取的相应决策行动。虽然不可能人人都是数学家，但是经济学的成功似乎正是说明了，人人都不是最优化数学家的时候，采取的行动和均衡结果恰恰如同最优化设计一般。所以放到学习实验中，自然要对羊群现象进行经济人的行为假

7

设——每个个体根据自己的私人信息，在此前已有诸多相同行动的条件下，采取的最佳决策也还是与别人一样。其中的关键是个体决策时，究竟是依据自己的私人信息还是忽略了自己的私人信息。这就是"从羊群行为中区分信息追随的实验研究"。

- 作为经验研究的测试方法，进行行为研究的心理学实验与经济学的侧重当然也不一样。前者可以直接基于前额叶新皮质层（prefrontal cortex）的活动机理进行行为学实验设计（如关于 prefrontal cortex 工作记忆功能的延迟反应实验，是记录反应的动作）或神经心理学实验（如迷津测验），甚至直接用无创伤性影像技术进行记录。但是经济学测试显然不会涉及该层面，其基础性理论简化也不会深入到这一层，所以通常就像显示性偏好的处理那样，仅限于决策行动的记录。但是，实际上注意到个体决策取决于主观概率和 heuristic 决策的行为经济学家，和严守公理化最优决策的经济学家，在面对观测现象的时候都只能仅限于决策行动的记录。这对前一类经济学家是一个经验研究方法上的遗憾。肖特率领的团队，在此进行了突破，尝试给出了直接记录决策者行动前信念的"诱导信念"，作为中间解释变量的方法。该项工作即"使用诱导信念的信念学习实验研究"。

3 关于"看着学"而非"干中学"的实验评述

在班杜拉的观察学习实验中，被观察者采取的是某个既定的行动策略，而观察者此前还不知道采取这个行动策略就可以获得好收益。对比经济学，经济学学习问题关注的是：个体不知道哪个策略最好，他要为了最佳收益找出最佳策略，这就类似"trial and error"，只不过不是自己亲自动手去尝试，而是看别人动手——采取什么策略、得到多大收益？这里可能有一个疑问，就是观察者是否直接掌握了决策变量与目标函数之间的关系，就不用再去看别人劳神费力地"trial and error"了呢？当然，如果观察者已经知道了哪个是最佳策略，那么这里就没有需要"学习"的事情了。

就像现实中许多情况一样，我们每个人事先并不知道能带来最佳收益的策略是什么样，或者计算过程太复杂以至于不可能通过运算求解之后再决策，就像很多人买了新手机以后宁愿自己摆弄按键而不看说明书一样。所以，在不知道最佳策略情况下寻求最佳决策的观察学习行为研究，就构成了安东尼奥·梅洛和安德鲁·肖特两人的重要工作——"看着学：一项观察学习的实验研究"。

这项工作的基本思路是：安排一个被试进行"trial and error"，另一个被试在旁边静静地观看亲自动手所作的决策选择值和对应产生的收益结果值。这里由带有随机变量极值问题解析解所确定的最佳选择期望值是 37，但被试无法知道通过复杂的解析解才能得出的最佳选择是多少，仅仅在 0 到 100 之间试取选择值，每次的收益结果都对应一个奖励分。亲自尝试的行动者在经历了长达 75 次的试错学习之后，在一旁观看的观察学习者也积累了 75 轮"trial and error"信息。然后，叫两组被试再分别进行一次事先没详细说明的选择实验，这次的奖励分值是次前 75 轮中每轮的 75 倍。所以作者称之为"惊奇大奖测试"。要分析比较的是"干中学"和"看着学"这两组被试，在"惊奇大奖测试"中的选择是否有差别。

作者对学习过程的理论贡献是：揭示了在不依赖肌肉协调、运算方法训练等技能训练的情况下，在类似藏宝搜索的过程中（存在一个最佳期望搜寻策略，需要学习者找出来），"看着学"和"干中学"两类学习者面对相同的尝试与结果数据，或者说信息集（data or information set），对相同试误数据序列的处理利用是不一样的。而根据两个理性经济个体面临同样的目标函数，都试图使其最大化。那么在他们处置过程中依同样的数据或者说信息集，就会做出同样的选择。实验研究表明，学习行为研究必须考虑当事人接收试误信号数据（信息集）的过程，实际不符合理性的贝叶斯推断（依广义贝叶斯推断，已发生事件的信息集一样，据此所作的条件概率推断也就一样了）。结果是，冷静的旁观学习可能要比亲自动手尝试的学习更有效。

为什么不一样？可能的理论含义是什么？注意到实验中 30% 的行动者在 75 轮之后的"惊奇大奖测试"中，做出了远远偏离了最佳值 37 而很靠近 100 的选择。观看他们的被试却没有跟着这个错误落入陷阱，这是令人吃惊的。由此引发的理论思考是，行动者和观察者可能启用不同的学习类型。因为行动者的每轮选择都受到小额支付的反馈，他们的调整努力方式可能更像是强化学习——对任一特定决策来说，随着某种所作选择的累积支付的增长，将提高这种决策的概率。然而，强化学习仅仅加强实际做了的那些选择。如果一个行动未被选择，它就得不到强化。因此，如果一个行动者持续在"高处"范围内选择，那么他会继续仅仅强化那些尝试过的行动，并且再也不会发现自己误选在"高处"了。同时，观察者可能更像凯默瑞和胡（Camerer，Ho，1999）描述的学习者：通过计算与选择相关的假定要发生的支付，这一类学习者会强化自己没有做过的选择。观察者更有可能以这种方式行动，因为他们处在更抽象的场景中，有助于信息的理论化处理。因此，也许一类学习模型可以解释行动者的选择，而另一类学习模型则适用于解释观察者的行为。

4 关于学习行为实验研究的展望

通过前面几部分的讨论可以大致看出，学习行为实验研究的问题及方法，有别于传统的经济学均衡模型与计量检验。

因为学习行为实验研究的问题是：个体在某类场景下如何受自己过去经历常识，如何取用或看或听采集到的信息，如何调整主观信念做出决策行动。抽象地说，就是个体如何根据自己可得信息作出什么样的决策，当然可能符合"充分运用可得信息做出最佳调整"的经典假设，但也可能不符合公理化经济学家赋予的最优反应假设。而这个问题在传统经济学研究框架中是不存在的，或者说根本不允许存在——公理性的预设前提怎么能作为待检验的假说呢？这个问题虽然已经无法再与弗里德曼进行讨论了，但是估计还会有坚持的意见。例如早在1953年莫里斯·阿莱斯（Maurice Allais）就已经指出偏好是会逆转（Allais paradox）的——个体选择集公理化设定不成立，但是依弗里德曼在方法论争论中的观点，这不是通常要解释、检验的经济现象，公理前提可以不符合现实，但只要推论能够被检验就可以了，推论所考虑的现实才是经济学的问题。总之，从方法论的角度看，主流经典观点要坚持的一种意见是，把经验观察和检验对象放在公理预设上没有必要。

同时，即使将把大量的普遍的市场现象作为经验观察和检验对象时，争论依然存在。例如法玛（Fama，1998）等人批评行为经济学，指出卡尼曼等人的 Prospect theory 解释不具普遍性，认为只能解释市场个别异常现象，不能提出普遍解释的理论或模型。注意，这恰恰是方法论的差异导致的误解，因为基于经验观察抽象基本问题的经验学科研究任务设定就是某类现象，然后到某几类现象的共性观察抽象；而主流的公理体系注定了就是普遍理解的理论或模型。

虽然行为实验研究者对普遍解释的理论或模型心向往之，但他们的确不能奢望发展出概括各种决策场景的普遍解释的理论或模型，无论是针对风险决策的金融市场，还是主观信念调整的学习过程。其实，基于神经生物学及认知科学成果的学习行为理论已经显示：不存在统一的学习行为过程，也不存在能够解释市场中决策行为的统一理论或模型。

正因为学习行为考察在理论体系的根本上涉及经济学的基础，所以这一类工作必将处于有可能引起争议的前沿，并且有可能使人感到缺乏经典经济学那样的整体性，但这也正是经验学科要经历的过程。可以预见，包括学习行为研究在内的决策行为实验研究，将促使经济学发生从公理化形式化向经验性学科的变化。

还必须承认的是，既然这一经济学理论分支的研究都是基于认知心理学、脑科学等一系列经验学科的进展之上，那么在关注经济人的学习和决策行为的同时，显然再也无法心无旁骛，而需抱着开放的心态，不断借鉴、跟进这些作为我们经验支撑的跨学科研究进展，为揭示人类社会行为的内在机制提供可能。

朱宪辰

2008 年 8 月 12 日于南京紫金山麓

参考文献

Bandura, A. (1962): *Social Learning through Imitation*. Lincoln：University of Nebraska Press.

Bandura, A. (2001)："Social Cognitive Theory：An Agentic Perspective," Annu Rev Psychol, 52, 1 – 26.

Brown, G. W. (1951)："Iterative Solution of Games by Fictitious Play," *Activity Analysis of Production and Allocation*, John Wiley and Sons, 374 – 376.

Camerer, C. F., Ho, T. (1999)："Experience-weighted Attraction Learning in Normal Form Games," *Econometrica*, 67, 827 – 874.

Fama, E. (1998)："Market Efficiency, Long-Term Returns, and Behavioral Finance," *Journal of Financial Economics*, 49, 283 – 306.

Kahneman, D., Tversky, A. (1979)："Prospect Theory：An Analysis of Decision Under Risk," *Econometrica*, 47, 263 – 291.

Mantzavinos, C., Douglass, C. North, Syed Shariq. (2004)："Learning, Institutions and Economic Performance," *Perspectives on Politics*, 2, 75 – 84. [Preprints of the Max Planck Institute for Research on Collective Goods Bonn 2003 (13)]

Robinson, J. (1951)："An Iterative Method of Solving a Game," *Annals of Mathemat-*

ics, 54, 296 – 301.

Shapley, L S. (1964): "Some Topics in Two-Person Games," M Dresher, L Shapley, A Tucker (eds.): *Advances in Game Theory*, Princeton: Annals of Mathematic Studies No. 52, 1 – 28.

安德鲁·肖特. 社会制度的经济理论. 陆铭, 陈钊译. 上海: 上海财经大学出版社, 2003.

经济学的个体学习模型构建综述[①]

摘　要：本篇综合考察了经济学文献中现有的各种学习模型。进而讨论了模型的选用：模型应匹配相应各种不同环境的问题；如何用类似的方法选择适当的学习模型。最后，对现有众多模型的运用，和各种场景下如何选取适当的学习模型，给出了建议。

关键词：经济学的学习，模型构建

1　引　言

在过去的 20 年间，各种不同的学习模型被用于经济学中，并且其数量的增加十分迅速。本篇文章是对这些学习模型的一个综述，并进一步地对学习过程进行了分类，给出了如何在大量的模型中进行选择的提示。

对于这样的一个回顾可以采用不同的方式进行表述和结构安排。在本文中所选择的结构基于两方面的考虑：

第一，本文的主要目的就是帮助基于代理人的计算经济学家，在进行模拟研究时选择恰当的学习模型。在给出这些建议时，我们

---

① 托马斯·勃伦纳（Thomas Brenner，供职于马克斯－普朗克的演化经济学研究组、马堡菲利普大学）的这篇文章"Agent Learning Representation：Advice in Modelling Economic Learning"原载于 Max Planck Institute for Research into Economic Systems Papers on Economics and Evolution NO. 0416，后经修改被列入 *Handbook of Computational Economics*（Vol. 2：Agent-Based Computational Economics，Edited by Leigh Tesfatsion and Kenneth L. Judd），作为其中的第18章。

假定基于代理人的计算经济学家试图建立尽量接近现实的行为模型。在选择学习模型中的其他一些观点将在本文第1.1节、第1.3节进行讨论。然而，本文关注的焦点是"现实学习过程的模型构建如何才能精确"这一问题。作为本文归纳的结论，则深植于心理学的研究，这是因为心理学家已经创建了大量关于人类学习的真实知识。近年来，尽管实验经济学家的确做出了关于知识的极大贡献 [实验的综述见约翰·杜菲（John Duffy，2006）]，但现在大部分的知识体系仍来自于心理学。

第二，大部分研究人员都认为不存在单一的普适性学习模型。不同的学习过程在不同的场景下发生 [参见 Duffy（2006）的实验证据]。因此，必定存在不同的学习模型。为了给基于代理人的计算经济学家在选择模型时提供帮助，必须将学习的场景加以分类，并且对每一类都应该分别给出相应的建议。尽管有多种不同的分类方式，但本文采用的分类方式是以心理学早期已有文献为基础的 [参见勃伦纳（Brenner，1999）]。其基本假设是：既有在所有动物中普遍存在的固化联结（hard-wired）学习过程特性，也有仅依赖人类大脑的柔性调适学习过程特性。当然其他分类和特定的模型选择也是可能的，也值得我们予以考察讨论，详见第1.1节。

本文的结构如下：在接下来引导的部分（第1部分）里，第1.1节将讨论建立学习模型的不同动机；随后将有一个简短的历史回顾（第1.2节）；最后，将在第1.3节里将讨论建立学习模型的一些基本问题，比如学习模型的复杂性和有效性，个体学习和集体学习的不同之处，以及学习模型的校准（calibration，指模型参数如何确定的问题，如选择范围、方法等——译者注）。在第2部分将展示并讨论一种学习模型的分类，识别三种不同的学习过程。随后，第3部分（无意识学习）、第4部分（基于惯例的学习）、第5部分（信念学习）将对每一类学习过程如何建立学习过程模型给出建议。第6部分将讨论一般学习模型的可能性。第7部分为总结。

1.1 计算经济学与学习

学习模型被用于计算经济学领域，主要就是基于代理人的计算经济学（agent-based Computational Economics，以下简记为 ACE 或计算经济学——译者注）。ACE 的目的就是，解释在经济代理人交往基础上的经济特征和动态变化。因此，这些研究方法通常围绕着代理人行为的建模而展开。所以重要的是要掌握经济代理人行为方式的知识，并以合适的方法对这种行为构建模拟的模型。因此，选择学习模型的目的可能在于选择尽可能接近现实的模型。然而，在关于学习的经济学文献中，这并不是唯一目的，而且甚至不是最常见的目的。因此，要获得一个全面的认识，就必须对这些文献中出现的学习模型进行分类，并对其中最常见的目的进行讨论。

1.1.1 选择学习模型的目的

至少有四种已知的选择学习模型的方法：

第一，有人希望找到能够最佳描述真实学习过程的模型，这可以通过基于实验的研究或是心理学的知识而获得。然而，要选择最接近现实的"学习过程表达模型"（the learning model that describes learning processes），存在许多困难。因此，要选择和现实相一致的学习模型，并不那么简单。这个问题将在第 1.3 节中进行讨论。

第二，有人可能要寻找一些学习模型，这种模型的导出结果与已知的形态事实（stylized facts，场景分类下的各类形态——译者注）相一致，而不计较学习过程的细节（不管模型的细节是否能真实地表达学习过程——译者注）。这样的方法常被 ACE 所采纳，其目标为：在导出结果能够较好地拟合形态事实的前提下，尽量简化学习模型，尽量综合一些或者说尽量现实一些（不用在过程机理的理论上顶真——译者注）。如此建模有助于对给定场景中学习的最低要求的理解，这也有利于场景分类——根据个体在这些场景下所需的能力进行分类（with respect to the competences that are required of the economic agents in these situations）。

然而这种方法没有给出人们如何学习的信息。研究某种学习模型能否预测和我们的经验知识相一致的动态经济学，只允许我们拒绝一些学习模型，却无法确认其他能接受的模型。能预测结果的学习模型并不一定能正确表达（descriptions of real learning processes）真实的学习过程，因为可能存在其他学习模型也同样能预测结果。有些文献会忽略这一点。

第三，一些研究人员寻找收敛至均衡的学习模型，因为均衡通常是新古典理论或其他均衡概念所预言的状态。我们不清楚的是，从这些方法（新古典理论或其他均衡概念）中能得到什么？经济环境处于不断的变化中，而学习是相当重要的，因为学习能够使人们对这些变化做出反应，而不是由于学习收敛至一个均衡。不过，在特定的情况下，均衡可能能够恰当地描述真实世界，那么寻找收敛至这个均衡的学习模型正是上述第二种可能的目标。

第四，一些研究人员的目的在于构建巧妙的甚或是最优的学习模型，甚至可能为了做出关于人们应该如何学习的陈述，去比较给定条件下的不同学习模型的表现。除了 ACE 这个实证目标（positive aim）之外，还有一个规范性目标（normative aim）——用于测试可供选择的经济结构（Tesfatsion, 2001），以及可选的行为，例如人们可以用计算机做他们的决策。这意味着他们应该寻找最佳的学习模型，在计算机上予以实施（找到最佳学习模型），并做出决策。然而，人们用计算机来制定或辅助决策的情况仍然很少。此外，用于这些情况的模型，是那些被认为能产生最佳绩效的模型。因此建模的相关问题，并不是哪个学习模型对行为表达得最好，而是如何掌握不同学习模型的性能（这里的模型其实是指寻优算法的技术，研究目的是开发利用寻优技术——译者注）。

另外，还存在一系列的人工智能和机器学习。一般而言，近年来有一种趋势，即从其他学科中借鉴一些方法。最近几年的模型，从诸如遗传算法、分类系统、模糊逻辑和神经网络等学科中取经，变得日益复杂。在这个领域内的研究人员的目的是什么，并不总是一目了然。一些人简单地认为他们的学习模型描述了真实的学习行为，却并不考虑任何能够提供支持的证据。另外一些人着眼于创造一些表现出色的学习模型，或者说依这种模型能解决本质上只有人类才能解决的问题。最后还有人主张这些人工智能和机器学习模型是与现实（reality）相对应的。

1.1.2 学习模型的分类

分类一直是一项很有用的工作，它有助于完成实际研究任务。这里的实际任务就是为计划好的模拟研究，选择一个学习模型。给定上述设定，即选择学习模型的目的是寻找最接近现实的模型，那么我们必须思索：是否只存在一种学习过程（one kind of learning process），从而只用一种模型就足以表达了；或，是否在不同场景下存在不同的学习模式（different learning models occur in different situations）。心理学文献表明存在不同的学习过程，并向我们呈现了这些过程的相应特征。因此，心理学构建了这里所建议的分类的基础。不过，对学习模型的分类，也可以采用许多其他方法。

第一，可以根据模型提出的来源进行分类。这使我们得以区分不同来源基础的模型：基于心理学的模型，如强化学习；基于理性的模型，如贝叶斯学习和最小二乘学习；适应性模型，如学习导向理论（learning direction theory）；信念学习模型，如虚拟博弈；以及由计算机科学和生物学所激发的模型，如遗传算法、神经网络。

根据表1的分类，以及此分类下的发展，这里讨论了对所有学习模型的分类。尽管这种分类能够告诉读者学习模型有各种来源，但它却无助于对模型的选择，也不能方便模拟描述现实。

第二，我们可以根据通常要用到学习理论的经济学领域，对学习模型进行分类。例如，宏观经济学主要使用贝叶斯学习和最小二乘学习，而强化学习、虚拟博弈和学习导向理论主要应用于实验经

表1　根据学习模型来源及发展所作的分类

	无意识学习	基于惯例的学习	信念学习
基于心理学的模型	Bush-Mosteller 模型、参数化的学习机器	满意、改善、模仿、Roth-Erev 模型、VID 模型	随机信念学习、规则学习
基于理性的模型			贝叶斯学习、最小二乘学习
适应性模型		学习导向理论	
信念学习模型		EWA 模型	虚拟博弈
人工智能和生物学模型		演化算法、复制者动态、选择—突变方程	遗传编程、分类系统、神经网络

济学中。同时，遗传算法、基因编程常常应用于基于代理人计算的经济学中，博弈理论家似乎更偏向于虚拟博弈、复制者动态和其他适应性学习模型。然而，还不清楚的是，为什么不同领域内的经济学家使用不同的学习模型。显而易见的是，使用数学分析方法的经济学家，由于模型可处理性的需要，限制了他们的选择。其他的不同，似乎是由于历史原因造成的，所以用这种"差异"对学习模型分类进而支持这种"差异"是没有意义的。

第三，人们可能会在经济学文献中，寻找对已有学习模型的分类。然而，目前还没有任何分类法能包含这里所讨论的诸多不同的学习模型。通常只是主观地选取为数很少的几个学习模型展开讨论［如弗登伯格和莱温妮（Fudenberg, Levine, 1998）］。

1.2　学习行为建模的历史

对历史的简短回顾，将聚焦于经济学中所用的数学表达形式的学习模型。然而，也有必要对心理学的学习研究进行回顾和了解，因为学习过程主要集中在心理学研究领域，而且大部分用于经济学的模型都是基于心理学的发现。此外，正是心理学家首先开发了学习的数学模型。

1.2.1 学习的心理学研究

心理学家对学习过程的广泛研究，大致开始于 100 年以前。那时心理学由如下观点支配：大脑内部过程是不可研究的；对行为的解释应该完全基于可观测的变量。随后，心理学家识别出两种主要的学习过程：经典条件反射和操作性条件反射。到目前为止，经典条件反射对经济学讨论几乎没有任何影响 [一个例外，可参见维特（Witt，2001）]，尽管它仍在心理学中被广泛研究 [可参见麦坚杜治（Mackintosh，2003）的综述]。经典条件反射描述了个体在已有刺激和强化的基础上如何发展出新的刺激和强化，因此能够解释偏好的改变 [参见维特（Witt，2001）]。到目前为止，这种学习过程的数学模型仅在心理学的范围内发展 [参见瑞思考勒和瓦格纳（Rescorla，Wagner，1972）]，而经济学文献更多关注的是操作性条件反射过程。大部分操作性条件的心理学经验研究，是在动物身上进行的。发现的一个普遍结果是：产生收益的行为在未来发生的频率会高一些；而导致惩罚的行为，则会在未来以较低的频率发生。现在，这种类型的学习过程，指的是经济学的"强化学习"（reinforcement learning）。该学习过程的第一个数学模型，是由心理学家布什和莫斯蒂勒（Bush，Mosteller，1955）构建的。

20 世纪五六十年代，心理学对学习过程开始了一系列新的研究，他们研究社会互动的影响和学习的观测。基本的观点就是：人们不仅从他们自身的经历中学习，还通过其他人的经历进行学习，这意味着强化学习的概念已经转移到互动和观测上。然而，这不仅要求个体之间的经验是可以共享的，而且要求个体之间能够理解他人与自己情况的相似之处和不同之处。这时，心理学家就进入了认知领域，并且产生了所谓的社会—认知学习理论 [大部分杰出的工作是由班杜拉（Bandura，1977）完成的]。

近 20 年来，心理学家关注的主要是认知学习过程。一般而言，认知学习指的是：对真实世界过程及其相互关系，包括相应概念含义与表征之理解的发展。现在，大部分的研究都是关于儿童认知的发展，比如，语言的学习、逻辑思考。然而，用若干方程刻画学习过程的数学形式化还很缺乏，学习过程通常由图表配合口头论证或是逻辑原理来描述。其主题集中在大脑中知识的结构发展及综合。因此，其研究远离了经济学通常关注的，与学习过程有关的，如何形成决策的研究。

最新的发展就是在认知学习过程研究中对神经科学的运用（如参见 Rumiati，Bekkering，2003）。这方面的研究提供了（个体）信息处理速度的新的信息；几乎同时发生的不同激励之间的交互作用；在处理激励和类似学习活动的过程中，大脑的不同部分参与的程度。和上面的认知研究类似，这些研究对经济学的学习过程建模来说，几乎没有贡献。然而，这一点在未来很有可能会发生改变。

1.2.2 学习行为与最优化

长期以来，学习问题都只是经济学的一个很小的问题。当经济学家在学习问题上显示出了一些兴趣时，他们主要关注的是两方面问题：第一，建立规范性学习模型用于描述最优学习过程——贝叶斯学习［如伊斯力和吉弗（Easley，Kiefer，1988）及乔丹（Jordan，1991）］；第二，他们发展了学习模型，其中如学习行为收敛至均衡的最优行为。有相当长的一段时间，研究学习过程的大部分经济学家，主要关注的是证明学习过程收敛至最优行为。对于这种证明的首次尝试出现于 1951 年（Brown，1951）。纳什均衡（Nash，1950）的提出，激起了如下问题的讨论：人们是如何变得会根据这个均衡来参与博弈。布朗（Brown）建立了被称之为虚拟博弈的学习模型，而且罗宾逊（Robinson，1951）说明虚拟博弈学习模型可收敛至纳什均衡行为［随后又被证明，只有在某些条件下才成立，参见沙普利（Shapley，1964）］。

许多学习过程建模者仍在试图证明学习过程收敛至最优［可参

见布瑞（Bray，1982），尹和朱（Yin，Zhu，1990），乔丹（Jordan，1991），伯吉斯和沙林（Börgers，Sarin，1997），戴维（Dawid，1997），沙林和瓦希德（Sarin，Vahid，1999）中的例子]。通常研究者甚至认为学习模型只有收敛才是恰当的，或至少在固定场景下长期趋于最优行为的模型才是恰当的。然而由于大量实验证据的缘故，这种主张已经慢慢从争论中消失了。现在致力于研究学习模型所预测的行为何时与最优行为不同，以及它们之间如何不同的工作和研究日益增多（如 Herrnstein，Prelec，1991；Brenner，1997，2001；Brenner，Vriend，2005）。

然而，为学习过程建模的经济学家仍然分为两个阵营：一类致力于收敛至最优行为的学习模型，另一类却对行为是否最优不感兴趣。与此相比，我们认为更重要的是，在什么情况下各种现有的模型能够最佳地刻画现实行为［类似的观点见伯吉斯（Börgers，1996）]。

1.2.3　日益增多的学习模型种类

在过去的几年内，经济学中学习模型的数量迅速增加。实验研究不断表明，由于最初的经济学学习模型与一些实验结果不符（如参见 Feltovich，2000），许多在经济学中建立学习模型的经济学家，发展了他们自己的模型或者对现有模型进行了修正。这些模型大部分基于反省、常识、人工智能方法或是心理学成果，而这些几乎都是以这样或那样的特定方式建立起来的，缺乏明确的科学理由。

同时，有些方法试图在实验数据的基础上比较不同模型的适宜性（如 Feltovich，2000；Tang，2003；Artifovic，Ledyard，2004）。该问题在 *Handbook of Computational Economics* 的第 19 章进行了扩展探讨。

目前的情况是，有些学习模型已经在经济学中最具优势，而另外一些模型大体上已经被忽略了。最具优势的模型就是贝叶斯学习、最小二乘学习，以及学习导向理论、强化学习、遗传算法、基因编程、虚拟博弈以及凯默瑞和胡的学习模型。至于为何这些模型占优，存在不同的原因：这些模型能够很好地得到经验和实验证据的支持；收敛至最优行动或降低了复杂性。尽管囊括全部现有的模型及其修正版本是不可能的，但我们这里要讨论的范围还是将大于这些占优模型。

1.3　建立经济学学习模型的基本问题

如上所述，不同学习模型的存在似乎是必要的。然而我们也可以想象一下，构建一个包含了所有不同学习过程的元模型（meta-model 实际上是把几种不同的模型合并成组合模型，故亦可称组合模型——译者注）。这样的模型将在本文第 6 部分讨论。这里，我们首先关注仅描述一种学习过程的模型。

此外，学习模型在其他许多方面也存在差异。可能复杂程度不一样——模型的复杂程度由模型中参数的个数来测度；可能是规范性的或描述性的（normative or descriptive）；可能在个体层面或群体层面上描述学习；或者包含过去事件的记忆，等等。常有不同的模型，实质上都描述了同一类学习过程。因此关于如何选择模型，我们必须做出一些基本思考。

1.3.1　学习模型的有效性与复杂性

在学习模型被用于模拟（描述解释，这里称之为模拟——译者注）现实之前，我们首先必须回答，这些学习模型究竟被证实是恰当的程度如何。显然，我们希望有很强的经验证据支撑的学习模型。不幸的是，只有很少的学习模型可以提供这样的证据。应该进一步指出的是，不同个体之间的、不同场景之间的学习过程是不同的，导致同样的模型得出不同的结果。所以，我们只能接受现实的制约，就将迄今可得的少量证据用于研究。

这些证据主要有两个来源：一方面，实验研究提供了一些有关不同学习模型适应性（suitability）的信息（参见 *Handbook of Computational Economics* 的第 19 章）；另一方面，心理学文献也给出了有关学习机制和环境方面的信息。我们的立场是：不使用与实验研究［就所考虑的场景（situation）而言］相悖，或是与心理学知识相悖的学习模型。然而，这个观点可能会在两方面受到质疑：

首先，某些计算研究（computational studies）假设分析某种学习的因果关系，而不是研究这种学习在实际中是如何发生的假说。如果研究的目的本质是上规范性的，即试图寻找或设计出最佳学习行为，那么这就是一个有效的方法。而如果目的是描述性的，那么就应考虑场景问题，因为使用非现实的学习模型会导致错误的推论。

其次，一些研究人员认为，他们研究的主要目的不是识别特定学习过程的意义，而是分析特定的复杂场景，学习之所以被囊括进去，仅仅是为了表征行为的基本动态（basic dynamics of behavior）。可以认为，在这种情况下如何选择学习模型关系不大，然而，只有当不同的学习模型预测出相似的行为时，才无需计较模型的选择。这只对某些学习模型和场景成立，并不具有普适性（即如何选学习模型不是无所谓的——译者注）。在各种各样的场景下，不同的学习模型预测出的行为相互矛盾，因此，学习模型的选择，可能对于研究结果意义重大。

不过在许多情况下，的确有些学习模型可能会推导出相当类似的预期。但关于其适应性的经验或实验的证据很少，这使得模型的选择相当困难。因此，我们要做的第一步可能就是排除掉所有被基于心理学知识或实验证据拒绝的模型。这之后，可以通过简化从剩余模型中进行选择。例如，拉帕波特、史奥和温特（Rapoport, Seale, Winter, 2000）声称"首先应该实验最简单的模型，而要求较高认知水平的模型，只应该在第一次失败之后再尝试"。这意味着，我们应该采纳最简单的、不会被实验证据和心理学知识否决的模型。

因此概括起来，有三项选择标准：实验证据、心理学知识，以及简单性。研究者对这三项标准的优劣的评价各有不同。因此，有必要进行一些讨论。

实验证据 评估现有学习模型的第一手资料，来自现有实验的和经验的研究。关于学习的经验研究非常少，而杜菲（Duffy，2006）展示了现有的评价学习模型的实验研究。非常清楚的是，如果一项研究的目的是描述性的，那么应该选择适合于表征真实行动的学习模型。在判断学习模型的有效性上，实验研究十分有用。前面指出了我们应该避免使用那些被实验证据否决的模型，不过，这里还有两点需要讨论。

第一点值得讨论的是，实验室的情境能在多大程度上与现实生活的情境相比拟？实验场景通常是人造的，而且通常是剥离出的一个孤立的环节，不带任何前因后果的环境背景。因此，一些研究人员认为实验场景是不现实的。然而，也有观点认为：能够充分描述真实学习过程的学习模型，同样也能够适合于描述实验学习过程，因为在这两种场景下，使用的是相同的认知装置（大脑）。不过，学习过程中也可能存在很大的不同。本文要指出的是，存在不同的学习过程，比如无意识学习和有意识学习的过程。因此，可能是这样一种情况：现实中和实验室中，某种类型的学习过程发生的频率，存在着很大的不同。例如，由于在现实中我们没有时间对做出的每一个决策进行思考，因此无意识学习发生的频率较高。比较而言，大部分的实验，强迫参与者思考自己的决策，从而在实验中，有意识的学习过程似乎是占主导的。因此，我们认为，同样种类的学习过程在实验和现实中都会发生，但是其相对重要程度可能会存在差异。

这就导致了第二点：使用实验室成果应该十分谨慎。所有实验研究只能考虑有限的若干种场景，而我们知道，不同场景下的学习过程存在差异。因此，实验研究的结果，只能转换到其条件与现实条件足够相似的场景中才能运用。在缺乏实验研究——根据最适宜的学习模型来对场景进行分类的情况下，那么要有多相似才算"足够相似"是难以确定的（这方面问题将在以后讨论）。进而需要注意的是，实验中经常会出现明显的人造场景，对这种情况造成的影响必须加以考虑。

然而我们相信，从长期来看，实验将成为评估各种现有的学习模型，以及支撑学习模型进一步发展的主要方式。现在还没有足够的该类型的学习模型，因此，实验证据仅就学习模型的选择提供了某些帮助。将来还有必要做进一步的研究，其中最重要的任务是，必须进一步研究场景的分类、学习模型和场景之间的关系。本文将讨论一种初步分类（a primary classification），并借助实验研究对这种初步分类进行检验、精炼和修正，这可以极大地改善经济学的学习模型。此外，这些实验研究也应该考虑到这一事实：即使在相同的场景下，个体的学习过程也是不同的。

模型细节的恰当性　在心理学文献中，存在着大量的学习过程细节的知识。这些知识可用于评估学习模型。不过有人可能认为，在经济学里面，我们并不关心如何对学习过程的细节建模，我们所需要的，是能够有效地描述结果行为（the resulting behavior）的模型。但是，与学习心理学研究相悖的模型，也仍然可能预测出结果行为。大多数时间里，基于代理人的计算经济学家，只关心学习过程在经济过程中的意义。

然而，正如前面所讨论的，目前依然缺少不同模型预测有效性的证据。由于缺少实验的和经验的证据，对学习过程的恰当表征，可能是学习模型评估中的一个不错的可选标准。和心理学研究相一致的包含学习过程细节的模型，与和心理学研究相悖的模型相比较，前者更加令人信服。

我们的结论是，心理学中关于学习过程的研究花费了大量的力气研究细节，增加了模型的复杂性。因此，在充分表征所有学习细节和简化模型之间存在着一个平衡（这个平衡将在第 1.4 节中讨论）。

模型的简单性　许多经济学家倾向于使用简单的行为模型，新古典经济学的最优化模型就是一个很好的例子。同样的，在经济学研究领域中，规则清晰、参数较少的模型，使用频率最高（例如，强化学习、最小二乘法学习、贝叶斯学习和虚拟博弈）。简化的学习模型存在很多优势。

首先，参数越多的学习模型需要越多的实验证据和经验数据来估计这些正确的参数。如果没有充足的实验证据和经验数据，那么通常模型的参数越多，预测就越模糊。其次，较简单的模型易于解释。再次，有人主张，经济学无需关注学习过程的细节，只要着眼于经济体的组织、运转和动态变化，因此只要能够抓住学习过程基本特征的简单模型就足够了。

然而，有人可能倾向于更加复杂的学习模型。第一，心理学的研究表明，学习过程是复杂的。缺乏能够精确描述实验行为的简单学习模型，这一事实就是学习过程复杂性的另一个证据。第二，计算机技术的进步，使得采用模拟方式处理复杂模型变得简单起来。即使十分复杂的学习模型，也可以模拟带有大量参数的运算，因此可以研究不同参数值对模型的影响。

当然，更复杂的模型需要付出一些额外的努力。因此有必要在所需的努力和模型的精确性之间进行权衡。在很多经济学场景中，如市场，选哪个特定的学习模型对分析结论并不重要。然而，同样也有一些场景——如囚徒困境——不同的学习模型预测的结果存在巨大的差异（Brenner，2004）。学习模型设定的微小细节，可能会对这种场景下预测的结果产生很大的影响。因此，在某些场景下，使用简单模型而导致的恰当性的损失可能是十分小的，从而没有必要使用复杂的学习模型。而在其他情况下，使用简单模型可能会导致重要细节的丢失。到目前为止，关于各种场景究竟属于前一种类型还是后一种类型，我们所知甚少。若一场景有明确的均衡点，且其中个人最优与社会最优不矛盾，则简单模型似乎足矣。而一般涉及策略思考和混合激励的场景，简单模型的描述就不那么令人满意了。

我们再次强调，上述讨论说明，依所采取的学习过程（the learning processes implemented）对场景进行分类是十分有用的。这样一个分类目前还不存在，我们希望未来有更多的研究人员能对此作出贡献。现在每个模拟研究者都必须自己做出决策：究竟使用简单的还是复杂的学习模型。

1.3.2 个体学习与群体学习

学习过程建模的一个重要方面就是建模的层面。在哪一层面上建模，有两种选择：或者对每个个体的学习过程分别建模；或者将个体学习过程对群体行为的影响放在总体表征的层面上建立模型。[在遗传算法中有关个体学习过程对群体行为影响的讨论（Vriend，2000）]

心理学文献几乎仅限于探讨个体学习过程，而学习的经济学文献则提供了描述个体行为的更多类型的学习模型。不过在近几年的文献中，已经有大量的学习模型被用来描述个体学习对群体行为的影响。同样，我们也可以找到支持这两种选择——学习建模的个体层面与群体层面——各有千秋的论据。

建立在群体层面上的学习模型，便于我们对学习过程进行数学处理。在群体层面上建模并假设群体无限大，这就消除了分析中学习的随机特性。从而，我们对由此得出的学习过程可以方便地进行分析处理。群体层面学习过程的分析也常用于实验研究。在群体层面考查行为，允许我们忽略个体间的差异。类似地，描述群体层面学习的模仿学习模型，可以略去学习过程中的若干细节。通常，群体层面的学习模型比较直接，因为只需考虑学习的基本动态特性。这使得群体层面的学习模型在这种情况下十分具有吸引力，即建模者只需关注由许多个体组成的经济体中学习过程的含义。

然而，当学习过程的细节和个体间的差异确实很重要时，忽略细节及个体间的差异会带来一些风险。在有些场景中，比如市场，个体学习过程的精确特征对结果的动态性是不重要的。但在有些场合，各种学习模型会产生各种不同的预测，这就可能导致错误的结果。认识到这一风险，在仿真法中个体学习模型才特别受欢迎。在仿真法中，模型的结果不至于受到学习过程复杂性的影响。

一种可供替代的方法是考察亚群（sub-populations），即把人们划分为异质性群组（heterogeneous groups），每个组内的个体特征相同。这种方法只考虑个体间的部分差异，因此，将场景描述为人彼此都是有差异的，且将个体间所有局部差异都考虑进去的建模方式，就是不可能的了。这代表了一种研究异质性影响的折中方法。

总之，关于学习过程的建模应该选择个体层面还是群体层面的问题，也可以采用类似"恰当复杂性"问题的权衡思路。群体层面建模简化了一些事情，而个体层面建模则提高了精确性。这样，待研究的场景决定了需要何种程度的精确性，即相对群体层面模型而言，个体层面模型的精确性应考虑到何种程度。在一些场景下侧重个体层面提高精确性是不值得的，而在另一些情况下收益极大。因此这取决于对场景的判断，看看就个体建模花费努力是否必要。

1.3.3 学习模型的参数校准

大部分学习模型包括很多参数。因此，一旦研究人员选择了一个学习模型，那么该模型的参数都须随之进行相应的调整。就模拟仿真方法而言，这一点尤其重要。在仿真方法中，每一个仿真都只能选用一组特定参数。不幸的是，学习过程的经验和实验文献，几乎都没有提供关于各种学习模型参数的信息。此外，实验研究中也很少考虑可能的个体之间的参数差异。现在还无法获得有关各种学习模型全面的、或足够的参数信息。

如何处理该问题，取决于研究目的。模拟的方法通常被用于研究经济动态中的基本关系。这种研究的目的不在于精确地反映现实，而是表征经济动态变化的一些基本特征，并揭示这些特征如何与人们熟知的形态事实（stylized facts）相关联。对于这样的研究，参数选择的精确性是不重要的。这时采用与现实大致近似的参数值，或使用各种参数并检查它们是否影响研究结果就足够了。

如果模拟方法被用于揭示真实过程，或者需要掌握学习过程的详细知识，那么情况就不同了。在这种情况下，我们认为对每个参数都要确定一个范围。这样，建模者就清楚真实值是否就在这个范围之内。需要重视的是，经验知识可用于缩小参数范围。为了确定模型的含义，在这些范围之内，必须对所有的参数组合进行分析。蒙特卡罗（Monte-Carlo）方法适用于这种情况［参见沃克和勃伦纳（Werker, Brenner, 2004）对这种方法的详细讨论，以及勃伦纳和默曼（Brenner, Murmann, 2003）的应用］。如果可以获得学习过程输出结果的经验数据，那么就可以用贝叶斯方法进一步缩小参数范围，或对每个模型的组合设定参数赋予一个似然率。（Zellner, 1971; Werker, Brenner, 2004）这是一种劳动密集型方法，而且需要大量的计算时间。然而，这增加了结果的可靠性。即使第一类模拟方法，即研究基本关系和熟知的形态事实，也可以从基于经验的模拟方法中受益。

另外，进一步详细的实验研究肯定有助于方法改进。这里的实验研究并不只是比较学习模型，而是同时也识别各种描述行为之学习模型的最佳参数。一系列这样的研究，可以使模拟研究者获得有关学习模型参数的知识，并对所有建立学习模型的研究人员有帮助。未来很可能有更多的这种类型的实验研究。

2 学习过程分类

现在，从经济学文献中可以找到大量的学习模型。通过某些方式对模型进行分类是有益的，当然，分类的方式是多样化的。本文的目的就是建议并且帮助经济学家为其研究选择学习模型。如果一个研究人员试图去建立接近现实的学习过程模型，那么首先必须确定行为人采用的学习过程是什么类型，随后选择一个恰当的学习过程模型。即可以采取如下步骤：决定在被研究的场景下，哪种类型的学习过程会发生，然后选择一个恰当的学习模型。

本文采用以下的结构安排：首先，讨论现有的学习过程类型，以及它们是在什么情况下发生的；其次，描述并讨论适合于每种学习过程的学习模型。

2.1 学习过程的多样性

现在还不清楚，是否存在不同的学习过程，或者在大脑内是否有基本的机制，可以用来解释学习的方式。然而，到目前为止，神经生理学和认知心理学都还没有发现这种基本机制，因此，学习方式只能在经验观察的基础上构建。此外，没有把所有的学习过程建立在同一个基本机制上，可能在技术上是有利的。通常更为简单的是，基于其导致的行为上的改变来描述学习过程，而不是探讨可能极为复杂的认知过程（cognitive processes）的互动。

因此，我们正在寻找有助于我们决定在特定情境下适合采用哪类学习模型的信息，而非寻求其他能描述所有学习过程的且在每一种情境下都适用的最佳学习模型。实际情况是，现在没有这样的模型，而且是否真的会有这种模型都是值得怀疑的。

在寻找合适的学习模型和场景特征之间的匹配时，我们并不在意如下问题：一个模型是否具有便于在给定场景下使用的结构特征。我们更加关注的问题是，一个学习模型是否描述了实际发生的相关过程。因此，我们不得不回答这样一个问题：现实中是否存在各类具有不同特征的学习过程，它们是如何发生的。

2.1.1 两种学习方式

尽管有关学习的心理学文献区分了三种不同类型的学习过程（因历史的缘故），但其实只有两种本质上不同的学习方式。首先，人类和其他动物共享一种通常被称之为强化学习的简单学习方式。此类学习似乎是生物上决定的：如果一个行动导致了负的产出——惩罚，那么该行动在未来会被避免；如果一个行动导致了正的产出——奖赏，那么该行动会再次发生。大约在 100 年前的心理学中，此类学习过程已经在不同类型的动物中广泛研究。这类学习并不包括任何对场景的有意识反省。因此，人们并不总是能够意识到他们自己在学习。

除强化学习以外，人类能够反省他们的行动和后果。我们能够理解支配我们环境和生活的机制；我们能够给客体命名，并建立用于描述他们互动和本质的因果关系。现在，这主要是心理学名义下的研究，即认知学习。

这两种学习是完全不同的。我们认为——不过还没有任何经验证据——强化学习以一种自动和连续运行的方式进行，随后，无论人们做什么都在一瞬间由强化学习决定。人类似乎被赋予了和动物相同的基本机制，并且因而根据相同的、强化学习的固化联结（hard-wired）原理学习［很多关于动物实验的文献，可以参见桑戴克（Thorndike，1932）和斯金纳（Skinner，1938）］。

然而，人类能够反思自己的行动和这些行动的后果。这需要主动积极的思考以及非常稀缺的认知资源。也正因为这样，人类不能够反省人类所有的行动。想象一下如果人类需要考虑每一块肌肉的每一次牵动，那么人类就不能够像现在这样生活。然而，如果人类在意某一个动作，人类就能摆脱强化学习的规则。所以，我们认为，认知学习对行为的作用要强于强化学习。但我们还认为，人类不具有能够反省人类所有行动的认知能力，因此，大部分行动是基于强化学习指导的。如果建立学习过程的模型，我们就必须知道发生了什么类型的学习。关于这一点，将在下面详细介绍。

2.1.2 学习过程的进一步区别

我们对强化学习［或如心理学家原先命名的条件作用（conditioning）］已经有了很好的研究和理解，而对有意识的学习过程却难以把握。在心理学中仍然存在各种不同的学习模型，而且关于在大脑中信念形成的详细知识仍然是缺乏的。因此，有一种研究倾向：

忽略大脑的精细工作，通过经验和实验观测建立一些基本的学习机制模型。

这些模型对学习采用了机械论观点：假设人们根据固定的机制或者惯例学习。因此，我们称由这种模型描述的学习过程为基于惯例的学习。例如有这样的惯例，初到国外的人会对当地人进行模仿，这样他便很快了解当地的传统并调整自己的行为。然而，有意识的学习远不止是简单地模仿他人行为。有意识的学习通常意味着行为人理解为什么这种行为是有利的，这种行为是如何形成的以及适合它的环境是什么。这说明，行为人将意义和他的观察联系在一起，并建立关于联系和未来事件的信念。为了将这些过程区别于简单的基于惯例的学习模型，它被定义为"联结学习"（associative learning）（Brenner，1999），或是"信念学习"（belief learing，和经济学文献一致的常用术语）。

所有的有意识学习都是信念学习，因为只要人们反省了他们所遇到的场景，尝试了适当的行动，那么他们就对自己搜集的信息赋予了意义，并形成关于联系和未来事件的信念（这些过程将在第5部分详细讨论）。基于惯例的学习是真实学习过程的一个简化，这种简化可以在许多情境下应用，并且使得研究人员的工作更加轻松。

为了解释基于惯例的学习模型和信念学习模型的差别，我们假设大脑中存在两个认知层面。尽管这并不正确，但这种区分有助于勾勒这两种类型学习的差别。假设较高的认知层面包含对每一类型场景的基本理解。接着我们设想：一个股票市场投资者，他相信技术分析（chartist）策略是这种场景下最合适的。那么较高的认知层面会包含该投资者的曲线作业分析的预期（算法）。该预期（算法）随后被用于处理关于某项资产的引入的数据信息。这种（依算法）对引入数据处理的学习过程在较低认知层面发生，给出每项资产未来发展的预期。理论分析中，不同的学习过程可以通过这两个层面区别。通常较高认知层面不会随着新信息而改变，并可以充分地描述发生在较低层面的（认知）学习过程。这使得建模较为容易。我们可以以基于惯例的学习过程的形式，简单描述投资者的技术分析行为。

然而在股票交易时，如果投资者处理信息时要考虑所有策略的不同适用性，并去获取各种可选策略的话，就可能导致策略的改变。随后他们可能转而采取基本面分析（fundamentalist）行为。那么，基于惯例的学习模型将无用武之处。这就可能需要构建一个对模型描述较高的认知层面的改变，这也意味着惯例通常被定义在较高的认知层面。因此，就有了如下问题：什么是较高认知层面和较低认知层面的有意识学习？不幸的是，对于较高的认知层面和较低的认知层面的选择似乎十分武断，事实也是如此。

这就使我们回到所有有意识学习都是信念学习的基本论断上。任何学习惯例或机制的定义，只可能根据简化分析的事实来证明。正确的方式就是建立信念学习过程的模型，尽管正确的方式不一定总是恰当的方式。当我们不了解如何对信念学习过程建模时，这一点尤其明显。然而，在使用基于惯例的学习模型时，我们应该记住它们只是近似地表达这种学习方式。

2.2　场景特征和学习

在文献中，一个十分重要的话题很少被提及，即什么样的学习模型适用于什么的场景。上文区分了三种类型的学习：无意识学习、基于惯例的学习，以及信念学习。进一步，可以认为基本就是两种学习过程：无意识学习和信念学习，而基于惯例的学习过程表示为一个简化的信念学习。因此，第一个需要回答的问题就是，什么时候无意识学习和信念学习在现实中发生。接着第二个问题是，什么时候信念学习可以大致近似于基于惯例的学习模型。

2.2.1　无意识学习与信念学习

正如上文所述，无意识学习似乎是一个固定编码过程（hard-coded process），发生在许多（如果不是全部）动物中。在经济学领域中的例子是情感性购物、默会知识、直觉，以及企业内部或企业之间相互来往的惯例。相反，我们通常不会仅凭冲动就购买汽车或房子。人类能够反省自己的行为并建立与相应后果关联的模型。这种有意识的学习看起来似乎能够消除无意识学习的后果。

由此可见，无意识学习一般只有在有意识学习不发生时才起支配作用。因此，上述考虑简化了何时发生有意识学习的问题。有意识学习需要个体关注并反省自己的行为。所以，有意识的学习需要花费时间和具备认知能力。

在正常的一天中，我们面临大量的、具有不同程度重要性和难度的决策任务，其中大部分的决策是没有花一点心思就自动做出的。一个明显的例子就是，在道路的左边或右边开车。在一个熟悉的地方，这是一个无意识的决策，然而，大部分人却在国外经历了这个"无意识的行为"，那里的人开车时靠路边的位置是相反的。

存在这样一种机制，用于决定什么样的决策和行为要启动有意识反应。文献中并没有关于这种机制的研究。因此，我们只可以推测它的机能。一些推论似乎是明显的。对行为的有意识思考，受到这一思考所需时间的制约。此外，存在某种激励，使得有意识的思考更有可能。最后，会出现适应性的反应减弱（habituation）。所谓反应减弱，总体说来是指一旦个体对某种情况进行了有意识的思考，并且得出结论，那么个体通常重复同样的行动，而并不进行更多的思考了。个体趋向于成为行家（specialists），聚焦于特定领域，如某种消费物品或闲暇活动，而这些领域并不一定是其生活中不可或缺的［参见维特（Witt，2001）对这一过程的一个综合讨论］。

一般我们认为，人们将认知时间花费在他们个人认为最需要思考的那些行动和决策上，所有其他的行动都是无意识学习的结果。有几种场景提供了明显的、能够引起有意识关注的动机：

- 在个体尚未建立可依赖规则的新场景下，做出认知的努力是值得的，因为一个武断的选择，可能导致糟糕的结果。然而，在许多新场景下，个体会利用来自类似场景下的行为惯例。因此，对于"新"这个字，不得不做谨慎的处理。通常个体不能够根据场景的客观逻辑或是理论结构对场景进行分类，而是根据他们自己的认知理解，对情况进行必要的分类。如果根据这种认知理解，一个场景和其他的任何场景之间没有关系，那么这个场景在主观上就可以认为是新的。在主观的新的场景下，个体很可能会更加依赖于认知。

- 不满是使个体对一个场景进行认知的强烈动机。当重复面对导致不满意结果的场景时，个体被驱动改变他们的行为。最终，他们专注于这个场景，并且有通过认知来反思这一场景，试图改善他们的绩效。在这种情况下，抱负水平的作用十分重要。

- 由于个体的个人原因，某些场景和决策被认为是重要的，比如个人自豪感、审美渴望或是和个体生活的相关度。这些因人而异的动机可以解释个体之间极大的行为差异。

这三类能引起个体注意力的场景有一个共同点，表明了能够识别有意识学习的普遍规则（由每一类有意识学习场景都可以看出）：之所以相应场景能引起个体的注意，是因为这些场景下的结果令人不满意或以一个很高的概率预计为不满意，一个例外就是上面所提及的个体差异。

从而我们可以这样认为：一般的，无意识学习是行为改变的正常路径。个体通常不关注其所面对的重复场景。有意识的关注，是由不满意或预计不满意的结果导致的。尽管这一假设是对上述因素分析的理论抽象，但是这提供了一个对学习过程分类和选择描述学习过程模型的可靠基础。在建模者处理一个对个体而言重要的或是新的场景时，个体很有可能会有意识的学习。这种情况下可选择有意识学习模型。如果建模的场景对于经济人而言并不重要，那么假设他们为无意识学习是适当的，应选择无意识学习模型。

然而，关于上述内容的简化，必须注意在个体重复面对一个场景的期间，应该区分两种无意识的过程：一种可能起源于无意识，并进一步由无意识来指导，直至遇到一个不满意的结果；另一种，过程可能源于有意识，并进一步的由无意识来指导。在行为是无意识习得的情况下，当被问到其中原因时，个体只能回答"我从来没有真正的思考过这个问题"。这个回答发出了一个信号，即这些行为是由无意识过程习得的。在行为是有意识习得的情况下，只要个体发现了一个满意的行为，他们可能就会转移他们的认知注意力到其他场景。随后，原场景下的行为将服从无意识学习，因为该行为被重复选择，只要该行为是强化性的（令人满意的），就会被进一步确定下来。个体习惯性地重复行动而不反思他们的行为。然而，如果结果被发现是不满意的，那么有意识的注意力通常将重新转移到该场景。

2.2.2 基于惯例的学习 vs 信念学习

在两种有意识的学习模型——基于惯例的学习和信念学习之间的选择，要更加困难。正如上文提及的，基于惯例的学习模型并不能用于描述一个真实的学习过程，而只是信念学习的一个近似。因此，问题并不在于这两种学习过程在什么场景下发生，而在于什么时候基于惯例的这种近似能够有效描述真实学习过程。

基于惯例的学习模型通常基于对学习的经验或实验观察。这些模型将学习过程简化为一个或少数几个主要特征，观察这些特征并不需要真正知道在大脑中决定学习过程的真实活动进程。模仿模型就是一个例子，模仿模型假设人们观察其他个体的行动及由此导致的结果（the resulting outcomes），随后选择具有最佳绩效的行动，或进行虚拟博弈。在最初的虚拟博弈模型中，假设人们观察到其他局中人的行动，并且预期他们未来会以相同的频率来采取这种行动。

这些例子帮助说明了基于惯例学习模型的优点以及局限性。模仿模型和虚拟博弈都漏掉了部分有意识学习过程。漏掉的这个部分可称之为对场景的理解。如果我们模仿其他人，那么我们并不只是模仿具有最佳绩效的行为，我们通常也构建了一个关于为什么他们完成得最好的主观理解。这包括在场景改变或者被观察对象的个性不同（于观察者自身）的情况下，采取不同行动的可能性。类似地，如果我们在博弈中与同一群个体重复打交道，那么我们就不仅要计算他们行动的频率，同时我们也会构建一个关于其他参与人行动次序的理解，尽管这种理解是主观的。

不过，在某些情况下，构建深层面的理解，并不会完全地影响行为。比如，如果所有人都坐在同样的多手柄吃角子老虎机（multi-arm bandits）面前，并且都希望最大化他们的利益，那么他们并不需要对场景有多么深的理解，人们将模仿具有最佳表现的手柄（arm）选择，也可能尝试一下其他手柄。在这种场景下，对大脑中过程的精确建模，将是非常复杂的。

因此，是否使用基于惯例的或是信念学习模型的问题，是与使用复杂的较真实的模型，还是使用简化的更近似的模型讨论相关的。（参见1.3节）此外，这个问题还和模型的有效性讨论相关。在基于惯例学习模型的领域，存在大量可获得的支持它的证据，而在信念学习领域，看来尚未发展出完全令人信服的模型。因此，使用基于惯例的学习模型比较诱人，在这里将单独进行讨论。然而，任何使用基于惯例学习模型的人，都应该注意到这样一个事实，即模型仅仅是真实学习过程的近似表达。此外，文献中有各种基于惯例的学习模型，重要的是要选择最合适的。

3 无意识学习模型的构建

根据本文提出的分类，所有个体没有意识到而发生的学习过程，都可以称为无意识学习。在心理学上需要识别两个学习过程：经典条件和操作性条件［classical conditioning and operant conditioning，后者也称为强化学习（reinforcement learning）］。如上文所述，这里的讨论限于强化学习过程，因为经济学文献中很少涉及经典条件［关于经典条件建模的一个讨论，可参见勃伦纳（1999），第 3 章和第 5 章］。然而，仍需提及的是，如果我们将无意识学习和强化学习等同起来的话，那么我们就偏离了传统心理学关于强化学习的观点。在心理学中，强化的建立是在行为主义占主流的阶段，这意味着如果模型要明确地表征认知过程内在机能的话，那么这种模型就会被主流心理学家斥为纯粹的臆测，因而是应该避免的。因此，行为主义心理学家们发展了把决策视为可见过程之结果的学习过程模型，即刺激反应联系。然而，这些模型并没有排除其背后存在引起外显行为改变的认知过程的可能性。行为主义心理学家只是坚持这些认知过程不应被明确地包括在模型中。

正如这里所定义的那样，无意识学习仅仅适用于没有发生认知反省（cognitive reflection）的学习过程中。我们这里所得到的推论来自于这样一个事实：大部分条件反射的心理学研究都是基于动物实验的，而"动物主要是进行非认知学习（non-cognitively）"的。因此我们认为强化学习模型应该适用于人类的非认知学习过程建模。心理学上经常有观点强调：个体即使没有对场景做出反射，他也是通过强化来学习的。（如：Biel，Dahlstrand，1997）

强化学习基于各种可能行动的一个初始行动频率分布（frequency distribution）。初始频率分布的由来需要通过其他领域的研究才能得到解释，因此大多数文献就可以略而不提了。如上所述，在某些情况下，行为的频率分布来自于此前对该场景的有意识思考。在其他情况下，最简单的假设就是均匀分布，这也是文献中最常见的处理方式。

强化学习意味着行动是根据当期频率分布随机选择的。如果一个行动导致了奖赏（正产出，positive outcome），那么未来行动中这个行动的频率就会增加。如果一个行动导致了惩罚（负产出，negative outcome），那么这个行动的频率就会下降。

根据上述讨论，只要个体没有意识到他们正在学习的事实，那么采用描述强化过程的模型就是合适的。通常就是这样一种情况，即如果他们觉得决策并不重要，或他们的行为调适甚佳的话，那么他们将在该场景下付出最小的认知努力。当一个经济学家试图对此进行建模时，下一个问题就是将使用哪种学习模型。

3.1 现有模型

经济学通常使用三种模型来描述强化学习，即 Bush-Mosteller 模型、改善原理（principle of melioration）以及 Roth-Erev 模型。这三个模型都很好地抓住了强化学习的主要特征：能带来相对较好结果的行为频率将增大；若将强化移去（好结果不复出现），则相应行为也将逐渐消失。所有这些模型都得到了心理学关于强化学习的研究启发。然而就像上文讨论的那样，无意识学习和强化学习并不是一回事。因此，须从心理学文献出发，在这里检查是否所有可得的模型事实上都描述了无意识学习过程。

这三个模型在细节上存在差别：改善学习就假设学习过程是基于过去各次行为的平均经历；而 Bush-Mosteller 模型和 Roth-Erev 模型则假设每一时点上的行为改变，唯一地取决于当前行动的结果。因此 Bush-Mosteller 模型和 Roth-Erev 模型只要求个体存储各种可能行动的当前频率分布，而改善学习则要求个体记住当前和过去事件的发生频率。此外，改善学习还要求个体去计算平均值。赫恩斯坦（Herrnstein）根据实验观察，发展出了改善学习原理（Herrnstein，1970；Herrnstein，Prelec，1991）。然而，考虑其实验室设定，一些行动可能是有意识的，就像前面所讨论的那样。因此改善的概念看起来更适合基于惯例学习的模型构建——这将在后面详细讨论，而不太适合对无意识学习建模。

将 Bush-Mosteller 模型和 Roth-Erev 模型并列起来，可能会看到它们具有一些相同的基本结构。Bush-Mosteller 模型建立于 1955 年，是由心理学家根据操作性条件的心理学知识构建的［参见布什和莫斯蒂勒（Bush，Mosteller，1955）］。大约 20 年后，克罗斯（Cross）将其推广到经济学中［参见克罗斯（Cross，1973，1983）］。亚瑟（Arthur，1991）通过允许学习过程中存在不同的学习速度，将该模型一般化，并将之称为"参数化学习机"（parameterized learning automaton）。亚瑟模型包含两种极端情况：一是常数的学习速度，另一个是双曲线下降的学习速度。前者情况与 Bush-Mosteller 模型一致，而后者就是 Roth-Erev 模型的早期原型。亚瑟构建了一个十分灵活的模型（Arthur，1991），并讨论了不同学习速度的意义。然而，所有的这些发展，在经济学中并没有引起足够的关注，直至得益于罗斯和埃里夫在经济学中对强化学习的重建工作。

Bush-Mosteller 模型和早期 Roth-Erev 模型的最主要区别在于不同的学习速度，关于这一点，亚瑟早已讨论过了（Arthur，1991）。Bush-Mosteller 模型中，学习速度为常数，这就意味着：已经历过某一场景的个体，再次经历该场景的应对方式将会和没经历过的个体应对方式相同。而早期 Roth-Erev 模型假设：随着经历增加，学习速度沿双曲线收敛于 0。心理学研究描述了自发恢复的情况（Thorndike，1932），即：如果曾经因结果不佳而被抛弃的行动又重新在个体经历中导致了正产出，那么，这些行动很快就会被再次纳入到个体的行动选项中。

第二个区别是，Bush-Mosteller 模型可以处理负支付的情况，而 Roth-Erev 模型和"参数化学习机"只能用于正支付。早期心理学研究已表明，强化学习对于正产出（奖赏）和负产出（惩罚）具有不同的特征。Bush-Mosteller 模型能够抓住这些效应并相应给出不同预测（Brenner，1997）。

3.1.1 Bush-Mosteller 模型

20 世纪初，强化学习变成了心理学的核心话题（与之前相比）。这最终导致布什和莫斯蒂勒构建了数学形式的学习模型（Bush，Mosteller，1955），该模型基于艾斯特斯的思考，是艾斯特斯迈出强化学习数学表达的第一步（Estes，1950）。此模型基于这样一种观点：由概率向量 $p(t)$（$= (p(a, t))_{a \in A}$）给定行为模式的频率分布来表征行为。该向量对每一可选行为 a（$a \in A$）在每一时刻 t 分配的概率为 $p(a, t)$（$0 \leqslant p(a, t) \leqslant 1$，$\sum_{a \in A} p(a, t) = 1$）。有时将 a 行为在 t 时刻发生的概率 $p(a, t)$ 称为习惯强度（habit strength）。Bush-Mosteller 模型是一个预报行为模式出现概率的随机模型，而非刻画行为模式本身。

在学习过程中，概率向量 $p(t)$ 依强化理论随 t 变化。布什和莫斯蒂勒仅仅区分了奖赏和惩罚两种结果，但对两类情况都未考虑其中的强化特征。克罗斯通过回答如何处理不同强度的奖惩问题，进一步发展了 Bush-Mosteller 的模型。（Cross，1973）他将该模型置于经济学背景下，通过对事件带来的效用增大以界定一个事件的强化特征。为此，他假设事件后果的影响（指行动或场景的后果对个体强化的影响）随效用单调递增。不过这样一来，克罗斯也就排除了事件的惩罚特征，因为依经济学，效用可以线性变换，于是可避免处理负效用且不失一般性。他忽略了个体在遭受惩罚后果的场景与在得到奖赏后果的场景下强化学习运转方式的不同。因此在强化学习中，激发学习的究竟是奖还是罚，是至关紧要的。

Bush-Mosteller 模型的克罗斯版本的缺点，已经被 Börgers 和 Sarin（1997），以及 Brenner（1997）的工作克服了。Bush-Mosteller 模型的这个版本被称为广义 Bush-Mosteller 模型，最适于无意识学习过程建模，将在下面介绍［完整的模型讨论参见 Brenner（1999），第 3 章］。强化的强度是以这样一种方式定义的，即所有奖赏后果均被正强化强度反射，而所有惩罚后果都被负强化强度反映。除了这一点之外，广义 Bush-Mosteller 模型和克罗斯版本是一样的。若一系列可能的行动 $a(a \in \mathbf{A})$ 之中在时刻 t 出现的是行动 $a(t)$，且导致了强化强度 $\prod(t)$，则个体采取各行动 a 的概率 $p(a, t)$ 之变化由下式给定：

$$p(a, t+1) = p(a, t) +$$
$$\begin{cases} \nu(\prod(t)) \cdot (1 - p(a, t)) & \text{如果，} a = a(t) \\ -\nu(\prod(t)) \cdot p(a, t) & \text{如果，} a \neq a(t) \end{cases} \quad (1)$$

若出现行动 $a(t)$ 导致的是负强化强度 $\prod(t)$，则个体采取各行动 a 的概率 $p(a, t)$ 之变化可表示为：

$$p(a, t+1) = p(a, t) +$$
$$\begin{cases} -\nu(-\prod(t)) \cdot p(a, t) & \text{如果，} a = a(t) \\ \nu(-\prod(t)) \cdot \dfrac{p(a, t) p(a(t), t)}{1 - p(a(t), t)} & \text{如果，} a \neq a(t) \end{cases} \quad (2)$$

其中函数 $\nu(\prod)$ 关于 $\prod(\prod > 0)$ 单调增，且 $\nu(0) = 0$，$0 \leqslant \nu(\prod) \leqslant 1$。强化强度 $\prod = 0$ 可以理解为个体希望达到的水平〔正如 Börgers 和 Sarin（1997）的工作〕。

通常，$\nu(\prod)$ 使用线性表达式 $\nu(\prod) = \nu \cdot \prod$，因此学习过程可以描述为：

$$p(a, t+1) = p(a, t) +$$
$$\begin{cases} \nu \cdot \prod(t) \cdot (1 - p(a, t)) & \text{如果，} a = a(t) \wedge \prod(t) \geqslant 0 \\ \nu \cdot \prod(t) \cdot p(a, t) & \text{如果，} a = a(t) \wedge \prod(t) < 0 \\ -\nu \cdot \prod(t) \cdot p(a, t) & \text{如果，} a \neq a(t) \wedge \prod(t) \geqslant 0 \\ -\nu \cdot \prod(t) \cdot \dfrac{p(a, t) \cdot p(a(t), t)}{1 - p(a(t), t)} & \text{如果，} a \neq a(t) \wedge \prod(t) < 0 \end{cases} \quad (3)$$

所有版本的 Bush-Mosteller 模型都假设，结果只在其发生的那一时刻影响频率分布 $\boldsymbol{p}(t)$。这意味着个体没有记住以前的行动及结果。过去的经历被暗含在频率分布 $\boldsymbol{p}(t)$ 中，学习被假设为一个马尔科夫过程。

这个模型只可以应用于个体必须在有限个可选行为中进行重复

选择的情况，而不能用于个体不得不在比如像价格这样实际价值（real value）面前进行选择的情况。就实际价值进行选择意味着有意识的思考，因为实际价值的实质含义就是一个认知概念，而且必定是有意识习得的。

3.1.2　参数化学习机

Arthur 模型建立的基础和 Bush-Mosteller 模型一样：假设个体依据按照随时间变化的概率分布 $p(t)$ 发生随机行为。不过，Arthur 对每个行动 i 定义了一个在 t 时刻的权重 s_t^i。若在 t 时刻采取了行动 i，则相应权重 s_t^i 的增加量就等于行动 i 获得的支付值 ϕ，权重变为 $s_{t'}^i = s_t^i + \phi$。对于没有采取的行动，权重保持不变：$s_{t'}^i = s_t^i$。然后，所有新的权重都乘以相同的值以使得 $\sum_{i \in A} s_t^i = C \cdot t^v$ 成立。在 t 时刻，各行动发生的概率按下式计算：

$$p_t^i = \frac{s_t^i}{\sum_{j \in A} s_t^j} \tag{4}$$

若 $v = 0$，则除了负的支付可能会产生问题以外，参数化学习机模型就十分类似 Bush-Mosteller 模型了。若略去参数化规整处理（normation，指权重之和为 $C \cdot t^v$——译者注），则参数化学习机就变得和最初的 Roth-Erev 模型相同了。

3.1.3　Roth-Erev 模型

Roth-Erev 模型已被证明非常适于描述博弈中的通常行为。（参见罗斯和埃里夫，1995）如果略去 Arthur 的参数化学习机的规整处理，那么就是最初的 Roth-Erev 模型了。不过 Roth 和 Erev（1995）还用实验数据检验了他们的模型，并且引入了两个附加特征来修正模型：遗忘和实验学习 [forgetting and experimentation，杜菲（2006）给出了数学描述和详细讨论]。

遗忘过程贯穿了从头到尾的学习全过程，就像参数化学习机中取 $v \approx 0$。因此，（过去不理想的）行动会重新启动，当期经历的作用比很久之前经历的相对更为重要。这就使得模型更加符合心理学

知识和实验发现。(Roth，Erev，1995)

　　Roth-Erev 模型中所引入的实验学习（experimentation），保留了过去行动经历的作用。对此学者们持有不同的观点。罗斯和埃里夫（1995）发现，实验学习的引入提高了模型对实验数据的拟合度。然而，在无意识学习框架下，实验证据不应该成为评价的主要依据。上述观点认为，实验参与者通常有意识地做出决策。因此，在解释实验中的行为时，Roth-Erev 模型可能很有用，但并不一定适用于无意识学习建模。习惯发展研究和动物实验都表明，无意识学习能够较好地区分某些行为。

　　文献中有许多关于 Roth-Erev 模型修正的讨论，这里不再赘述［如见埃里夫，贝利比－梅尔和罗斯（1999）的修正］。我们没有发现能够消除它面临的根本问题的那种修正：Roth-Erev 模型无法处理负强化的结果。

3.2　建　议

　　前面已经讨论了三种可用于建立无意识学习的模型，并且指出，典型的无意识学习过程不会在实验室中出现。因此，人类行为的实验室成果不应被用于判断不同无意识学习模型的恰当性。相反，动物行为实验和关于习惯形成的知识到应该适用于无意识模型。从这方面文献看，我们知道，在环境不变时学习过程会减慢，但是可以通过环境变化重新驱动；此外我们还知道，人们可能从各自的行动选项中完全排除某些行动，而且对奖赏的处理不同于对惩罚的处理（并非相差一个正负号，而是反应程度及其机制不一样——译者注）。（Kahnemann，Tversky，1979）以上三个模型中只有一个模型能够抓住所有这些特征，即一般化的 Bush-Mosteller 模型。因此，使用这个模型似乎是恰当的。当然，如果不存在负产出，那么参数化学习机以及不含实验学习（experimentation）的 Roth-Erev 模型都可以表达上述主要特征，但它们还是处理不了负产出（即惩罚）。

4 基于惯例的学习模型构建

前面已经广泛地讨论过了，基于惯例的学习模型是对真实的有意识学习过程的近似。这是建立在确认了某些简单的基本学习原理（fundamental principles of learning）基础之上的。经济学文献中这些原理的推演或来自实验观察、或特殊推理（ad-hoc reasoning）、或基于某种最优学习的考虑。在某些情况下，这些模型描述学习可以相当精确，但它们绝不可能描述所有场景下的学习，因为人们会进行复杂推理，并且能够理解自己将面对的潜在的复杂环境。这种能力通常不会服从任何统计意义上的最优化，经济学文献往往设定（或暗含）了这种统计最优。不幸的是，心理学家对推理过程和理解过程的理解仍然十分含糊。但可以明确的是，这些过程并不简单，并且包括了概念和信念的发展（参见，如 Anderson，2000）。

我们将基于惯例的学习模型定义为这样的一类模型：在这些模型中，个体自己的经历和观察与他们的行为直接关联。所有包括信念和信念随着时间发展的模型，都可以视为在这里被称为联结或信念学习（associative or belief learning）的候选模型。具体情况将在下一部分讨论。我们断言，从来都不存在一个基于惯例的学习模型能够准确地描述各种情景下的有意识学习过程。

然而在某种情况下，基于惯例的学习模型可能是一种恰当且简单的描述。若干研究已表明，个体趋于坚持自己的信念，即使存在一些证据证明其观点是错误的。（参见，如 Luchins，1942；Anderson，2000）基本信念（basic beliefs）常常不会变化，并且个体以简单的方式学习。一些心理学分支研究发现，个体在决策时采用的是简单而非最优规则。（参见，如 Gigerenzer，Selten，2001）

因此，即使我们意识到基于惯例学习模型的一些局限性，但是为了描述行为而探究基于惯例的学习模型，仍然是有益处的。在这种情况下，指导这种探究的唯一方法就是经验的和实验的证据。其目的并不是获得学习过程的详细描述，而是发现能够确切表征这些行动的动态变化。

因而，基于惯例学习模型构建并不是在个体层面上进行的。前面我们早已经讨论过了，如果只是想要表征群体行为的动态变化，那么群体层面上构建学习模型可能是准确的。因此关于可以获得的学习模型的讨论分为两个部分：首先讨论群体层面的学习模型，然后考察个体基于惯例的学习模型。

4.1 群体层面基于惯例学习的模型构建

在群体层面上构建学习模型（modelling on a population level），通常会遇到模型中包含的个体间异质性的限制。大部分群体层面的学习模型允许不同个体在同一个场景下采取不同行动，因为它们包含随机因素。然而，为了发挥群体层面上建模的优势，该群体中的所有个体，都应依照具有相同参数的同一模型学习。可能有人会采用亚群体的定义，至少这样在一定程度上考虑了个体间的异质性。然而，采用数量过多的亚群体，会降低在群体层面上建模的优势效应。

在群体层面上构建学习模型的优势在于建模的简化，不再需要关注个体学习过程中的细节。整个需要研究者关注的就是模型的结果（不是模型的设定、推导过程，而是模型对行为的预测结果——译者注），对群体加总行为动态变化描述的准确性。从这一点看，实验对判断精确性起关键性的作用。

构建群体层面的学习模型，意味着需要描述群体在各时刻的各种行为个体所占的份额。因此，对每一种行为 $a(a \in \mathbf{A})$ 定义一个份额 $s(a, t)$，表示 t 时刻随机选取某个体行为是 a 的可能性。当然，对所有的时刻 t，$\sum_{a \in \mathbf{A}} s(a, t) = 1$。

文献中，常用的群体学习过程模型主要有四类，分别为：复制者动态（replicator dynamics）、选择—突变方程（selection-mutation equation）、演化算法（evolutionary algorithms）和强化学习（reinforcement learning）。这四种模型都包括这样一种假设：即平均起来，行动朝着有好结果的方向调整。另外，后三种模型都含有一个通常被解释为描述创新行为的随机因素。尽管有些读者可能认为遗传编程（genetic programming）和分类系统（classifier systems）也适合于这里所讨论的模型，但不过多介绍了，因为它们含有信念学习的基本特征，故放在后面（即5.2.4小节、5.2.5小节）处理。

4.1.1 复制者动态

复制者动态（replicator dynamics）（Hofbauer, Sigmund, 1984）是演化博弈论的基础，起源于生物学，运用在学习行为中只是简单地表述为：适应性高于平均水平的行为其后发生的频率较高，而适应性低于平均水平的行为发生得较少。对此（a行动者份额比例的变化）可以表示为：

$$\frac{ds(a, t)}{dt} = \nu(t) \cdot s(a, t) \left[\prod(a, t) - \langle \prod(t) \rangle \right] \tag{5}$$

其中ν表示过程速度，$\prod(a, t)$是t时按a行事的个体获得的平均产出，而$\langle \prod(t) \rangle = \sum_{a \in A} s(a, t) \cdot \prod(a, t)$表示整个群体在$t$时所获得的平均产出。复制者动态描述了生物演化的选择过程。这里，将$\nu(t)$称作为选择性压力，表示适应能力较差的物种灭绝的速度。$\prod(a, t)$则表示依a行事的物种在时点t的适应度。

4.1.2 选择—突变方程

选择—突变方程（Eigen, 1971）也被称为Fisher-Eigen方程，它同样也来自于生物学。除了像复制者动态一样抓住了选择过程，选择—突变方程还抓住了突变过程的特征。选择—突变方程可以表示如下（Helbing, 1995）：

$$\frac{ds(a, t)}{dt} = \sum_{\tilde{a} \in A} \left[\omega(a \mid \tilde{a}, t) \cdot s(\tilde{a}, t) - \omega(\tilde{a} \mid a, t) \cdot s(a, t) \right] +$$

$$\nu(t) \cdot s(a, t) \left[\prod(a, t) - \langle \prod(t) \rangle \right] \qquad (6)$$

方程（6）右边的第一项表达式代表突变过程。突变矩阵 $\omega(a \mid \tilde{a}, t)$ 定义了从一种遗传性变型 $\tilde{a}$ 转变到另一种遗传性变型 a 的概率。突变矩阵是根据交叉、突变和其他类似过程的生物学概率选择的。在经济学背景下，突变矩阵可以由个体随机地从一种选择转换到另一种选择的概率决定。方程右边的第二个表达式与复制者动态模型完全一致。

复制者动态和选择—突变方程主要用于学习过程的数学分析，这是因为相对其他通常的学习模型，它们更易于解析处理。我们不知谁有什么实验能够检验这个模型（我们知道还没有任何实验检验），从而无法说明他们是否能够正确表征学习过程。然而，选择—突变方程至少是一种灵活的公式表达。定义突变矩阵 $\omega(a \mid \tilde{a}, t)$，允许将各种不同方面的因素涵盖在模型中。甚至有可能按照实际情景（the actual situation，例如个体的满意或者他们对潜在改善的知识），构造出突变矩阵以及对个体的实验。然而，到目前为止，文献中并没有对这些按实际情景构造矩阵的可能性进行检验。

在计算经济学（computational economics，即本文开头所说的基于代理人的计算经济学——译者注）框架中，复制者动态和选择—突变方程几乎没有受到任何重视——它们的构建更多地是为了用于数学分析，而不是用于仿真模拟。

4.1.3 演化算法

瑞兴博格（Rechenberg, 1973）和霍兰德（Holland, 1975）的演化算法（evolutionary algorithms）与选择—突变方程一样，也是建立在生物学基础上的。然而，方程（6）并不能确切表征演化算法的动态变化，因为演化算法中，不同的选择过程被分别模型化了。此外，演化算法明确地描述了每一个个体的发展以及他们被下一代的替代。[杜菲（Duffy, 2006）详细介绍了遗传算法（genetic algorithms），拜恩（Beyer, 2001）则透彻地描述了演化策略（evolutionary strategies）。本文作者所说的 evolutionary algorithms，在这里主要包括两个内容：genetic algorithms 和 evolutionary strategies——译者注] 复制者动态和选择—突变方程在数学的演化博弈论中占据了支配地位，而在经济模拟中，使用演化算法则是十分普遍的 [见 Holland 和 Miller（1991），Arifovic（1994），Dawid（1996a）的一些突破性的工作，现在许多工作都使用这个概念，这里不一一列举]。

在经济学中使用演化算法是基于这样一种观点，即演化算法能够表征学习过程（Arifovic，1994；Dawid，1996b；Riechmann，1999）。这一观点来自对社会/文化演化或者说学习过程与生物演化，这两个过程之间主要方面的类比。在描述生物演化的演化算法中，主要方面是复制、突变和选择（replication，mutation and selection）。这些可以类比社会演化的主要方面，即模仿、变化和放弃式的选择 [imitation，variation and selection by abandonment，比较的工作见 Dawid（1996a）]。如果这一类推成立，那么演化算法的使用将是有吸引力的，因为这些算法已有现成的计算程序了。而且，使用演化算法不需要考虑如何对实际学习过程的全部环节进行模型处理。

然而，生物演化和社会演化之间的类推是有争议的（参见，如 Maynard Smith，1982；Hallpike，1986；Witt，1991；Ramstad，1994）。在这个问题的讨论中，已经识别出生物的和社会的演化之间存在某些至关重要的不同点。这两个过程在群体层面上数学形式的比较显示，尽管两者有许多类似之处，但仍有一些基本的不同点（Brenner，1998）。正如前面已提到的，且下面建模也要讨论的：基于惯例的学习有许多特征，演化算法能够很好地抓住其中的一些，但另一些特征却丢掉了。

首先，演化算法包含的记忆类型有限。在演化算法中，过去的经历仅仅是通过当下群体中各种不同行动人数的相对比例而被记忆的。因此，个体有可能向一个全新的行动变异，也有可能向一个之前已有过惨痛经历的行动变异，这两种变异的可能性是相同的。实际上，人们可以记住他们过去的经历，并且能够区别这两种行动。其次，在演化算法中广义地定义了适应度函数，这意味着模型无法考虑个体之间对行动结果评价的差别。然而，这时所有群体层面的模型就都有问题了，因为群体模型不允许单个个体的发展（个体发展实际是存在的——译者注）。再次，在演化算法中，策略通过选择而被淘汰，而选择仅仅是由策略导致的绩效来决定的。在学习过程中，个体的先验动机起着重要的作用。而动机可能是一个个体历史积累的结果，因此尽管行为当期的绩效很好，它们仍可能会被淘汰。

最后，在大部分的决策任务中，备择选项或者根本没有排序，或者是一维排序，并且常常是一个自然数或实数。但是，标准的遗传算法（genetic algorithms）不是这样，它要求的选项是二进制编码。这就导致了变异和交叉过程中怪异的结果。比如，对 0 至 15 之间的自然数进行二进制编码，导致了从 0 到 1 的变异和从 0 到 8 的变异具有相同的可能性，但比从 0 变异到 7 的可能性要大得多。因此，标准的遗传算法只在极少的一些情况下适用——在这些情况下，备择选项实际上就是以二进制形式编码的（参见，如 Lindgren，1992）。演化策略中并不存在这个问题，在演化策略中，备择选项是按实数编码的，并且在这些实数编码备择选项上的变异服从正态分布（Rechenberg，1973；Schwefel，1995）。近年来，一些遗传算法的使用者已经意识到这个问题，并且开始修正遗传算法，这样他们就不需要对选择进行二进制编码了。但依旧令人困惑的是，他们为什么没有转而运用似乎更加适用于大部分经济学问题的演化策略。这个困惑随着这样一个事实而加深：在发展这些算法工具过程中，不同策略的编码方法是霍兰德（遗传算法）与瑞兴博格（演化策略）的争论焦点。

令人惊讶的是，尽管存在着这些问题，遗传算法还是被广泛应用于模拟经济学的学习过程，尤其是原始版本的遗传算法。除了上述这些问题，尽管演化算法描述了个体的发展，但仍然不能和个体的学习历史相匹配。

不过，也可以列出许多赞同遗传算法和演化策略的观点。首先，它们能够近似描述群体层面的模仿、交流与变化（variation）。其次，存在相当多的能够确切描述群体层面学习的实验证据（Duffy，2006）。因此可以认为，如果我们不关心个体学习确切过程细节的话，那么对群体学习过程建模来说演化算法类的工具就足够了。所以，在此我们将其放在群体模型的标签下，因为它们描述了一个群体层面上的具有随机变化特性的搜寻过程。

当然，在使用这些模型时有两点需要铭记：第一，瑞兴博格和霍兰德所开发出的算法，是为了解决技术问题而确定最优解的方法。因此，遗传算法和演化策略的发展是为了表述最优搜寻过程，而不是为了揭示学习过程。将遗传算法和演化策略的动态特性理解为个体的学习过程，似乎很不妥当。第二，在使用演化算法时，不应该忽略行动和策略的编码问题。基于代理人计算的经济学研究，应该有意识地在各种版本的遗传算法和演化策略中，做出它们的选择。

4.1.4 强化学习

第四项选择就是用强化学习来描述群体层面上的学习。埃里夫和罗斯（1998）已经表明，在某些博弈中，用强化学习对群体行为建模能产生令人满意的结果（前面3.1节描述了强化学习模型）。一般文献中将这些模型假设用于强化学习行为建模，而强化学习又通常假设为非认知学习过程（non-cognitive learning process），因此，这里将其归为无意识学习类是比较合适的。然而，如前所述，心理学的强化学习概念并不能等同于这里定义的无意识学习。并且前面的讨论也已经显示，Roth-Erev 模型并不是建立无意识学习过程模型的首选。Roth-Erev 模型的设定构成中含有某种个体有意识行事的假设。此外，该模型也已经根据实验证据进行了微调。

由于实验的确认，导致我们认为，Roth-Erev 模型是用于描述群体层面上基于惯例学习过程的合适工具。这个观点得到了若干项研究的支持，这些研究显示群体层面的强化学习和复制者动态的模型效果具有相似性。伯吉斯和沙林（Börgers，Sarin，1997）指出，Bush-Mosteller 的强化学习模型在某些环境下可以导出复制者动态。这个主张在勃伦纳（Brenner，1997）的博弈框架下再次被检验，而且类似的博弈论分析也已经由勃伦纳和维特（Brenner，Witt，2003）用于改善原理的探讨（the melioration principle，改善学习是假设个体能记住当前和过去事件的发生频率，进而据过去各次行为经历，依某种平均决定将采取的行动——译者注）。

4.1.5 建 议

上面已经指出，描述群体层面上基于惯例的学习过程的模型，应该只限于无须考虑个体学习确切过程的情况（即表征个体层面学习过程准确与否是无关紧要的——译者注）。在这种情况下，应该选择能够确切描述群体层面学习过程的模型。为了给这种选择提供支持，我们可以寻找经验和实验证据。演化算法和 Roth-Erev 模型这两者都有一些支持他们的实验证据（见 Duffy，2006），因此，可以考虑倾向于这两种模型的建议。

这两类模型之间的选择应该取决于所要建模的场景。Roth-Erev 模型和演化算法有很多相当不同的特征。Roth-Erev 模型简单一点，并且似乎更加适合于固定的、较小的行动集或策略集。而演化算法则描述缓慢的学习过程，通常是比现实中观察到的慢得多的过程。但是，演化算法具有一些有趣的特征，即能够用于处理非常大的行动集和策略集，并且甚至允许策略集内生地增大（随动态演化过程，内生出了原先没有的新策略——译者注）。尽管如此，这两种模型也还只是对真实的有意识学习过程在群体层面上相当粗略的近似。

4.2 个体层面基于惯例学习的模型构建

基于惯例学习的建模思路出于这种假设：有意识的学习过程具有不同的特征（different features），其中某些特征在某些场景下占优

（dominate in some situations）。例如，在许多人不得不单独处理一个未知问题的场景下，很自然地，会仔细观察他人的行动和结果，然后模仿他们的成功行为。在这种场景下，建模者可能就不必关注发生在个体身上的详细的认知过程，只需简单地对模仿行为进行建模。尽管忽略掉大部分认知学习特征，但仍可能会获得一个正确的描述。现有文献已经识别了各种不同学习过程的特征。其中许多已经分别构建了模型。我们这里仅讨论这些特征中的四项：实验学习（experimentation）、经历收集（experience collection）、模仿（imitation）和满意（satisficing）。有一点十分重要，并要一直铭记于心：这里所展示的模型是把学习简化为多项过程特征的其中之一。这极大地降低了建模的复杂性，而且也适用于某些场景，但作为一个建立各种学习模型的精确工具，这还远远不够。至多，它只是提供了一个对真实过程的良好的近似。

4.2.1　实验学习

个体实验学习的标准形式是试错原理（trial-and-error principle）。然而，这还不足以精确到被称之为一个模型（trial-and-error，只是概念性含义——译者注）。还需要说明的问题包括：是否所有的可能行动都尝试过了，在被称之为错误之前这些行动曾经被尝试者试了多少次，以及是如何界定错误的。因此，实验学习通常作为一个附加因素，被包含在其他模型中。目前，几乎所有的学习和决策模型都会包含某种带有实验学习的变量。甚至效用最大化模式也已经扩展到能包括实验学习要素的地步，例如在行动评估中考虑错误或个体差异因素，而这是和实验学习相类似的［参见 Brenner 和 Slembeck（2001）的详细表述］。其他模型如何包含实验学习，将放在后面介绍模型的过程中讨论。这里先要给出三个专门针对实验学习的概念：Gittins 指数、$S(k)$-均衡和学习导向理论。

实验学习基于这样一种观点：通过选择不同的行动，个体能够收集这些行动结果的信息。在文献中，有时认为存在一种实验和开发（experimentation and exploitation）之间的权衡（tradeoff）。这意味着个体既可以通过新的实验进一步获得关于场景的信息，也可以开发利用过去已经收集了的信息，以运用它作为选择最佳行动的基础。

Gittins 指数的概念是一个学习过程，用于以一种优化方式处理这个权衡（tradeoff）。Gittins 指数是由克里斯（Gittins，1979，1989）引入的，设计的决策场景可以形象地描述为具有多个独立手柄的吃角子老虎机（multi-armed bandit）。在各个不同时点（various times），或者说每次都有一个手柄被分配到最大的平均支付，这个最佳平均支付可以通过反复选择手柄上与事件相关的次数而获得（can be obtained by repeatedly choosing that arm for an event-dependent number of times）。克里斯（Gittins，1989）证明了，在每一时间，使用具有最高 Gittins 指数值的手柄，是一个在重复多柄老虎机场景下能产生最高预期收益的策略。Gittins 指数蕴含着对下一轮中每个手柄期望支付的修正，其修正程度反映了通过已选手柄而收集到的信息值［详见克里斯（1989）］。然而，让人怀疑的是，人们是否能够处理复杂的、需要使用 Gittins 指数的计算。

奥斯本和鲁宾斯坦（Osbourne，Rubinstein，1995）两人所建议的模式是一种比较简单的行为。他们认为个体对每项可能的行动选择 k 次。在这个初始阶段之后，无论何时他们面临相同的场景，都选择能够带来最高平均支付的行动。但仍然不清楚的是这种方法中 k 是怎么决定的，而且这个模型在经验上和实验上都没有被检验过。

更多的现有证据都偏向于学习导向理论（the learning direction theory，如参见 Berninghaus，Ehrhart，1998；Grosskopf，2003）。然而，这个理论受限于应用场景。在这些场景下，可能的行动能够以某种方式排序，并在行动之后个体能获得最优选择坐落在哪个方向的信息。一个典型的例子就是最后通牒博弈：如果一个出价被拒绝了，那么提案人就知道这个出价太低了，最优出价要比这个高；如果一个出价被接受，那么出价人就知道最优出价或者应该更低一点，或者完全等于自己的这个出价。学习导向理论假设，如果个体知道最优选择在哪个方向上，那么他们将以某概率往该方向转移，也以另一概率保持他们当期的行为，但会以 0 概率往反方向转移（参见 Selten，Stoecker，1986；Selten，1997）。

4.2.2　经历收集

众所周知，个体能够记住他们在某种场景下的经历，并且当再次面临同一种场景时，会用这些经历去选择一个恰当的行动（脑科学表明存在长期记忆和短期记忆，心理学有语义记忆和场景记忆——译者注）。个体甚至会在感觉类似的不同场景下进行经历的迁移。心理学文献的观点是，行动的结果被个体赋予概率和估值（probabilities and values），而这两者都是由以前的经历所决定的。

经济学中已经发展出了各种不同的模型，用于描述关于场景知识的收集。其中有些模型是基于统计上考虑的，如关于人们应该如何以一种最优方式去进行学习。这类模型中用得最普遍的两种是贝叶斯学习和最小二乘学习模型。与此相反，还有一些模型是根据建模者思考的人们如何在现实中学习而构建的。这些模型包括短视学习（myopic learning）、虚拟博弈（fictitious play）和基于实验发现的改善学习（melioration learning）。

除了改善学习之外，所有这些模型都共有的因素是：个体学习时不仅要看（learn about）他们自己行动的结果，而且也要看其他人行动或事件的概率。这些模型并不只应用于学习的范畴——最佳响应（best response）和虚拟博弈模型同样也应用于博弈论。在博弈论中，参与人典型的行为就是要了解（learn about）其他参与人的行动，贝叶斯和最小二乘学习模型常常应用于这样的情况：个体通过了解经济过程的或事件的特征进行学习。不过，所有这些模型都可以用于代理人收集经历的所有各种场景。这些模型的唯一区别，仅在于处理经历的方式不同。

因此，贝叶斯、最小二乘学习和虚拟博弈一方面能够用于描述不同行动结果被记忆的学习过程；另一方面也能够用于描述，就场景形成信念和假设的学习过程。它们适合于描述本文所称的信念学习，因此，将放在下一部分讨论。唯一设计出来的，唯一能够描述记忆不同行动之经历的学习模型，就是改善学习模型。然而，这里应该阐明的是，我们也把虚拟博弈看做是与经历收集有关的模型。

尽管在文献中虚拟博弈模型和改善学习模型从不相关，但改善学习模型是一种逐渐收敛至虚拟博弈的特殊情况。改善学习当时是为了表征强化学习（参见，Herrnstein，1970；Vaughan，Herrnstein，1987；Herrnstein，Prelec，1991）而发展出来的。然而这里的观点是，改善学习用于上述无意识学习建模是不恰当的，改善学习更合适于基于惯例的经历采集的学习过程建模。

改善学习的动态性，可以由沃恩和赫恩斯坦（1987）建立的数学形式来表征。对于一个具有两种可能行动 a 和 a' 的情况，它们将行为调整的动态变化表述为一个沿时间连续调整的表达式：

$$\frac{\mathrm{d}p(a, t)}{\mathrm{d}t} = \nu(\bar{u}(a, t) - \bar{u}(\tilde{a}, t)) \tag{7}$$

其中 $p(a, t)$ 表示花费代价采取行动 a 的概率，而 $\nu(\cdots)$ 是单调增函数，且 $\nu(0) = 0$。

沃恩和赫恩斯坦（1987）略去了个体可以在多于两个可替代选择中进行选择的情况 [上面的（7）只能表示两种选择的情况——译者注]。而且，他们也并没有详细界定平均效用 $\bar{u}(a, t)$。他们只是简单地说，$\bar{u}(a, t)$ 表示个体在过去的行动 a 中获得的平均效用。关于平均效用或是支付（the average utility or payoff）的讨论可参见勃伦纳和维特（Brenner，Witt，2003）。勃伦纳和维特的讨论是将 $\mathbf{T}_a(t)$ 定义为行动——时刻集，表征个体在时刻 t 采取了行动 a 并对此具有记忆。用 $k_a(t)$ 表示各 t 时刻发生行动 a 并形成记忆的发生次数。因此，平均效用 $\bar{u}(a, t)$ 可由下式给出：

$$\bar{u}(a, t) = \frac{1}{k_a(t)} \cdot \sum_{\tau \in \mathbf{T}_a(t)} u(a, \tau) \tag{8}$$

勃伦纳和维特（2003）也认为，在方程（7）之前乘以 $p(a, t) \cdot (1-p(a, t))$，而不是人为的附加条件会更加合适。所加的条件满足，至少对于一种行动 a 当 $p(a, t)$ 变得比 0 还小的话，则动态变化将停止。于是方程（7）可改写为

$$\frac{\mathrm{d}p(a, t)}{\mathrm{d}t} = p(a, t) \cdot (1-p(a, t)) \cdot \nu(\bar{u}(a, t) - \bar{u}(\tilde{a}, t)) \qquad (9)$$

这种方法可以很方便地扩展至个体有多于两种选项的情况。假设可供选择的行动集为 A，且设函数 $\nu(\cdots)$ 为线性。那么，改善学习的动态过程可由下式给定：

$$\frac{\mathrm{d}p(a, t)}{\mathrm{d}t} = p(a, t) \cdot \nu \cdot \left[\bar{u}(a, t) - \sum_{\tilde{a} \in A} p(\tilde{a}, t) \cdot \bar{u}(\tilde{a}, t) \right] \qquad (10)$$

方程（10）描述的就是复制者动态［可与（5）式对比］。与此同时，方程（10）也代表了逐渐收敛至虚拟博弈的一种特例。效用或支付 $u(a, t)$ 是对每项行动 a 根据相应有限记忆处理计算确定的。不过，导致过去最高支付的行动并不是即刻就被选中，而是向这个经历的最佳行动逐渐收敛。该过程中，个体将持续一个时段内保留其经历过的各种行动的一定频率，直到最佳行动把所有的其他行动都顶替光。这个模型的构建看来是对经历采集和实验学习的一个很好的现实组合，而且这个模型仍然相当简单。各备择行动的平均支付 $\bar{u}(a, t)$ 同样也可以看做是过去经历的指数加权平均，其计算可表示为：

$$\bar{u}(a, t) = \frac{1-\beta}{1-\beta^{(t-1)}} \sum_{\tau=0}^{t-1} \beta^{(t-1-\tau)} \cdot u(\tau) \cdot \delta(a(\tau) = a) \qquad (11)$$

其中，$u(\tau)$ 表示个体在 τ 时所获得的效用，$a(\tau)$ 是 τ 时所采取的行动，并且若 $a(\tau) = a$，则 $\delta(a(\tau) = a) = 1$，否则 $\delta(a(\tau) = a) = 0$。β 是反映记忆的时间范围的参数。

4.2.3 模 仿

模仿的过程通常被用来描述经济学中的学习过程。不过并不存在用于描述模仿的普适模型。每个对模仿的某个重要方面特别关注

的研究者，都会做出他自己关于模仿过程的假设。在个体决策过程框架下（上文已经讨论过群体层面上的学习），模仿通常被看做是一个用于收集重复场景下适当行为信息的有用过程。

　　经济学文献中的大部分模仿模型假设，个体能够观测到其他个体的行动及产生的结果。进一步，还假设个体能够运用这些信息采取行动以寻求得到更好的结果。这与近年来关于模仿的心理学文献形成了对照。在心理学中，将模仿看作是一个天生的过程：研究表明孩子们模仿没有任何实际好处的行为，不过孩子们也能把注意力集中在成功的关键特征上，略去次要特征，而且还会从不成功的行为中吸取教训［参见 Rumiat 和 Bekkering（2003）简练的评论］。然而，心理学研究并没有产生可以用于经济学的学习模型。

　　因此，经济学就发展出了的一些不同模型（下面将讨论）。这些模型的不同之处在于，有多少其他个体能被学习者观察到；如何处理所获得的信息。就看到了多少其他人而言，有两种不同的观点：有些模型主张被观测个体的数目一定，他们就位于观测者周围（如，Eshel，Samuelson，Shaked，1998），或是从整个群体中随机选择一定个数（如，Duffy，Feltovich，1999；Kirchkamp，2000）。其他模型中体现的另一种观点是，在群体之内的所有个体都能被观测到（如，Morales，2002）。现实中究竟能观测到多少个体，这依赖于场景，因此存在各种不同模型是合理的。

　　就如何处理所获得的观测并与未来行动建立联结而论，现有模型做出的假设大不相同：第一种，有些模型是对每种行动计算基于观测的平均效用（如，Samuelson，Shaked，1998）。第二种的主张是，个体只模仿所有观测到的能获得最大效用的个体（如，Nowak，May，1993；Hegselmann，1996；Vega-Redondo，1997；Kirchkamp，2000）。维加 - 雷东多（Vega-Redondo）在这种假设中加入了噪声。第三种，在一些模型中假设，任何时候被观测到的个体只有一个，观测者将该个体获得的支付或效用与自己的支付相比较。然后，或者是随机地模仿这个观测对象——对方行动效用比自己的效用越大，模仿的可能性就越大（如，Witt，1996），或者是肯定地模仿这个观测对象——只要对方行动能带来较高效用［见 Schlag（1998）关于这些不同规则的讨论］。还没有任何经验或实验研究，来检验哪一些模型更加符合现实。

尽管心理学的文献没有提供数学模型，但却提供了一些概念性的帮助。在心理学中考察的模仿学习，是将其归在观察学习的类别下的（见 Bandura，1977）。那里给出了观察其他个体过程的详细描述，也讨论了人们是如何将注意力集中于其他人的经历，以及这种经历是如何迁移到个体自己的场景之中的。然而，文献中并没有研究这种迁移影响效果的数学表述。不过，文献暗示可以通过上文所述的经历采集模型，来考察模仿。如果观测是有意识的过程，那么这似乎是很有可能的。而且，这种建模将包括交流的过程（the process of communication）。对上面的方程（11）加以改进，这样它就可以包含其他个体的经历。于是，唯一必须回答的问题就是：观测到的其他个体的经历有多少？这个问题的答案是情景依赖（context-dependent），并且对每种场景（each situation）必须分别回答。不过令人吃惊是，据我们所知除了 VID 模型（见下文的组合模型）之外，经济学文献中还没有以这种方式（for each situation separately）建立的模仿模型。然而，VID 模型非常复杂。一种最简单的组合了个体尝试、经历采集和模仿/交流的基于惯例的过程模型，也应该包括两个过程：第一，对每种行动 a 构建过去经历的指数加权平均，含群体中所有 N 个个体经历的 a 行动：

$$\bar{u}_i(a,t) = \frac{1-\beta}{1-\beta^{(t-1)}} \sum_{\tau=0}^{t-1} \left[\beta^{(t-1-\tau)} \cdot \right.$$

$$\left. \sum_{j=1}^{N} \sigma(i,j) \cdot u_j(\tau) \cdot \delta(a_j(\tau)=a) \right] \qquad (12)$$

其中 $u_j(\tau)$ 是个体 j 在 τ 时刻所获得的效用；$a_j(\tau)$ 是个体 j 在 τ 时刻所采取的行动；$\sigma(i,j)$ 是个体 i 将其他个体 j 的经历纳入到自己对未来预期中的权重。对每一个体 i，这些权重须满足：

$$\sum_{j=1}^{N} \sigma(i, j) = 1 \qquad (13)$$

除此之外，这些权重必须就每种场景（for each situation）分别确定。然后第二，可以根据方程（10）建立行为变化的模型。不过，上述处理也可以用于对环境的学习（learn about the circumstances），就像在虚拟博弈中对其他个体行为或任何场景规则（any rules of the situation）建模一样。

4.2.4　满　意

在许多学习模型文献中都有关于满意的概念。这个概念首先是由西蒙（Simon，1957）提出来的。从那以后，就出现了许多基于满意原理描述学习的模型［关于满意原理（the satisficing principle）详见西蒙（1957）］。然而，大部分的这类模型，都是出于上述基于惯例的学习过程，将满意作为一个补充方面包括在内的（contain satisficing as an additional aspect）。

满意原理建立在个体具有一定"渴望水平"（an aspiration level）的假设基础上。这就意味着他们对每种场景（each situation）的预期效用或支付都会分别赋 z 值。如果支付或效用高于这个值，他们就感到满意；如果支付或效用低于这个值，他们就感到不满（dissatisfaction）。为建立满意模型，有三件事必须详细说明：第一，渴望水平；第二，不满怎样影响行为改变；第三，如果当前的行动是由于不满而被放弃的，那么新行动是如何被选中的。

在 20 世纪四五十年代，渴望水平问题在心理学领域获得了深入透彻的研究（Festinger，1942；Thibaut，Kelley，1959；Lant，1992；Stahl，Haruvy，2002）。从这些研究中，我们发现，个体的渴望水平会随时间改变：一方面，它依赖于个体自己行为的结果，这些经历的发生越接近于现实，则被认为越重要（参见，Thibaut，Kelley，1959）；另一方面，它也依赖于其他个体的绩效（参见，Festinger，1942）。这里，他人行为绩效对自己的影响力会随时间推移而不断降低，也同样依赖于这些人及他们的场景和自己境地的可比性（similarity）。

文献中存在三种方式的渴望水平［参见，Bendor，Mookherjee 和 Ray（2001）的评论］。第一，一些作者简单地将渴望水平设为常数 z（如，Day，1967；Day，Tinney，1968）。第二，还有一些作者将个体 i 的渴望水平设为 $z_i(t)$，它向着当期获得的支付水平调整（如见，Witt，1986；Mezias，1988；Gilboa，Schmeidler，1995；Pazgal，1997；Karandikar，Mookherjee，Ray，Vega-Redondo，1998；Börgers，Sarin，2000）。第三，还有作者让其他人的经历去影响个体渴望的形成，就像心理学研究所证明的那样。这种他人经历造成的额外冲击被称为"社会影响"（如见，Dixon，2000；Mezias，Chen，Murphy，2002）。

在最近的文献中，很少出现常数的渴望水平假设。因此，我们这里将注意力集中于后面的两种方法。最常见的建模处理（如见，Karandikar，Mookherjee，Ray，Vega-Redondo，1998；Börgers，Sarin，2000），是取渴望水平随个人经历变化的适应性调整：

$$z(t+1) = \lambda \cdot z(t) + (1-\lambda) \cdot \pi(t) \tag{14}$$

式中 λ 表示 t 期渴望水平 $z(t)$ 对下一期渴望水平影响的程度，而 $\pi(t)$ 表示个体在 t 期获得的支付。其他可供选择的模型主要是用其他变量替代方程式（14）中的支付 $\pi(t)$，这些变量比如是 t 期获得的效用，或是过去的最大或平均支付。

其他个体经历的影响也可以被包括进来，例如通过引入社会影响（参见 Mezias，Chen 和 Murphy，2002）$\pi_{soc}(t)$：

$$z_i(t+1) = \lambda_1 \cdot z_i(t) + \lambda_2 [\pi_i(t) - z_i(t)] + \lambda_3 \cdot \pi_{soc}(t) \tag{15}$$

其中 λ_1，λ_2 和 λ_3 决定了不同方面因素对渴望水平的不同影响强度，且满足 $\lambda_1 + \lambda_2 + \lambda_3 = 1$。社会影响 $\pi_{soc}(t)$ 可以被定义为其他个体在时间 t 获得的平均支付。不过，渴望的形成还可以包括更深一层的社会特性：一个个体可能会将她自己的渴望，置于相对其他个体已达至的更高一些或低一些的位置。此外，在形成个体自己的渴望时，其他个体可能会在重要性上有所差别。

更加复杂的是，可以在文献中发现关于不满反应的不同假设。一般情况下，认为行为改变的概率，随着不满意的程度而增加，但决不会达到 1（参见，Palomino，Vega-Redondo，1999；Dixon，2000）。通常假设行为改变的概率随着不满而线性增大（Börgers，Sarin，2000）。但概率随不满而增大的其他非线性形式，也同样存在可能。

最后，一个满意模型必须明确：如果当前的行动是由于不满而被放弃，那么新的行动如何被选中。如果只有两个可供替代的行动，那么就可以直接确定新的行动。在多于两个可供替代的行动选择情况下，有两种处理方式：第一，其他基于惯例的学习模型之一，可以被用于决定新的行动。通过这一点，可以将满意原理和其他概念结合在一起。第二，新的行动选择也可以随机决定。

4.2.5 建 议

要选一个基于惯例的学习模型是一项艰巨的任务。十分清楚的是，所有上述模型都抓住了学习过程的一些事实，然而，所有模型又都受制于两个局限：第一，它们仅对学习过程的一部分进行建模。第二，仅对潜在学习过程的行为结果构建模型，这意味着他们仅仅提供了实际发生的过程的一种近似。而且几乎不知道这种近似是否适合。幸运的是，有一些实验证据对改善学习（见，Herrnstein，1970）、虚拟博弈（见 Duffy，2006）以及满意模型的支持，还有一些混合证据能够支持模仿模型（Huck，Normann，Oechssler，2002；Bosch-Domenech，Vriend，2003）。同样，也有各种实验证据有利于学习导向理论（Berninghaus，Ehrhart，1998；Grosskopf，2003）。然而，这个理论只有很弱的预测精度，因此对基于代理人计算的学习模型，通常不满足精确性。

这些模型的问题在于，只有当模型所描述的那部分学习特性能够支配整个学习过程时，这些模型才能较精确地近似真实的学习过程。借助实验，可以了解在不同场景下是哪部分特性在学习过程中起支配作用。然而，目前为止，还有许多工作尚未完成。识别哪一部分学习特性在所研究的场景中占主导地位，并选择相应模型，这依赖于研究人员很好的判断力。

改善学习、虚拟博弈以及上面所建议的模仿加虚拟博弈加满意的组合模型，都可以考虑。也有文献提供了一些将上述所讨论特征进行组合的模型。然而，这些模型也需要建模者明确把握每个特征对整个学习过程的影响。因此，对于基于惯例学习模型的使用，需要对场景进行彻底研究，以确定该场景中的主要学习过程究竟是什么。建模者应牢记——这些模型仍然只是一个近似，不足以刻画人类能做到的更加复杂的思考方式。

5 信念学习建模

目前心理学上的关于学习过程的文献，主要是由认知学习过程分析主导的。最近这种研究工作中已经加入了神经—科学方面的一些知识。然而，信念学习的分类并没有精确地和心理学家所谓的认知学习相匹配，它更多的是认知学习过程的子类。

不过，对于有意识学习的讨论将以心理学知识为基础，认知学习的过程在经济学领域中很少涉及。对于我们的大脑是如何工作的以及由此产生的信念学习过程，实验经济学并没有提供更多的知识。探索此类知识的主要障碍在于我们很难使人们做决策时进行的思考变得可观测化，或者如张和弗里德曼（Cheung，Friedman，1997，p. 49）所提及的：实验学习模型必须面对这样一个问题，即信念是无法直接观测到的。这一问题可望随着观测人们信念方法的增多而得到改观。［参见勃伦纳和亨宁 – 施密特（Brenner，Hennig-Schmidt，2004）的一个有望解决这一难题的方法］

然而，在经济学中尤其是在计算经济学中，人们已经发展出并使用过很多模型，用以清晰地描述大脑的活动过程。我们认为在该类别中并不仅仅包含经济学中的信念学习模型，而且还包括理性学习模型以及许多来自于人工智能和机器学习的模型。尽管存在大量可获得的模型，但是在实验经济学中几乎不存在经验的证据。因此，以关于认知学习的心理学知识的文献综述作为起步是较为合适的。

5.1　认知学习的心理学研究成果

在认知学习的心理学研究之初，主要的问题是发展所谓的认知（心智）模型或图式（参见，Bruner，1973；Piaget，1976；Johnson-Laird，1983；Anderson，2000）。这些心智模型是基于这样一种观点，即在大脑内部存在一种对真实世界的（或至少是和个体相关的真实世界的）表征。这种表征包括概念、连接以及因果关系等等的主观知识。大脑内的这种表征是根据来自不同渠道的经验和信息而获得的。心理学中仍然没有达成一致的框架来处理这些程序，仍然存在许多的问题没有解决。因此，我们这里提出一个基本的概念为以下的讨论构建一些基础。然后，我们将提出一些关于认知学习的观点，而这些观点和我们的主题——建立最为现实的学习模型——紧密相关的。这些观点来自于不同的渠道。这里解释的概念是心智模型。这个术语作为在所有可行的概念中唯一的被引入经济学的（Denzau，North，1994）概念而使用，并且随后经常被使用（参见，如 Gößling，1996；Kubon-Gilke，1997）。

5.1.1　心智模型

在心理学中，心智模型（mental models）的理论主要是由约翰逊-莱德（Johnson-Laird，1983）所传播的。基本观点就是个体发展了关于自身环境的心智模型。根据这个理论而发展的关于因果关系的详细模型是由戈德瓦格和约翰逊－莱德（2001）所提供的。邓泽奥和诺斯将这个概念引入到经济学中，认为"心智模型是个体的认知系统创造的、用于解释环境的内在表征"。（Denzau，North，1994，p.4）因此，我们可以将心智模型看做是个体掌握的关于世界的所有信念和知识的总和，包括不同行动导致的结果。心智模型是主观的，可能和现实不相符合。

关于真实世界运行和状态的心智模型被用于做出对未来和行动结果的预测，这是选择恰当行动的基础。那些引导心智模型发展的机制正是对此过程进行描述的基础。然而，学习是十分困难的。从神经网络的研究可见，这些网络能够复制十分复杂的关系。人类大脑的神经网络结构比所有的计算机中常用的神经网络都要复杂得多，因此人们能够发展出极端复杂的心智模型。

此外，人们总是根据现有的心智模型来对新的信息进行消化和吸收的。个体的主观知识是以某种层级结构构造的（心理学家仍然在讨论这种层级的精确的结构外观）。每一个新的信息可能改变不同的层面水平。这就可能产生复杂的并且精细的心智模型。然而，实验研究表明人们通常仅考虑策略场景中的一些层面（参见如，Nagel，1995；Stahl，1998）。因此，心智模型的大部分可以被认为具有一种相当简单的结构。

心智模型包括各种不同的元素，它们被各种不同的研究人员冠以不同的名称。在某些情况下，将讨论局限于心智模型的特定部分是有益的。这里采用了安德森（Anderson，2000）的分类。他区分了命题（propositions）、图式（schemas）和脚本（scripts）式。命题代表"对于特定事件最重要的是什么"（Anderson，2000，p. 155）；图式将类似的事情进行组合、分类并且定义它们共同的属性；脚本是对事件以及事件进展的描述。因此，脚本同时也表示了在某种场景下个体预期会发生什么。决策正是在这些预期的基础上形成的，如果相同的场景反复出现并且个体做出的决策是正确的，那么这种决策就会成为习惯。如果遇到了一个新的经历，脚本和预期就改变了。然而，人们不愿意改变脚本，他们在处理证明已有的的脚本式的证据的时候要比处理和现有脚本和图式兼容的证据的时候要快得多［参见如，卡尼曼（Kahneman，2003）和贺柏（Hebb，2002）对于这个过程的神经学基础讨论]。脚本是信念学习框架下最让人感兴趣的元素。

在考虑预期时，建立信念学习模型需要回答的主要问题是如何把预期改变模型化。在文献中可以发现许多不同的模型，这些模型将在第5.2节表述、讨论。

5.1.2 关于认知学习的一些知识

正如上文所提及的，近年来人们广泛开展了对认知学习的研究。如果要在这里对所有心理学文献中的相关讨论进行考察，既不可行，也无必要。本小节的主要目的就是支持对表示信念学习的学习模型的选择。因此，只介绍少数与这一目的相关的一些研究成果：

- 大部分时间，人们任一时点只保留一个关于现实的心智模型（参见，Dörner，1999）。有时个体可能不确定某些事件，并且可能考虑不同的预期。然而，人们趋向于根据较少的证据迅速确定他们的预期。

- 如果人们有了关于场景的新知识，那么脚本，当然还有是期望也就改变了（参见，Anderson，2000）。新的知识可以通过经历、观察和交流而获得。

- 实验已经表明，人们不会形成过于复杂的预期（参见，Stahl，Wilson，1994）。然而，如果场景不断地重复出现并且简单的预期被证实是不正确的话，那么人们就会构造更加复杂的预期（参见，Brenner，Hennig-Schmidt，2004）。

- 人们在没有太多证据的情况下迅速地构造脚本，并且趋向于在没有强烈的负面证据时维持这个脚本（参见，Dörner，1999）。人们具有忽视与他们信念相悖的证据的能力。

5.2 信念学习模型

在经济学文献中，信念学习是与虚拟博弈或是类似模型紧密相关的。我们在这里给出一个不同的观点：我们将信念学习定义为一个过程，在其中，个体构建其关于状态、动态性以及与环境相互关联的心智模型。除了虚拟博弈，还有更多的模型可以描述这样一个过程。除了虚拟博弈和相关模型之外，这个分类中还存在其他三种类型的博弈：优化学习运算法则，诸如贝叶斯学习和最小二乘法学习；人工智能和机器学习模型，诸如遗传算法；分类系统和神经中枢网络以及心理学引发的模型，诸如规则学习和随机信念学习（SBL）模型。本文将在以下描述这些模型。

5.2.1　虚拟博弈

虚拟博弈（fictious play）模型是在博弈背景中产生和发展的（见，Brown，1951）。博弈中的个体通常被认为能在头脑中记录其对手以前的所有行动。令矢量 $a_{i_-}(t)$ 表示对方的每一步行动，而参与人自己的行动是由 $a_i(t)$ 表示的。并且认为所有个体都能记住其他所有个体的以往行动。这样参与人就能够计算每一个行动集 $\mathbf{a}_{i_-}$ 出现的概率。参与人认为其对手将在未来以同样的概率采取行动。因此，每一个其他个体执行的行动集 $\mathbf{a}_{i_-}$ 的概率期望 $p(\mathbf{a}_{i_-},t)$ 由下式给定：

$$E(p(\mathbf{a}_{i_-},t)) = \frac{1}{t}\sum_{\tau=0}^{t-1}\delta(a_{i_-}(\tau)=\mathbf{a}_{i_-}) \tag{16}$$

其中，

$$\delta(a_{i_-}(\tau)=\mathbf{a}_{i_-}) = \begin{cases} 1 & \text{如果，} a_{i_-}(\tau)=\mathbf{a}_{i_-} \\ 0 & \text{如果，} a_{i_-}(\tau)\neq\mathbf{a}_{i_-} \end{cases} \tag{17}$$

而且，个体对于每一个行动集（a_i，$\mathbf{a}_{i_-}$）的支付都了然于胸。这样个体就能够计算如何最佳地应对他们对手的预期行为。出于这一目的，个体对于能够执行的每一个行动 a_i，计算其平均支付期望为：

$$E(\textstyle\prod_i(a_i,t)) = \sum_{\mathbf{a}_{i_-}}\textstyle\prod_i(a_i,\mathbf{a}_{i_-})\cdot E(p(\mathbf{a}_{i_-},t)) \tag{18}$$

然后他们选择平均支付 $E(\prod_i(a_i,t))$ 期望最大的行动 a_i。该行动就称为对给定预期 $E(p(\mathbf{a}_{i_-},t))$ 的最佳反应。

当然，上述模型并不局限于在博弈中学习其他参与人的行为，还可以被运用于以下情况：个体学习某些事件的频率，能够观察到在他们自己行动之后的其他事件，并且知道如果这些事件和他们自身的行动结合起来，会对他们将要获得的支付和效用产生怎样的影响。因此虚拟博弈模型可以方便的运用于信念学习。研究人员所必须做的就是定义事件集和（或）个体建立相关信念的因果关系。

正如上述模型，虚拟博弈假设这些事件的可能性以及因果关系是由不变的概率分布给定的。因此，个体所必须做的就是通过收集越来越多的信息来估计此概率分布。由于假设概率是一个常数，因此对其最佳的估计就是所有以前事件的平均值。这就是方程（16）的作用。如果实际的概率是变化的，那么虚拟博弈模型只能够对新环境进行十分缓慢的调整。个体已完成的学习越多，则他们的预期就越变得缺乏灵活性。如果环境不断的改变，那么上述虚拟博弈模型将是一个不合格的学习方式。

而且正如上文所描述的，虚拟博弈模型要求个体具有强大的认知能力，因为个体必须要记住所有以前的经历从而计算最佳响应。值得怀疑的是，个体是否有能力这样做。

近年来出现了一些对虚拟博弈模型的修正，这些修正降低了对个体认知能力的要求。扬（Young，1993）建立了那些仅能够记住最后 k 次事件个体的模型——他们做出的最佳响应是基于对这 k 次事件的平均值的观测。通过这样设计模型，个体能够更快地适应环境的改变。对于建立真实的学习过程模型，这是更合适的，因为人们会遗忘太久之前的经历并且通常会意识到环境可能会发生改变。在扬（Young，1993）的模型中，如果 k 减少为 1，那么就可以得到短视（可理解为"鼠目寸光"——译者注）的学习模型（参见如，Ellison，1993；Kandori，Mailath，Rob，1993；Samuelson，1994）。然而，这种极端的情况似乎和现实不太相符合。

另外一个更加现实的可能性就是对过去经历进行指数加权。这意味着最后的一次经历比以前的发生的经历更加重要。对于这样的一种模型，需要将方程（16）修改为下式：

$$E(p(\mathbf{a}_{i\_}, t)) = \frac{1-\beta}{1-\beta^{(t-1)}} \sum_{\tau=0}^{t-1} \beta^{(t-1-\tau)} \cdot \delta(a_{i\_}(\tau) = \mathbf{a}_{i\_}) \quad (19)$$

其中参数 β 决定经历被遗忘的速度。

一些研究者通过引入偏差和对最佳响应的调整（参见，Samuelson，1994）或是趋向最佳反应行动的逐渐收敛（参见，Crawford，1995），来修正短视学习的概念。所有这些都降低了对人们认知能力的要求，从而更加现实。但是所有的这些虚拟博弈的不同"版本"都认为个体定义了事件或者关系的集合，并且明了其概率。对于人们的理性仍然存在着很强的假设，这就使得这些模型不能够满足大部分情况。

5.2.2　贝叶斯学习

尽管只有很少的经济学家宣称人们能够采取最优的行动，但是大部分关于学习的经济学文献都提到了最优化。最古老和最卓越的"优化"学习模型就是贝叶斯学习模型（对于贝叶斯学习模型的描述和分析可以参见：Jordan，1991；Eichberger，Haller，Milne，1993；Kalai，Lehrer，1993；Jordan，1995；Bergemann，Välimäki，1996）。个体被认为是在理性的基础上采取行动，他们考虑到所有可获得的信息，并且根据这些信息最大化其收益。贝叶斯学习假设，个体建立关于其面临场景的假设集合。每一个假设 h，都具有关于事件集 ε 中的每一个事件 e 出现的概率描述 $P(e|h)$。这就意味着假设 h 表示事件 e 以概率 $P(e|h)$ 发生。假设集是完全的和完备的，这就是说，每一个现实的可能状态都必须由唯一的一个假设代表。假设集在以下方程中是以 H 表示的。在学习过程之初，一般个体对于每一个假设 $h \in \mathbf{H}$，都分配一个相同的概率 $p(h, 0)$。如果个体对于其面临的场景具有初始信息，那么最初的概率 $p(h, 0)$，会由于这个信息而变得不同。$p(h, t)$ 表示个体对假设 h 是正确的概率的估计。换句话说，$p(h, t)$ 就是在时间点 t 个体对假设 h 的信念，$\sum_{h \in \mathbf{H}} p(h, t)$ 等于1。

在每个事件 $e(t)$ 之后，个体更新他们的先验概率。更新的过程如下（参见如，Easley，Kiefer，1988；Jordan，1991）：首先个体计

算每一个假设 h 的概率 $P(e(t) \mid h)$，随后个体根据以下的方程来更新自己的信念（我们忽略了个体的指数，因为尽管代理人可能获得不同的信息，但是学习过程是同质的）。

$$p(h, t+1) = \frac{P(e(t) \mid h) \cdot p(h, t)}{\sum_{\tilde{h} \in \mathbf{H}} P(e(t) \mid \tilde{h}) \cdot p(\tilde{h}, t)} \qquad (20)$$

通过这样行动，预测了当前观察到的事件发生的假设的概率增加的可能性更大，而其他假设的概率是下降的（可理解为"眼见为实"——译者注）。如果概率的更新是由方程（20）决定的，那么条件 $\sum_{h \in \mathbf{H}} p(h, t) = 1$ 仍然成立。在对许多事件的观测之后，对于和现实相符的假设，其概率 $p(h, t)$ 就收敛于1，即 $p(h, t) \approx 1$，反之则 $p(h, t) \approx 0$。

决策是基于以下考虑而做出的。对于每一个假设 h，个体首先计算行动 a 产生的平均效用 $\bar{u}(a, t)$，然后对每一个事件 e，分配一个效用 $u(e)$，$\bar{u}(a, t)$ 是由下式给定的：

$$\bar{u}(a, t) = \sum_{h \in \mathbf{H}} \sum_{e \in \varepsilon} p(h, t) \cdot P(e \mid h) \qquad (21)$$

平均效用是行动 a 的预期结果，在经济学中被称之为期望效用。由于是适应习得的，因此也被称作为适应性期望效用。随后，个体以这种方式做出决定，即最大化自己的预期效用 $\bar{u}(a, t)$。

学习模型的基本机制和认知学习的心理学概念是一致的：人们根据自身的观测，构建关于世界的假设/信念，尽管细节可能存在很大的差异。有两种与贝叶斯学习相悖的观点：第一，人们无法计算出一个合适的贝叶斯更新；第二，人们无法同时考虑大量的相互竞争的预期或假设。通常个体关于现实的任何一个特征，都有一个特定的预期。心理学家认为，即使几乎没有收集到任何证据，人们还是趋向快速的决定基模（schemas）和脚本（参见，Dörner，1999），并且如果这些基模和脚本产生了令人满意的结果，则即使有更加合适的选择，人们也不会将其替换掉（参见，Luchins，1942；Anderson，2000）。

5.2.3 最小二乘学习

另外一个基于"人们最优化其行动"假设的学习模型，是最小二乘学习（见，Bray，1982；Marcet，Sargent，1989；Bullard，Duffy，1994）。这个模型假设，是人们在现实中做出的关于函数依赖性（functional dependencies）的假设。就像回归分析一样，这种依赖性包括大量的参数，并且假设个体企图要了解这些参数的值。为了预测这些参数的值，假设他们会进行统计处理。更进一步假设，个体会这样预测参数，即使预测值和观测值之差的平方和最小化。

比如，如果个体假设 $y(t)$ 和 $\tilde{y}(t)$ 之间呈线性关系，那么线性函数中的参数 β 可以这样计算：

$$\hat{\beta}(t+1) = \frac{\sum_{t'=1}^{t} y(t')\tilde{y}(t')}{\sum_{t'=1}^{t-1} y^2(t')} \qquad (22)$$

其中 $\hat{\beta}(t)$ 是 β 在时点（$t+1$）时的预测，线性回归的公式也可以被描述为递归的形式（其证明可参见：Ljung，Söderström，1983）。

$$\hat{\beta}(t+1) = \hat{\beta}(t) + g(t)\left(\frac{\tilde{y}(t)}{y(t)} - \hat{\beta}(t)\right) \qquad (23)$$

而且

$$g(t) = \left(\frac{y^2(t)}{y^2(t-1)g(t-1)} + 1\right)^{-1} \qquad (24)$$

其中 $\hat{\beta}(t)$ 是对 β 的预测，并且 $g(t)$ 的存在只是出于数学方面的考虑而没有经济意义。

随后，决策在预测值的基础上做出。长期来看，如果预测值为常数，那么这种方法计算出来的值就会收敛于真实值 β（见，Marcet，Sargent，1989）。

类似于贝叶斯学习，无论是心理学的还是经验主义的理由，都不能认为个体根据最小二乘法学习这个假设而行动。最小二乘法的广泛应用，是由于在估计参数方面，看起来类似于贝叶斯学习［参见布瑞（Bray，1982）的考虑］，它也描述了由个体组成的世界模型的发展。然而，它也和与认知学习相关的心理学证据相悖。在大部分现实情况下，人们不能够或者不愿意去做如最小二乘法学习所假设的那样繁琐的计算。

5.2.4 遗传编程

遗传编程（genetic programming）来自于遗传算法（genetic algorithms）的概念 [参见 Bäck（1996）对于所有演化算法类型的描述，也可参考第4.1.3小节的演化算法]。遗传编程的基本机制和遗传算法是一致的：选择、复制、交叉、转变。不同之处在于——两者选择和转变的单位不同。在遗传算法中，行动和策略通常是以二进制形式编码的，并且通过运算法则最优化。在遗传编程的情况下，公式或程序之类的结构被编码和最优化。此结构可以方便的解释为关于世界机能的信念。

一个常见例子是数学公式的编码。比如，公式 $y = 3 \cdot x_1 + 8 \cdot (x_2 - 1)$ 可以在遗传编程中编码成图1所描述的那样。可以认为，这代表个体关于变量 x_1，x_2 和 y 之间关系的信念。这样一种表达允许经济代理人具有十分复杂的信念。此外，与在虚拟博弈中不同的是，信念并不会在一开始就受到公式结构的制约。因此，用遗传编程来描述信念学习，看起来似乎是恰当的 [见陈、杜菲和叶（Chen，Duffy，Yeh，2002）的类似观点]。而且如果公式的长度是受限制的，那么模型中就包含着这样一种心理学发现：人们趋向于考虑简单的关系。

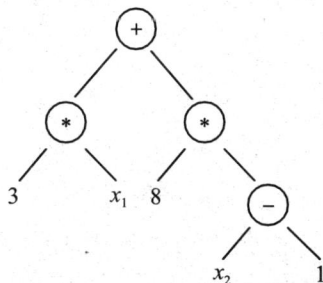

图1　遗传编程编码的一个例子

在遗传编程中，学习过程模型的构建是通过选择、复制、交叉、转变的过程而实现的。在每一个时间点，存在大量的如图 1 所示的被编码的公式或程序。其中的一些，是根据个体的预测和其对真实世界观测之间的对应关系而选择的（在最小二乘法学习中，可以使用误差的平方和）。这些选中的方程和程序被复制，然后就像在遗传算法中那样应用交叉。两个方程或程序，在一个随机决定的结点交织在一起，并且交织的这两部分进行交换。最终，对形成的公式和程序进行变异［参见 Bäck（1996）的详细描述］。

这就引起这样一个问题：个体是否真的是以这样一种方式学习呢？为了回答这个问题，我们首先必须明确，遗传编程中一个群体是否可以用于描述一个个体或是一群代理人（参见，Edmunds, 1999；Chen, Yeh, 2001）。通过群体的公式或程序来表征每一个代理人，意味着我们假设在代理人的头脑中存在着不同的信念相互竞争，而且这些信念是同时形成的。这种观点是和上述的心理学研究成果相悖的，心理学发现人们通常在一个时点上只采用一个心智模型。用群体的公式或程序来表征一群代理人，意味着代理人复制其他代理人的信念。上文已经表明因为信念不易于观测，研究信念是困难的。因此不明确的是，代理人如何像这样假设的完美地复制信念。另外，对于交叉的解释也是比较困难的。为什么代理人交换了他们部分的信念，而不是一个代理人相信另外一个代理人的信念呢？

因此，对其动态性的解释，是遗传编程必须解决的难题——如果要描述学习过程的话。然而，信念以公式和程序的方式来表征，看起来似乎十分精确。尤其是这种类型的表征使得学习过程在关于其导致的信念方面非常具有开放性。可能的信念类型受到的约束较少，因此很好地反映了认知学习的创新特征，而这是大部分其他学习模型所不能提供的。此外，还存在一些经验性的证据，支持将遗传编程看作是一个学习模型（参见，Chen, Duffy, Yeh, 2002）。然而，我们并不明白：为什么遗传编程的机制不应该因这样一种方式而改变，即使它和认知学习方面的心理学证据更加相符。否则，在遗传编程中就仍然存在机制解释的问题。

5.2.5 分类系统

心理学文献常常把人类看作有分类的特性。人们趋向于将事物、事件及其关系加以分类并且根据其类别采取行动。因此，对于分类行为进行建模是十分自然的。

分类系统（classifier systems）似乎是实现这一目的很好工具（见，Holland，Holyoak，Nisbett，Thagard，1986）。分类系统的核心元素就是条件—行动准则，这些准则规定了在什么条件下应该采取哪些特定的行动，这就需要对两件事情进行编码。首先必须定义条件集，通常但不是一定要采用二进制形式。然而，一般采取特征束的形式 $\{c_1, c_2, \cdots, c_n\}$。对于行动也有同样的形式 $\{a_1, a_2, \cdots, a_p\}$。

一个分类系统在每一个时点都可以采用 q 的决策规则集 $\mathbf{R}_i(i=1,2,\cdots,q)$，其形式为 $\{c_{i1}, c_{i2}, \cdots, c_{in}\} \rightarrow \{a_{i1}, a_{i2}, \cdots, a_{ip}\}$。本文中在条件束下的每一个条目都可以采用符号"#"而不是数字表征，这就意味着采取的相应行动是和此特征值相独立的。

将这两个值赋到每一个时点的每一个决策规则集 $\mathbf{R}_i$ 中：它的强度是由其过去的成功决定的，而它的特征是由条件束下"#"的数量决定的。如果观测到当前条件是以消息 $S = \{s_1, s_2, \cdots, s_n\}$ 为特征的，那么这个消息将与整个条件束进行比较。具有和 S 相匹配条件束的决策规则之间相互竞争，最优者被采纳。可依下式计算这些决策规则中每一个的值：

$$B(\mathbf{R}_i) = g_1 \cdot (g_2 + g_3 \cdot Specificy(\mathbf{R}_i)) \cdot Strength(\mathbf{R}_i, t)$$

g_1，g_2 和 g_3 为固定的参数。个体采纳具有最大值的决策规则，并执行相应的行动。决策准则的强度更新是由下式决定的：

$$Strength(\mathbf{R}_i, t+1) = Strength(\mathbf{R}_i, t) + Payoff(t) - B(\mathbf{R}_i)$$

到目前为止，在一套给定的规则中，分类系统规范已经创造了能够从中识别出最优规则的机制，但并没有发展出新的规则。因此，现有决策规则的改变是通过第二种程序实现的，这种程序是基于遗传算子的。在某些时间点，一定数量的决策规则会被清除。每个决策规则消失的概率是与其实际强度赋值成反比的，并且要创造一些新规则来代替消失的规则。为此随机选取一些现存的规则，并且每个规则被选中的概率与它的真实强度成正比。这些规则被复制，然后进行细微修改。在文献中存在着不同的机制规范（参见如，Beltrametti，Fiorentini，Marengo，Tamborini，1997）。

分类系统具有一些有趣的特征——它们同样也建立了场景分类的发展模型。其他所有可获得的学习模型描述了在一种给定场景中的学习过程。因此，分类系统聚焦于一个被其他模型忽视的认知学习过程的要素：图式的发展和改变。然而这也带来了一些麻烦。分类系统并不是以与本部分所描述的其他模型同样的方式来表征信念的，而是定义简单的条件—行动规则。它们不能够精确的描述对于信念的学习——对于信念的学习被认为是信念学习的中心特征。

5.2.6 神经网络

在过去的10年里，计算机技术的大力发展，使得在计算机中复制大脑结构在某种程度上变得可行。因此，通过在计算机中复制大脑结构，来构建人类的认知学习过程模型，便顺理成章了。这是神经网络（neural networks）领域的工作。

在文献中，我们可以发现许多不同的神经网络模型，所以在这里没有必要讨论它们（参见如，Baltratti，Margarita，Terna，1996）。在最近的经济学文献中，这些神经网络被反复地用于建立学习过程的模型（参见如，Calderini，Metcalfe，1998；Heinemann，2000）。不过，这种学习过程建模方法的优点并不显著，有两个主要原因：首先，大脑结构是如何形成的，意义是如何在神经网络中产生的……这些细节问题，并不十分明确。因此，要决定如何设计能够复制人类大脑的神经网络，是很困难的。其次，使用神经网络十分复杂，我们无法理解被模型化的代理人为什么会按照某种方式行动。神经网络的使用，就类似于黑箱。我们难以对这种方法的结果做出评判，因为我们不能确定神经网络的设计是否合理。

5.2.7 规则学习

正如上文所说的，一些心理学家宣称：认知学习同样遵循强化学习的规则（参见，Kandel，Schwartz，1982）。唯一的不同就是，其强化的是规则而不是行动。这也被纳入了埃里夫、贝利比－梅尔、罗斯（Erev，Bereby-Meyer，Roth，1999），以及斯塔尔（Stahl，2000）的方法中，后者称这个过程为规则学习（rule learning）。

这就意味着，对于每一个可供选择的信念或脚本都赋予了其概率。每一个新的经历，都根据强化学习模型中的数学公式将概率改变。一般的强化学习建模暗示着：如果要做出一个决策，那么首先就要根据概率随机选取一个信念，其次再根据这个选定的信念采取最合适的行动。尽管个体没有有意识地察觉到自己的预期，而是凭着直觉行动，但仍然受到自己信念和脚本的潜移默化的影响，则这样的一种建模将是合适的。如果个体意识到自己信念，那么每次都根据随机抽取的信念来做出决策就很不可能了。上文已经阐述了，在任意给定的时间，人们通常只考虑一个或数量很少的脚本。

然而，有人认为对于强化学习的这种应用，可能近似的描述了群体水平上的信念的动态性。众所周知强化学习对描述群体行动的平均动态性很适用，这在信念学习的情况下也存在。然而，到目前为止没有实验证据证明了这一点。

5.2.8 随机信念学习

一种将心理学发现加入考虑的类似方法，就是随机信念学习模型（Brenner，2004）。这个模型和上面讨论的模型的不同之处有两点：首先，假设并不是所有可行的信念都一定发挥了作用，相反，其根据实验知识定义了一个相关信念集合；其次，假设个体在大部分时间只考虑一种信念。

可行信念的集合是由 **H** 表示的，每一个元素用 $h \in \mathbf{H}$ 表示。不

同信念的数目是由 H 表征的。每一个个体 i，在任意时间点 t 的信念是由信念集 $s_i(t) \subset H$ 表示的，而信念集 $s_i(t)$ 是所有可行信念集的一个子集，这就意味着每一个个体在任意时间点仅考虑特定的一些信念。这里所建的模型开始于这样的场景：其中每个个体精确地持有一种信念，这就意味着，这里 $s_i(0)$ 严密地包含一个表征为 $h_i(0)$ 的元素。个体的初始信念是由经验决定的。通常，来自于其他场景的信念是可以转移的。然而，目前为止，关于这个过程我们还知之甚少，因此无法对于初始信念做出预测。

随后，信念根据引入的信息而更新。这些信息可能来自于个体自己的经历，也可能来自于观测或是和他人的交流，它们只被用于更新当前个体考虑的信念。集合 $s_i(t)$ 中的每一个信念 h，都和新的信息 k 进行核对（K 表示所有的可能获得的可行信息集）。这里仅区别两种场景：新的信息可能和信念 h 相悖或者相一致。

如果在 $s_i(t)$ 中，没有信念和在时间点 t 获得的新的信息相悖，那么信念集合就没有改变：$s_i(t+1) = s_i(t)$。对于每一个在集合 $s_i(t)$ 中的信念 h，如果和新的信息 k 相悖，那么就随机的决定其是否在集合 $s_i(t+1)$ 中消失。根据上述心理学的观点，如果信念遭到抵触或是被证明是错误的，信念是不会自动消失的。即使存在相矛盾的证据，人们仍趋向于坚持其信念。因此，定义概率 ρ_i 为每个个体在面临一个与信念 h 矛盾的信息 k 时，决定排除该信念 h 的概率。所以，ρ_i 描述个体 i，如何对于新知识进行响应——ρ_i 越小，个体 i 就越坚持其信念。

根据上述程序，信念能够消失。相反，新信念来自三个因素：变动、交流和必要性。第一，模型假设个体以某种概率偶然地考虑到一个新的信念。新的信念被偶然考虑到的概率，由 ν_i 表征。随后，一个新的信念就被加入到集合 $s_i(t+1)$ 中。第二，个体可能被说服，而去考虑其他个体的信念。这可以建模：假设为个体 i 在时间点 t，其信念集 $s_i(t)$ 和另外一个个体 j，以概率 σ_{ij} 进行交流。σ_{ij} 然后被描述为每一个时间点 t，$s_i(t)$ 中的元素转移到 $s_j(t+1)$ 中的概率。第三，如果在时间 t 的末端，集合 $s_i(t+1)$ 是空的，那么就必须采纳一个新的信念。在信念集合 $s_i(t)$，必须至少存在一个元素，否则的话个体就不能决定他们的行动。

如果由于以上三个原因中的某一个，一个新的信念出现了，则这个新的信念是由以下过程决定的：对于每一个个体 i 目前尚未持有的信念 $h(h \in \mathbf{H} \setminus s_i(t))$，按以下的概率被选中：

$$P_i(h, t) = \frac{p_i(h, t)}{\sum_{\bar{h} \in \mathbf{H} \setminus s_i(t)} p_t(\bar{h}, t)} \tag{25}$$

这就意味着，$p_i(h, t)$ 的值决定了每一个信念 h 被考虑到的可能性。这些概率的初始值，是由经验估计的，否则必须假设每一个信念是等可能的。

在学习过程中，可以假设如果一个信念曾在过去被考虑过，而后又因为相抵触的事件被排除，那么其被重新考虑的可能性是很小的。因此，模型假设每当有一个信念离开了信念集 $s_i(t)$，这个信念的概率就会依据下式被更新：

$$p_i(h, t+1) = \lambda p_i(h, t) \tag{26}$$

参数 $\lambda(0 \leq \lambda \leq 1)$，决定了对于被证伪的信念，个体再次考虑的概率。如果 $\lambda = 1$，表示个体没有记住相矛盾的事件；如果 $\lambda = 0$，表示个体再也不考虑他们曾经拒绝过的信念（即"好马不吃回头草"——译者注）。

随机信念学习模型，与上文所提及的关于认知学习的心理学知识相一致。它不像规则学习模型或者虚拟博弈那么简单，也不便于检测。然而，它可以在计算机上，通过遗传编程、贝叶斯学习或是上文中讨论的其他学习模型方便的实现。随机信念学习模型中主要的问题就是，需要一些对个体信念的观测知识，而这些知识通常必须从实验研究中获得。

5.3 建 议

许多不同的模型都可能被用来对信念学习建模，这些备选方案都已经被讨论过了。如果我们寻找实验证据，将会发现一些实验证据有利于虚拟博弈、遗传编程或是随机信念学习。规则学习在某种程度上，是由有利于强化学习的实验证据所支持，然而，模型从来没被经验的比较过，而且实验证据也从未压倒性的偏向于任何模型。例如，尼亚柯和肖特（Nyarko，Schotter，2002）的研究说明，人们实际所持有的信念比虚拟博弈所预测的要强得多，而且其改变也更加激进。勃伦纳（Brenner，2004）认为随机信念学习模型，很好地解释了一些个体的行为，但却不能解释其他个体的行为。实验证据似乎是否定贝叶斯学习和最小二乘法学习模型的，同时我们也不知道有何种证据偏向于分类系统或神经中枢网络。

神经中枢网络是和大脑结构知识相一致的。然而，我们仍然不具备足够的知识来再造大脑。因此，神经中枢网络是否具有正确的结构是值得怀疑的。规则学习可以得到一些心理学家的支持，而随机信念学习模型是基于当前可获得的心理学知识。尽管随机信念学习模型需要一些个体潜在信念的知识，但这种知识通常是不能得到的。另外，随机信念学习模型，比虚拟博弈和规则学习模型要复杂得多。

综上所述，我们认为对信念学习功能进行更多的研究是必要的。给定当前知识，我们建议将虚拟博弈模型和规则学习模型作为较简便的解决方法，而当获得了更多的信念知识时，就可以建立随机信念学习模型。如果个体新信念的创造是所考察的过程的一个重要特征，那么遗传编程也可以作为一个选择。

6　组合模型

对于研究人员来说，寻找能够用于描述各种过程的一般模型是一种自然而然的倾向。这种倾向在学习的框架下也一样。从以上各种已有的学习过程可见，各种不同的模型是可以加以组合的。由上文我们还可以得出，存在两种在本质上有所差别的学习过程：无意识学习和有意识学习。关于这两种学习过程分别在何种场景下发生的线索也已经给出，可以假设在大部分场景下，这两种学习过程是同时发生的。也有人认为有意识的学习过程占优，并且因此剔除了无意识的学习过程，但是没有经验证据能够支持这种观点。因此，结合无意识和有意识学习过程模型是否有用尚无定论。

相反，通过这样一种证据，即每一个基于惯例的学习模型代表学习的一个特征，并且所有这些特征都是同时给定的，那么结合基于惯例的学习过程的不同模型可以被证明是有用的。基于惯例的学习过程的模型，也努力试图通过集中于某个特征从而简化模型来体现其价值，而这种价值在结合了基于惯例的学习模型之后就丧失了。

最后，将基于惯例的模型和信念学习模型结合在一起是有可能的，可以认为人们有意地决定他们学习过程的主要特征。这就意味着人们发展了关于不同学习特征精确性的信念，并且选择去这样处理信息，其方式类似于一个由他们的信念决定的基于惯例的学习模型。这一过程可以被描述为基于惯例学习模型和信念学习模型的混合。然而，到目前为止我们都没有关于这一过程是如何发挥作用的证据，因此所有的这些模型都还只是纯粹的猜测。

6.1 现有模型

现有的学习模型可按许多不同的方式加以组合。然而，我们并不准备花大量的时间在组合上，因为我们认为在计算方法上单一的模型和学习过程的建模更加相关。因此，这里的讨论局限于两种方法：凯默瑞和胡的经历—权重吸引模型（experience-weighted attraction，EWA）和变动—模仿决策模型（variation-imitation-decision，VID）。

6.1.1 经历—权重吸引模型

在经历—权重吸引模型（Camerer，Ho，1999）中，认为存在着两个基本类型的学习过程：强化学习和信念学习。经历—权重吸引模型的设计是将这两种学习过程描述为对模型参数进行特定选择的边缘情况，并且这个模型是由以下两个等式描述的——这两个等式根据新经历决定了更新的过程：

$$N(t) = \rho \cdot N(t-1) + 1 \qquad (27)$$

以及：

$$A_i^j(t) = \frac{\phi \cdot N(t-1) \cdot A_i^j(t-1) + [\delta + (1-\delta) \cdot I(s_i^j, s_i(t))] \cdot \pi_i(s_i^j, s_{-i}(t))}{N(t)}$$

$$(28)$$

如果个体 i 的策略为 j，那么 $N(t)$ 被称之为经历权重，而 $A_i^j(t)$ 被称之为吸引。表达式 $s_i(t)$ 表示参与人 i 在时间点 t 的策略，而 $s_{-i}(t)$ 是一个矢量，代表除了参与人 i 以外的其他参与人在时间 t 选中的策略。如果保持 $s_i^j = s_i(t)$，那么函数 $I(s_i^j, s_i(t))$ 就等于 1，否则其值为 0。如果参与人 i 选择策略 s_i^j，并且其他参与人的行为可以由 $s_{-i}(t)$ 来描述，那么参与人 i 的支付就是 $\pi_i(s_i^j, s_{-i}(t))$。式中 ϕ，ρ 和 δ 是模型的参数。$N(t)$ 和 $A_i^j(t)$ 的初始值必须根据个体能够从其他场景转换过来什么样的经历而进行选择。

若 $N(0) = 1$ 并且 $\rho = \delta = 0$，那么模型就简化为最初的 Roth-Erev 强化学习模型。如果 δ 大于 0，那么经历的收集将扩大至没有选中的行动中。这样就可以认为只要没有被选中的行动足够多，那么个体就可以从对事件的观察中进行学习。如果 $\rho = \phi$ 并且 $\delta = 1$，那么这个模型就被简化为加权虚拟博弈。对于其他参数值，这个模型代表了两种学习过程的混合。最后，EWA 模型假设人们根据 log 函数选择他们的行动。每一个策略 j 被采用的概率是由下式给定：

$$P_i^j(t+1) = \frac{e^{\lambda \cdot A_i^j(t)}}{\sum_{k=1}^{m_i} e^{\lambda \cdot A_i^k(t)}} \qquad (29)$$

其中 λ 是一个参数，并且 m_i 是参与人 i 可能采取的策略的数量。

通过结合强化学习模型和信念学习模型，EWA 模型代表了无意识学习和有意识学习的一个混合。因此，可以认为 EWA 模型是一个一般学习模型，并且通过恰当的参数选择，EWA 模型可以表示本文中提到的所有学习类型。如果无意识和有意识的学习过程的确同时发生了（是否如此仍不为人所知），那么两者的结合将是有用的。尽管如此，这种结合的相关度在很大程度上都依赖于所结合的模型的适宜性。有一些人对使用虚拟博弈来建立信念学习模型持怀疑的态度。然而，人们对使用 Roth-Erev 的模型给无意识学习过程建模还存在很多怀疑。相反的，罗斯（Roth，1995）和埃里夫（1998）的实验性证据表明，他们的模型精确地描绘了有意识学习，也产生了这样一个问题：这种将两个模型结合在一起的举动到底意味着什么。

6.1.2　变动—模仿—决策模型

变动—模仿—决策模型（Brenner，1999，Ch. 3）结合了以上所描述的基于惯例的学习的所有特征。这些学习包括：实验、经历收集、模仿，以及满足。因此，它代表了以上所讨论的内容：在惯例水平上的所有主要的有意识学习特征的结合。然而，这也意味着变动—模仿—决策模型的复杂性。正如上文所提及的，这个复杂性降低了其吸引力。在大部分情况中，模型可以包含和这种情况完全不相关的许多方面。因此，其适用性局限于一些普遍的问题。（参见如，Brenner，2001）。

在这里对于模型进行完全的描述可能需要占用大量的篇幅。因此，感兴趣的读者可以参照勃伦纳（Brenner，1999，Ch. 3）的详细描述。这个模型假设个体收集行为产出的信息，这和虚拟博弈中的情况类似。然而，这个知识没有直接影响行动。相反，如果某种行动在大多数情况下能够导致令人满意的产出，那么个体被假设为会连续不断地采取相同的行动。同时也假设会有一些极少的不存在激励作用的修正。除此之外，个体只有在自身对其行动的前期产出不满意时才会改变。在这种情况下，他们根据其经验以及对于其他人行动的观测来选择其下一次行动。

所得模型包含许多参数，并且是各种现存模型以及一些心理学研究的结合物。但仍不确定这种模型的结合方式是否是现实的。其他一些构建基于惯例的学习结合模型的方法也是可行的。然而，我们已经在上文中明确表示，发展基于惯例的模型并不是为了更精确地描述现实。设计这些模型的初衷是为了近似地表征学习过程的某些特点。按照这种方式，变动—模仿—决策模型可以被用于说明结合多种学习特征的结果。尽管如此，这个模型仍然十分复杂，并且其精确性仍然不确定。

6.2 建 议

尽管结合的学习模型十分复杂，但是它们在模拟中的应用却十分方便。通过使用不同的参数可以检验不同学习过程的影响。更进一步，如果这些学习模型可以在不同的参数设置下产生相同的结果，那么就可以认为这些结果对于学习过程中的差异来说是具有鲁棒性的。这就使得它们在某种程度上具有吸引力。

尽管如此，除了在经验—权重—吸引模型中的一些实验性的证据，对于这些模型的精确性几乎没有证据（参见，Anderson，Camerer，2000）。而且它们的描述对象也是不明确的（除了变动—模仿—决策模型之外）。此外，还有两点不是很明确：使用这些模型的好处是什么，以及这种好处是否能够为使用更加复杂的模型提供充足的理由。

因此，只要不存在进一步的证据，只有当这样做对考察很有帮助时，我们才推荐使用这类模型。有一些研究的问题就是这样一种情况（参见如，Brenner，2001）。对于所有的其他情况，我们建议使用单一的模型，这些单一的模型可以根据下一部分的建议进行选择。

7 结论及建议

每种学习过程——无意识学习、基于惯例的学习和信念学习——都已经在上文中分别讨论过了。现在,让我们回到最一般的问题上来,即选择一个用于进行计算研究的学习模型。

由于缺少一个一般的模型,也没有一个选择特定模型的具体方法,学习模型的使用常常遭人诟病。上文指出,因为在不同的情境中学习过程也各异,所以不太可能找到一个一般的模型。然而,在文献中,对于学习模型的选择大抵是想当然的,并没有经过严格的论证。上文中的讨论和分类是为了提供一个共同的平台,进而为在特定环境下特定学习模型的使用提供支持。

这种推荐包括两个步骤:

首先,必须确定在给定的环境下应对哪种学习进行建模。环境的特征决定了经济个体的学习是否是有意识的。此外,是应该根据学习的某些特征建立基于惯例的学习模型,还是该建立信念学习模型,这也是由环境所决定的(见文章的第2部分)。

其次,必须在相关的学习类别中选择学习模型。上文中已经给出了一些建议,是关于学习模型适宜度的问题。对于每种学习类型来说,由于缺乏经验和实验上的证据,导致无法明确地指出应选择哪种学习模型,因此在模型的选择上还有一定的自由度。研究者必须根据他们的研究主题以及个人偏好来做出最终的选择。图2概括了选择学习模型的全过程。

我们期望在将来会有人对不同的学习模型进行更多的经验和实验检验,这会使我们对导致不同学习过程发生的情境以及对其建模的正确方式有一个更加清晰的了解。

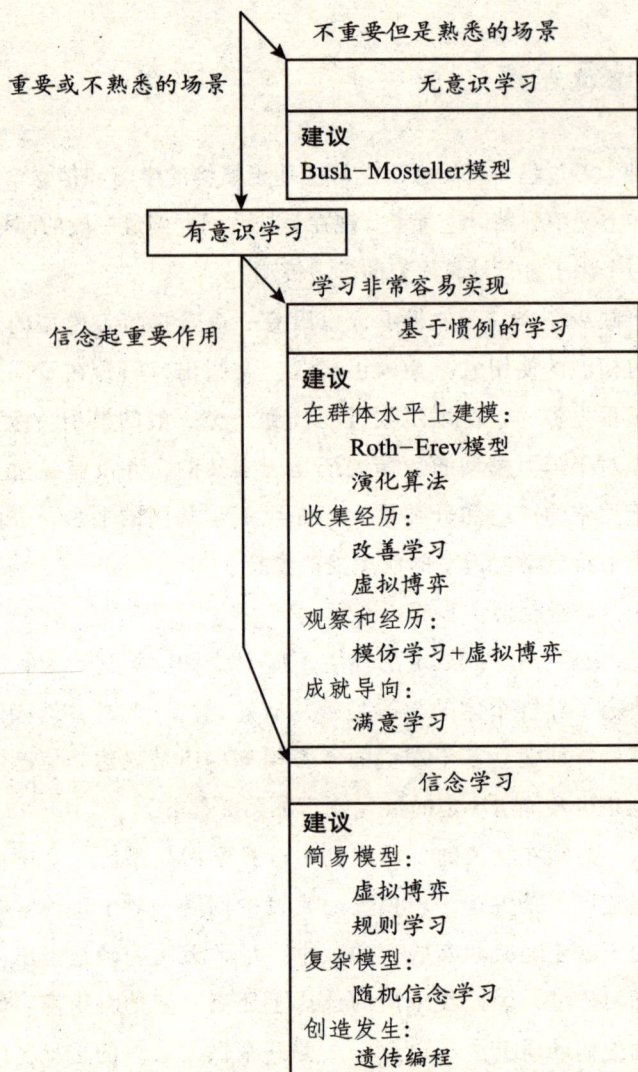

图 2　选择能够准确表示经济行为的学习模型的步骤

参考文献

Anderson, C. M. & Camerer, C. (2000): "Experience-Weighted Attraction Learning in Sender-Receiver Signaling Games," *Economic Theory*, 16, 689 – 718.

Anderson, J. R. (2000): *Cognitive Psychology and Its Implications*. New York, Worth Publishers.

Arifovic, J. (1994): "Genetic Algorithm Learning and the Cobweb Model," *Journal of Economic Dynamics and Control*, 18, 3 – 28.

Arifovic, J. & Ledyard, J. (2000): "Scaling Up Learning Models in Public Good Games," *Journal of Public Economic Theory*, 6, 203 – 238.

Arthur, W. B. (1991): "Designing Economic Agents that Act Like Human Agents: A Behavioral Approach to Bounded Rationality," *The American Economic Review*, 81, 353 – 359.

Bäck, T. (1996): *Evolutionary Algorithms in Theory and Practice*. New York, Oxford University Press.

Bandura, A. (1977): *Social Learning Theorie*. Englewood Cliffs, Prentice-Hall.

Bendor, J., Mookherjee, D. & Ray, D. (2001): "Aspiration-based Reinforcement Learning in Repeated Interaction Games: An Overview," *International Game Theory Review*, 3, 159 – 174.

Beltrametti, L., Fiorentini, R., Marengo, L. & Tamborini, R. (1997): "A Learning-to-Forecast Experiment on the Foreign Exchange Market with a Classifier System," *Journal of Economic Dynamics & Control*, 21, 1543 – 1575.

Beltratti, A., Margarita, S. & Terna, P. (1996): *Neural Networks for Economic and Financial Modelling*. London, International Thomson Computer Press.

Bergemann, D. & Välimäki, J. (1996): "Learning and Strategic Pricing," *Econometrica*, 64, 1125 – 1149.

Berninghaus, S. K. & Ehrhart, K. -M. (1998): "Time Horizon and Equilibrium Selection in Tacit Coordination Games: Experimental Results," *Journal of Economic Behavior and Organization*, 37, 231 – 248.

Beyer, H. -G. (2001): *The Theory of Evolution Strategies*. Berlin, Springer.

Biel, A. & Dahlstrand, U. (1997): "Habits and the Establishment of Ecological Purchase Behavior," in G. Guzm'an, A. Jos'e & S. Sanz (eds.): *The XXII International Colloquium of Economic Psychology*, Valencia: Promolibro, 367 – 381.

Börgers, T. (1996): "On the Relevance of Learning and Evolution to Economic Theory," *The Economic Journal*, 106, 1374 – 1385.

Börgers, T. & Sarin, R. (1997): "Learning Through Reinforcement and Replicator Dynamics," *Journal of Economic Theory*, 77, 1 – 16.

Börgers, T. & Sarin, R. (2000): "Naive Reinforcement Learning with Endogenous Aspirations," *International Economic Review*, 41, 921 – 950.

Bosch-Domenech, A. & Vriend, N. J. (2003): "Imitation of Successful Behaviour in Cournot Markets," *Economic Journal*, 113, 495 – 524.

Bray, M. (1982): "Learning, Estimation, and the Stability of Rational Expectations," *Journal of Economic Theory*, 26, 318 – 339.

Brenner, T. (1997): "Reinforcement Learning in 2x2 Games and the Concept of Reinforcably Stable Strategies," Papers on Economics & Evolution #9703, Max Planck Institute, Jena.

Brenner, T. (1998): "Can Evolutionary Algorithms Describe Learning Processes?," *Journal of Evolutionary Economics*, 8, 271 – 283.

Brenner, T. (1999): *Modelling Learning in Economics*. Cheltenham, Edward Elgar.

Brenner, T. (2001): "Implications of Routine-based Learning for Decision Making," *European Journal of Economic and Social Systems*, 15, 131 – 152.

Brenner, T. (2004): "Stochastic Belief Learning and the Emergence of Cooperation," mimeo, Max Planck Institute, Jena.

Brenner, T. & Hennig-Schmidt, H. (2004): "Belief Learning in the Prisoner's Dilemma Game—An Experimental Study of Cognitive Processes," mimeo, Max Planck Institute, Jena.

Brenner, T. & Murmann, J. P. (2003): "The Use of Simulations in Developing Robust Knowledge about Causal Processes: Methodological Considerations and an Application to Industrial Evolution," Papers on Economics & Evolution #0303, Max Planck Institute, Jena.

Brenner, T. & Slembeck, T. (2001): "Noisy Decision Makers—On Errors, Noise and Inconsistencies in Economic Behaviour," Papers on Economics & Evolution #0107, Max Planck Institute, Jena.

Brenner, T. & Vriend, N. (2005): "On the Behavior of Proposers in Ultimatum

Games," *Journal of Economic Behavior and Organisation*, forthcoming.

Brenner, T. & Witt, U. (2003): "Melioration Learning in Games with Constant and Frequency-dependent Payoffs," *Journal of Economic Behavior and Organization*, 50, 429 – 448.

Brown, G. W. (1951): "Iterative Solution of Games by Fictitious Play," in: *Activity Analysis of Production and Allocation*, John Wiley and Sons, 374 – 376.

Bruner, J. S. (1973): *Beyond the Information Given*. New York, Norton.

Bullard, J. & Duffy, J. (1994): "Learning in a Large Square Economy," Working Paper 94 – 013A, Federal Reserve Bank of St. Louis.

Bush, R. R. & Mosteller, F. (1955): *Stochastic Models for Learning*. New York, John Wiley & Sons.

Calderini, M. & Metcalfe, S. (1998): "Compound Learning, Neural Nets and the Competitive Process," *Economics of Innovation & New Technology*, 7, 271 – 302.

Camerer, C. F. & Ho, T. (1999): "Experience-weighted Attraction Learning in Normal Form Games," *Econometrica*, 67, 827 – 874.

Chen, S. -H., Duffy, J. & Yeh, C. -H. (2002): "Equilibrium Selection via Adaptation: Using Genetic Programming to Model Learning in a Coordination Game," *The Electronic Journal of Evolutionary Modeling and Economic Dynamics*, no. 1002, http://www.e-jemed.org/1002/index.php.

Chen, S. -H. & Yeh, C. -H. (2001): "Evolving Traders and the Business School with Genetic Programming: A New Architecture of the Agent-Based Artificial Stock Market," *Journal of Economic Dynamics & Control*, 25, 363 – 393.

Cheung, Y. -W. & Friedman, D. (1997): "Individual Learning in Normal Form Games: Some Laboratory Results," *Games & Economic Behavior*, 19, 46 – 76.

Crawford, V. P. (1995): "Adaptive Dynamics in Coordination Games," *Econometrica*, 63, 103 – 143.

Cross, J. G. (1973): "A Stochastic Learning Model of Economic Behavior," *Quarterly Journal of Economics*, 87, 239 – 266.

Cross, J. G. (1983): *A Theory of Adaptive Economic Behavior*. Cambridge, Cambridge University Press.

Dawid, H. (1996a): *Adaptive Learning by Genetic Algorithms.* Berlin, Springer, Lecture Notes in Economics and Mathematical Systems 441.

Dawid, H. (1996b): "Genetic Algorithms as a Model of Adaptive Learning in Economic Systems," *Central European Journal for Operations Research & Economics*, 4, 7 – 23.

Dawid, H. (1997): "Learning of Equilibria by a Population with Minimal Information," *Journal of Economic Behavior & Organization*, 32, 1 – 18.

Day, R. H. (1967): "Profits, Learning and the Convergence of Satisficing to Marginalism," *Quarterly Journal of Economics*, 81, 302 – 311.

Day, R. H. & Tinney, E. H. (1968): "How To Co-operate in Business without Really Trying: A Learning Model of Decentralized Decision Making," *Journal of Political Economy*, 74, 583 – 600.

Denzau, A. & North, D. C. (1994): "Shared Mental Models. Ideologies and Institutions," *Kyklos*, 47, 3 – 31.

Dixon, H. D. (2000): "Keeping Up With the Joneses: Competition and the Evolution of Collusion," *Journal of Economic Behavior & Organization*, 43, 223 – 238.

Dörner, D. (1999): *Bauplan füreine Seele.* Hamburg, Rowohlt.

Duffy, J. & Feltovich, N. (1999): "Does Observation of Others Affect Learning in Strategic Environments? An Experimental Study," *International Journal of Game Theory*, 28, 131 – 152.

Easley, D. & Kiefer, N. M. (1988): "Controlling a Stochastic Process with Unknown Parameters," *Econometrica*, 56, 1045 – 1064.

Edmunds, B. (1999): "Modelling Bounded Rationality in Agent-Based Simulations Using the Evolution of Mental Models," in T. Brenner (ed.): *Computational Techniques for Modelling Learning in Economics*, Cheltenham: Edward Elgar, 305 – 332.

Eichberger, J., Haller, H. & Milne, F. (1993): "Naive Bayesian Learning in 2 × 2 Matrix Games," *Journal of Economic Behavior and Organization*, 22, 69 – 90.

Eigen, M. (1971): "The Selforganisation of Matter and the Evolution of Biological Macromolecules," *Naturwissenschaften*, 58, 465 – 523.

Ellison, G. (1993): "Learning, Local Interaction, and Coordination," *Econometrica*,

61, 1047 - 1071.

Erev, I. , Bereby-Meyer, Y. & Roth, A. E. (1999): "The Effect of Adding Constant to All Payoffs: Experimental Investigation, and Implications for Reinforcement Learning Models," *Journal of Economic Behaviour and Organization*, 39, 111 - 128.

Erev, I. & Roth, A. E. (1998): "Predicting How People Play Games: Reinforcement Learning in Experimental Games with Unique, Mixed Strategy Equilibria," *The American Economic Review*, 88, 848 - 881.

Eshel, I. , Samuelson, L. & Shaked, A. (1998): "Altruists, Egoists and Hooligans in a Local Interaction Model," *American Economic Review*, 88, 157 - 179.

Estes, W. K. (1950): "Toward a Statistical Theory of Learning," *Psychological Review*, 57, 94 - 107.

Fehr, E. & Schmidt, K. (1999): "A Theory of Fairness, Competition, and Cooperation," *Quarterly Journal of Economics*, 114, 817 - 868.

Feltovich, N. (2000): "Reinforcement-based vs Belief-based Learning Models in Experimental Asymmetric-information Games," *Econometrica*, 68, 605 - 641.

Festinger, L. (1942): "Wish, Expectation and Group Standards as Factors In-fluencing the Level of Aspiration," *Journal of abnormal social Psychology*, 37, 184 - 200.

Fudenberg, D. & Levine, D. K. (1998): *The Theory of Learning in Games*. Cambridge, MIT Press.

Gigerenzer, G. & Selten, R. (eds.) (2001): *Bounded Rationality: The Adaptive Toolbox*. Cambridge, MIT Press.

Gilboa, I. & Schmeidler, D. (1995): "Case-based Decision Theory," *Quarterly Journal of Economics*, 110, 269 - 288.

Gilboa, I. & Schmeidler, D. (2001): "Reaction to Price Changes and Aspiration Level Adjustment," *Review of Economic Design*, 6, 215 - 223.

Gittins, J. C. (1979): "Bandit Processes and Dynamic Allocation Indices," *Journal of the Royal Statistical Society*, Series B, 41, 148 - 177.

Gittins, J. C. (1989): *Multi-armed Bandit Allocation Indices*. New York, John Wiley & Sons.

Gößling, T. (1996): *Entscheidung in Modellen*. Egelsbach, Hänsel-Hohenhausen

Verlag der Deutschen Hochschulschriften.

Goldvarg, E. & Johnson-Laird, P. N. (2001): "Naive Causality: A Mental Model Theory of Causal Meaning and Reasoning," *Cognitive Science*, 25, 565 – 610.

Grosskopf, B. (2003): "Reinforcement and Directional Learning in the Ultimatum Game with Responder Competition," *Experimental Economics*, 6, 141 – 158.

Hallpike, C. R. (1986): *The Principles of Social Evolution*. Oxford, Clarendon Press.

Haltiwanger, J. & Waldman, M. (1993): "The Role of Altruism in Economic Interaction," *Journal of Economic Behavior & Organization*, 21, 1 – 15.

Hebb, D. O. (2002): *The Organization of Behavior. A Neuropsychological Theory*. Mahwa, Lawrence Erlbaum Associates.

Hegselmann, R. (1996): "Social Dilemmas in Lineland and Flatland," in W. B. G. Liebrand & D. M. Messick (eds.): *Frontiers in Social Dilemmas Research*, Berlin: Springer, 337 – 361.

Heinemann, M. (2000): "Adaptive Learning of Rational Expectations Using Neural Networks," *Journal of Economic Dynamics & Control*, 24, 1007 – 1026.

Helbing, D. (1995): *Quantitative Sociodynamics, Stochastic Methods and Models of Social Interaction Processes*. Boston, Kluwer Academic.

Herrnstein, R. J. (1970): "On the Law of Effect," *Journal of the Experimental Analysis of Behavior*, 13, 243 – 266.

Herrnstein, R. J. & Prelec, D. (1991): "Melioration: A Theory of Distributed Choice," *Journal of Economic Perspectives*, 5, 137 – 156.

Hofbauer, J. & Sigmund, K. (1984): *Evolutionstheorie und dynamische Systeme*. Berlin, Paul Parey.

Holland, J. H. (1975): *Adaption in Natural and Artificial Systems. An Arbor*, University of Michigan Press.

Holland, J. H., Holyoak, K. J., Nisbett, R. E. & Thagard, P. R. (1986): *Induction: Processes of Inference, Learning and Discovery*. Cambridge, MIT Press.

Holland, J. H. & Miller, J. H. (1991): "Artifical Adaptive Agents in Economic Theory," *American Economic Review, Papers and Proceedings*, 81, 365 – 370.

Huck, S. , Normann, H. -T. & Oechssler, J. (2002): "Stability of the Cournot Process-Experimental Evidence," *Internation Journal of Game Theory*, 31, 123 –136.

Johnson-Laird, P. N. (1983): *Mental Models*. Cambridge, Harvard University Press.

Jordan, J. S. (1991): "Bayesian Learning in Normal Form Games," *Games and Economic Behavior*, 3, 60 – 81.

Jordan, J. S. (1995): "Bayesian Learning in Repeated Games," *Games and Economic Behavior*, 9, 8 – 20.

Kahneman, D. & Tversky, A. (1979): "Prospect Theory: An Analysis of Decision Under Risk," *Econometrica*, 47, 263 –291.

Kahneman, D. (2003): "Maps of Bounded Rationality: Psychology for Behavioral Economics," *The American Economic Review*, 93, 1449 – 1475

Kalai, E. & Lehrer, E. (1993): "Rational Learning Leads to Nash Equilibrium," *Econometrica*, 61, 1019 – 1045.

Kandel, E. R. & Schwartz, J. H. (1982): "Molecular Biology of Learning: Modulation of Transmitter Release," *Science*, 433 – 443.

Kandori, M. , Mailath, G. J. & Rob, R. (1993): "Learning, Mutation, and Long Run Equilibria in Games," *Econometrica*, 61, 29 – 56.

Karandikar, R. , Mookherjee, D. , Ray, D. & Vega-Redondo, F. (1998): "Evolving Aspirations and Cooperation," *Economic Theory*, 80, 292 – 331.

Kirchkamp, O. (2000): "Spatial Evolution of Automata in the Prisoner's Dilemma," *Journal of Economic Behavior and Organization*, 43, 239 – 262.

Kuhon-Gilke, G. (1997): *Verhaltensbindung und die Evolution ökonomischer Institutionen. Marburg*, Metropolis-Verlag.

Lant, T. K. (1992): "Aspiration Level Adaption: An Empirical Exploration," *Management Science*, 38, 623 – 644.

Lindgren, K. (1992): "Evolutionary Phenomena in Simple Dynamics," in D. Farmer et. al. (eds.): *Artifical Life II*, Santa Fe Inst. : Proceedings of the second workshop on the synthesis and simulation of living systems, 295 – 312.

Luchins, A. S. (1942): "Mechanization in Problem-solving," *Psychological Monographs*, 54, No. 248.

Mackintosh, N. J. (2003): "Pavlov and Associationism," *The Spanish Journal of Psychology*, 6, 177 – 184.

Marcet, A. & Sargent, T. J. (1989): "Convergence of Least Squares Learning Mechanisms in Self-Referential Linear Stochastic Models," *Journal of Economic Theory*, 48, 337 – 368.

Maynard Smith, J. (1982): *Evolution and the Theory of Games.* Cambridge, Cambridge University Press.

Mezias, S. J. (1988): "Aspiration Level Effects: An Empirical Investigation," *Journal of Economic Behavior and Organization*, 10, 389 – 400.

Mezias, S., Chen, Y. & Murphy, P. (2002): "Aspiration-Level Adaptation in an American Financial Service Organization: A Field Study," *Management Science*, 48, 1285 – 1300.

Morales, A. J. (2002): "Absolutely Expedient Imitative Behavior," *International Journal of Game Theory*, 31, 475 – 492.

Nagel, R. (1995): "Unraveling in Guessing Games: An Experimental Study," *American Economic Review*, 85, 1313 – 1326.

Nash, J. F. (1950): "Equilibrium Points in n-Person Games," *Proceedings of the National Academy of Sciences (US)*, 36, 48 – 49.

Nowak, M. A. & May, R. M. (1993): "The Spatial Dilemmas of Evolution," *International Journal of Bifurcation and Chaos*, 3, 35 – 78.

Nyarko, Yaw & Schotter, Andrew (2002): "An Experimental Study of Belief Learning Using Elicited Beliefs," *Econometrica*, 70, 971 – 1005.

Osborne, M. J. & Rubinstein, A. (1995): *A Course in Game Theory.* Cambridge, MIT Press.

Palomino, F. & Vega-Redondo, F. (1999): "Convergence of Aspiration and (Partial) Cooperation in the Prisoner's Dilemma," *International Journal of Game Theory*, 28, 465 – 488.

Pazgal, A. (1997): "Satisfycing Leads to Cooperation in Mutual Interests Games," *International Journal of Game Theory*, 26, 439 – 453.

Piaget, J. (1976): *Die Aquilibration der kognitiven Strukturen.* Stuttgart, Klett.

Ramstad, Y. (1994): "On the Nature of Economic Evolution," in L. Magnusson (ed.): *Evolutionary and Neo-Schumpeterian Approaches to Economics*, Boston: Kluwer Academic Publishers.

Rapoport, A., Seale, D. & Winter, E. (2000): "An Experimental Study of Coordination and Learning in Iterated Two-Market Entry Games," *Economic Theory*, 16, 661 – 687.

Rechenberg, I. (1973): *Evolutionsstrategie: Optimierung technischer Systeme nach Prinzipien der biologischen Evolution*. Stuttgart, Frommann-Holzboog Verlag.

Rescorla, R. A. & Wagner, A. R. (1972): "A Theory of Pavlovian Conditioning: Variations in the Effectiveness of Reinforcement and Non-reinforcement," in A. H. Black & W. F. Prokasy (eds.): *Classical Conditioning II*, Englewood Cliffs: Prentice Hall.

Riechmann, T. (1999): "Learning and Behavioral Stability. An Economic Interpretation of Genetic Algorithms," *Journal of Evolutionary Economics*, 9, 225 – 242.

Robinson, J. (1951): "An Iterative Method of Solving a Game," *Annals of Mathematics*, 54, 296 – 301.

Roth, A. E. & Erev, I. (1995): "Learning in Extensive Form Games: Experimental Data and Simple Dynamic Models in the Intermediate Run," *Games and Economic Behavior*, 6, 164 – 212.

Rumiati, R. I. & Bekkering, H. (2003): "To Imitate or Not to Imitate? How the Brain Can Do It, That Is the Question!," *Brain and Cognition*, 53, 479 – 482.

Samuelson, L. (1994): "Stochastic Stability in Games with Alternative Best Replies," *Journal of Economic Theory*, 64, 35 – 65.

Sarin, R. & Vahid, F. (1999): "Payoff Assessments without Probabilities: A Simple Dynamic Model of Choice," *Games and Economic Behavior*, 28, 294 – 309.

Schlag, K. H. (1998): "Why Imitate, and if so, How? A Bounded Rational Approach to Multi-armed Bandits," *Journal of Economic Theory*, 78, 130 – 156.

Schlag, K. H. (1999): "Which One Should I Imitate?," *Journal of Mathematical Economics*, 31, 493 – 521.

Schwefel, H. -P. (1995): *Evolution and Optimum Seeking*. New York, Wiley &

Sons.

Selten, R. (1997): "Features of Experimentally Observed Bounded Rationality," Discussion Paper No. B-421, University of Bonn.

Selten, R. & Stoecker, R. (1986): "End Behavior in Sequences of Finite Prisoner's Dilemma Supergames," *Journal of Economic Behavior and Organization*, 7, 47 – 70.

Shapley, L. S. (1964): "Some Topics in Two-Person Games," in M. Dresher, L. Shapley & A. Tucker (eds.): *Advances in Game Theory*, Princeton: Annals of Mathematic Studies No. 52, 1 – 28.

Simon, H. A. (1957): *Administrative Behavior*. New York, The Macmillan Company.

Simon, H. A. (1987): "Satisficing," *The New Palgrave Dictionary of Economics*, Vol. 4, Macmillan Press, London, 243 – 245.

Skinner, B. F. (1938): *The Behavior of Organisms*. New York, Appleton.

Spears, W. M. (2000): *Evolutionary Algorithms*. Berlin, Springer.

Stahl, D. O. & Wilson, P. W. (1994): "Experimental Evidence on Player's Models of Other Players," *Journal of Economic Behavior and Organization*, 25, 309 – 327.

Stahl, D. O. (1998): "Is Step-j Thinking an Arbitrary Modelling Restriction or a Fact of Human Nature?," *Journal of Economic Behavior and Organisation*, 37, 33 – 51.

Stahl, D. O. (2000): "Rule Learning in Symmetric Normal-Form Games: Theory and Evidence," *Games and Economic Behavior*, 32, 105 – 138.

Stahl, D. O. & Haruvy, E. (2002): "Aspiration-Based and Reciprocity-Based Rules of Learning Dynamics for Symmetric Normal-Form Games," *Journal of Mathematical Psychology*, 46, 531 – 553.

Tang, F. -F. (2003): "A Comparative Study on Learning in a Normal Form Game Experiment," *Journal of Economic Behavior and Organization*, 50, 385 – 390.

Tesfatsion, L. (2001): "Introduction to the Special Issue on Agent-Based Computational Economics," *Journal of Economic Dynamics & Control*, 25, 281 – 293.

Thibaut, J. W. & Kelley, H. H. (1959): *The Social Psychology of Groups*. New York, Wiley.

Thorndike, E. L. (1932): *The Fundamentals of Learning*. New York, AMS Press.

Vaughan, W. & Herrnstein, R. J. (1987): "Stability, Melioration, and Natural Selection," in L. Green, J. H. Kagel (eds.): *Advances in Behavioral Economics*, vol. 1, Norwood: Ablex.

Vega-Redondo, F. (1997): "The Evolution of Walrasian Behavior," *Econometrica*, 65, 375 – 384.

Vriend, N. J. (2000): "An Illustration of the Essential Difference between Individual and Social Learning, and Its Consequences for Computational Analysis," *Journal of Economic Dynamics & Control*, 24, 1 – 19.

Werker, C. & Brenner, T. (2004): "Empirical Calibration of Simulation Models," Papers on Economics & Evolution #0410, Max Planck Institute, Jena.

Witt, U. (1986): "Firms' Market Behavior under Imperfect Information and Economic Natural Selection," *Journal of Economic Behavior and Organization*, 7, 265 – 290.

Witt, U. (1991): "Evolutionary Economics-an Interpretative Survey," Papers on Economics & Evolution #9104, European Study Group for Evolutionary Economics, Freiburg.

Witt, U. (1996): "Bounded Rationality, Social Learning, and Viable Moral Conduct in a Prisoners' Dilemma," in M. Perlman & E. Helmstädter (eds.): *Behavioral Norms, Technological Progress and Economic Dynamics: Studies in Schumpeterian Economics*, Ann Arbor: Michigan University Press, 33 – 49.

Witt, U. (2001): "Learning to Consume – A Theory of Wants and the Growth of Demand," *Journal of Evolutionary Economics*, 11, 23 – 36.

Yin, G. & Zhu, Y. M. (1990): "On H-Valued Robbins-Monro Processes," *Journal of Multivariate Analysis*, 34, 116 – 140.

Young, P. (1993): "The Evolution of Conventions," *Econometrica*, 61, 57 – 84.

Zellner, A. (1971): *An Introduction to Bayesian Inference in Econometrics*. New York, John Wiley.

使用诱导信念的信念学习实验研究①

姚·尼亚柯，安德鲁·肖特

摘　要：此篇论文考察信念学习。不像其他研究者受制于信念不可观测，只能用可观测的替代物来近似表征信念，这里使用一种信念诱导技术（elicitation procedure，即恰当的记分规则），直接诱导出被试的信念。采用该技术就能使我们更直接地检验这样的命题：在某种意义上，人们行为过程是与信念学习相一致的（people behave in a manner consistent with belief learning）。我们发现的情形是有趣的：首先，在被试趋于"信念学习"的情况下，他们所用的信念正是可以从他们那里诱导出来的"陈述信念"（stated beliefs），而非虚拟博弈或古诺模型所给他们硬安上去的"经验信念"（empirical beliefs）。其次，我们给出的定性和定量的证据表明，被试的"陈述信念"与通常用作信念表征的"经验"或历史信念差异极大。再次，如果受制于信念的不可观测性，而用可观测的替代表征来推断我们一直认为不可观测的变量的话，那么，信念诱导技术就能够发现该参数值被推断误导的程度。通过将此前不可观测的信念转换成可观测，可以直接看出新信息引入后的参数估计变化情况。再一次地，我们证明这些差异将会很大。最后，将这里的实验数据分别用于强化学习、EWA 和陈述信念学习进行模型估计时，可以看出陈述信念学习模型优于强化学习和 EWA 模型。

关键词：信念学习，博弈论，实验经济学

---

①　姚·尼亚柯（Yaw Nyarko）和安德鲁·肖特（Andrew Schotter）的原文"An Experimental Study of Belief Learning using Elicited Beliefs"正式载于 *Econometrica*，Vol. 70，No. 3（May，2002），971 – 1005。

1 引 言

近年来，博弈论学者和实验经济学家们对局中人在简单的（2×2矩阵）重复博弈中如何学习的问题，倾注了大量心血。而另一些研究者，如罗斯、埃里夫（Roth，Erev，1998）和亚瑟（Arthur，1991），关注的是强化学习（reinforcement learning）[1]，这是指决策者回顾自己过去的经历，看其中哪些能获得成功。其他人，张和弗里德曼（Cheung，Friedman，1997），波莱姆和加麦尔（Boylan，El-Gamal，1993），玛克赫吉（Mookherjee，1994）和索弗（Sopher，1997）[2]，兰金、范修克和巴特利奥（Rankin，VanHuyck，Battalio，1997），以及弗登伯格和莱温妮（Fudenberg，Levine，1998）则关注信念学习（belief learning），即决策者依过去的经历来更新有关对手将采取什么行动的信念。还有其他人，凯默瑞和胡（Camerer，Ho，1999）则是从这两类模型（以及其他工作）中提取最主要的特征进行综合，该方法已经被证明是相当成功的。

尽管如此，所有这些研究都假设：虽然个体过去经历的行动和支付都是可观测的，但信念不可观测，因而信念必须用其他（可观测的）予以替代表征与推断。例如，在最通常的信念学习模型——古诺和虚拟博弈模型中，信念或取为对手前期的行动，或取对手先前行动的平均。一些作者也使用我们接下来所说的 γ-加权经验信念（γ-weighted empirical beliefs）或简单经验信念（simply empirical be-liefs）。其中以往行动的加权平均被作为信念的替代表征，权重以几何级数等比速率 γ 下降（见，Rankin，et al.，1997，Cheung，Fried-

---

① 强化学习的确是心理学文献的派生（Thorndike，1898；Bush，Mosteller，1955），它主要一致的主题（main unifying theme）是：过去成功的行为在将来会被更频繁地加以运用的"功效定律"（law of effect）。

② 索弗和玛克赫吉实际调查了信念和强化学习（模型）。

man，1997)，弗登伯格和莱温妮（Fudenberg，Levine，1998）的平滑虚拟博弈（smooth fictitious play）。本文将从不同角度关注虚拟博弈模型，因为该模型在实验和理论领域的广泛应用，使它们形成了测定实验结果的一条自然基线。

本文给出了一系列两人支付之和为常数的"常和"实验结果（two-person constant-sum game experiments，下简称为"常和"——译者注），实验中采用一种恰当的记分规则直接诱导出被试的信念，该记分规则为被试报告其真实信念提供了激励。我们称这些信念为被试"陈述的"信念（stated beliefs）。因此，我们认为这项工作首次展现了在信念学习中所有相关变量均可观测的研究，即，运用诱导信念（elicited beliefs）来研究信念学习。①②③

根据最初的研究计划我们提出三个问题：

问题1 虚拟博弈信念［或更一般的加权平均经验信念（weighted empirical beliefs）］对于陈述信念是一个好的替代表征（a good proxy for stated beliefs）吗？

问题2 如果实验被试做出最优反应，那么他们对什么信念做出最优反应？例如，他们是对陈述信念做最优反应呢，还是对其经验信念（empirical beliefs）做最优反应呢？

问题3 一如实验学习的文献让我们相信的：如果被试行为能用信念学习的逻辑模型框架（a logistic belief learning model）予以最佳描述，那么，在这样一个模型框架中应用不同的信念时，哪种信念能为我们的数据提供最优拟合。

我们的发现具有重要的启迪意义（quite revealing）。

---

① 我们感谢 Jason Shachat 为我们提供的实验程序。

② Shachat（1996），Noussair 和 Faith（1997）的程序都可以支持混合策略的使用，但都不支持可观察信念。

③ 其他人大多在公共物品问题的研究中进行了信念诱导，如 Offerman（1997）；Offerman，Sonnemans，Schram（1996）；还有 McKelvey，Page（1990）。同时，这篇论文试图将这种信念诱导程序与信念学习的研究结合起来。

首先，关于"形成虚拟博弈或经验信念的过程，表征了被试（或一般的说人们）如何形成他们真实信念或陈述信念（their true or stated beliefs）"的假设，几乎无法得到实验支持。虚拟博弈信念限定了一条非常稳定的时间路径，但实际上被试的陈述信念的跨期变化非常大。

其次，对问题 2 的研究表明，被试最常做出最优反应的恰恰是针对陈述信念的。更明确地说，在实验 1 中，被试的策略选择在近 75% 的时间里是与他们对陈述信念的最优反应一致的，而关于古诺和虚拟博弈信念（Cournot and Fictitious play beliefs），该百分率仅为 55% 左右。当然，需要指出的是，即使随机选择也有 50% 的比例是与最优反应相一致的。

具有讽刺意味的是，必须指出，尽管被试对其陈述信念作出了最优反应，但陈述信念对于实际预测对手的行动并不比简单的虚拟博弈信念更准确。因此，仍有的困惑是为何被试坚持他们自己的陈述信念而不切换（switching）呢？但是，这两种（陈述与简单虚拟博弈——译者注）信念的预测精度差异非常小，尽管在统计上是显著的（见第 3.1.3 小节）。在 3.13 小节我们将表明，这也许和我们度量预测精度所使用的计量方法有重大关系，采用其他合理的计量方法，陈述信念（关于对手行动的信念——译者注）的预测的确比虚拟博弈信念的预测更好。

最后，研究问题 3 时，我们用 Logit 模型来预测个体的选择行为［Logit 模型不要求被解释变量 Y 服从正态分布，而只要分布函数离散地服从标准的 Logistic 函数。事件发生与否，是否属于某类范畴等二值状态，其模型称为二项 Logit 模型（Binary Logit Model）；对多值离散状态（polytomous），如属于"满意、一般、不满意"等定序尺度的哪一类，其模型为多元 Logit 模型（Multinomial Logit Model）——译者注］，以比较三个信念形成模型——古诺、虚拟博弈和陈述（Cournot，Fictitious play，and Stated），看哪一个能对实验数据做出最好的解释。结果发现该 Logit 模型在用陈述信念模型解释选择行为数据时，要比其他信念形成模型拟合得更好。

我们的结论倾向于支持这一观点，即在二人对局的信念学习中，人们使用的是他们迄今为止不可观测的陈述信念，而不是文献中通常提及的虚拟博弈信念，也不是其他各种各样 γ - 加权平均经验信念（经验信念），该发现正是本文的主要贡献之一。而且，因为能够用诱导方法直接测量信念，并且能将其与通常文献采用的各种经验信念加以比较，所以我们的诱导技术设计提供了一套完善的实验设置。对仅由可测行动变量导出的信念进行参数估计，无法知道与那些用真实信念或至少是陈述信念估计的结果究竟有多大偏差，这里提供的实验设置，正好可以考察参数估计的偏差。

对于使用陈述信念的一个可能批评是，陈述信念在实验室外难以获得，因此也就难以进行样本预测。然而值得注意的是，实际上存在种类广泛的调查数据，据此可诱导出关于各类经济变量的信念，所有这些都可用于像这里进行估计的信念学习模型。

我们的结果提示了许多额外的研究问题。例如，如果被试的最优反应与其陈述信念的一致性要优于与经验信念的一致性，那么是否因为在实验中对其诱导而使被试们在行动时顾及自己是如何陈述的呢？或是一如我们在基线实验中所为，采用对手不变的被试匹配，是否造成了我们所观察到的陈述信念的多样变化呢？（虚拟博弈信念调整是平滑过渡的——译者注）特别地，如果我们在每轮实验结束后都随机地匹配被试，那么经验信念是否更有助于预测被试的行为呢？这些关注引出了三个额外的问题：

问题 4 当信念未被诱导时，被试的行为是不是就不一样了呢？是否这时标准虚拟博弈和经验信念模型对数据的拟合就会更好呢？

问题 5 当被试随机配对时，他们的信念波动是否会变小，从而是否以更稳定的虚拟博弈信念作为最优反映的基础？

在回答了问题 1 至 5 之后，可以得出这样的结论：在一系列信念学习模型中，采用陈述信念的模型在组织和解释数据方面表现最优。因此，合乎逻辑的下一步工作可能就是比较该模型与其他模型——非信念学习模型，以发现哪一类模型对数据的拟合最佳。这就形成了问题 6 的提出与回答。

问题 6 用实验数据估计 Roth-Erev 形式的强化学习模型、EWA 模型和陈述信念这三种学习模型，与前两者相比陈述信念学习模型的拟合效果如何？

回答这些问题的工作表明可以继续支持前面所提出的推断。诱导技术看来并未造成被试特别顾及自己对信念的陈述；而且每轮随机匹配对被试行为的影响，即使有的话，这种影响也是微乎其微的。此外，陈述信念学习模型优于强化学习模型和 EWA 模型。

以下各部分内容的安排是：第 2 部分说明要实施的实验及设计，第 3 部分分析实验结果并将其与强化模型和 EWA 模型的结果进行对比，第 4 部分讨论实验的启示并给出若干结论。

2 实验设计和实验程序

2.1 实验设计

该实验于 1997 年秋季至 2000 年夏季在纽约大学 C. V. Starr 应用经济研究中心的经济学实验室中进行。① 实验的被试是从经济学系的本科生中招募的，并且花了一个半小时到两小时的时间向他们介绍实验。所有被试均未受过任何博弈论训练。实验中被试在不同的条件下与相同的对手进行了 60 次 2×2 博弈。实验报酬以实验币支付，可以以 1pt. =0.05 美元的兑换率兑换为美元。实验被试在实验阶段

---

① 在本文的初稿中，我们报告了被试明确使用混合策略的四个附加实验结果。因这些实验结果并未在任何显著意义上改变本文结论，为节省篇幅起见，这里略去了相关讨论。有关这些实验详见尼亚柯和肖特（Nyarko, Schotter, 2000a）。

结束时平均大约获得 15 美元的报酬。他们只要来参加实验便可获得 3 美元的报酬。

实验中的支付矩阵如下：

支付矩阵

局中人 2

		绿	红
局中人 1	绿	6；2	3；5
	红	3；5	5；3

该矩阵具有许多实验设计中所期望的特征。首先，我们希望它易于理解，决策求解不至于太复杂而难以计算（或学着推断）；其次，我们也希望这是一个混合均衡，因为我们不希望均衡信念退化 (degenerate，这里 degenerate 的大意是不会从混合策略变为纯策略——译者注)。该"常和" 2×2 阵提供了这些特征，因为 2×2 简单，参与者都能理解盘算。而且其均衡不仅受最佳反应动态理论支撑，也为 mini-max 定理所支持 (决策树各支均有多种结果，例如取每支最大损失而后在各支间取 min‖——译者注)。

进一步，2×2 矩阵的重要特征是单位间隔——信念域很宽，在该信念域上的最优反应都一样。如本实验中，若陈述信念和经验信念预计对手将选"绿"的概率 $\rho \in [0.4, 1]$，则这两种信念就导致被试的最优反应相同。这个最优反应函数掩盖了各信念模型间差异的观测，所以，如果我们的确观察到了显著统计差异，那么我们的结论将更具说服力。最后，由于我们的目的是研究学习行为，所以我们先让被试与固定对手进行重复，不过这里"重复博弈均衡"对参与者影响很明显，后一步，放松固定配对特征以检验随机匹配的影响。

本文采用的实验程序[①]由杰森·沙奇（Jason Shachat）和亚利桑那大学实验科学实验室慷慨相赠。[②] 四个实验是由相同的 2×2 "常和"博弈在不同策略条件下进行的。实验 1 中，使用恰当的记分规则诱导出实验被试的信念。

为了考察问题 4 和问题 5，我们进行实验 2 和实验 3。在实验 2 中我们重复实验 1，只不过没有诱导被试的信念。实验 3 则是在 60 轮配对中每一次都让被试随机组对，其他则与实验 1 相同。所有这些安排都告知了被试。最后，为了确认我们的结论与现存文献中的结论一致，我们进行一次"复制实验"，即实验 4，不用信念诱导且随机配对的方式。

下面表 1 概述了这些实验安排。

表 1　实验设计及扩展

	轮数	被试数	诱导信念	配对形式
实验 1	60	28	是	固定
实验 2	60	26	否	固定
实验 3	60	28	是	随机
实验 4	60	26	否	随机

2.2　信念诱导

被试在每一轮选择纯策略之前，都要求在一张工作单上写下一个概率向量，表明自己关于对手使用每种纯策略可能性的信念或者说预测。[③]

当我们诱导出信念，我们便对被试进行如下奖励：首先，被试

[①]　在使用该实验程序时，只要他们愿意，被试均可在给定轮次采用确定的混合概率来选择混合策略。我们做了一些混合策略选择实验，结果详见尼亚柯和肖特（Nyarko, Schotter, 2000a）。

[②]　该实验的指导说明都被计算机程序化了，可以与作者联系，请他提供。

[③]　关于诱导程序的说明可见 www.nyarko.com/papers.htm。

写下概率向量 $r=(r_{Red}, r_{Green})$，表示他关于对手使用红绿策略概率的信念[1]。由于在实验中实际上仅有一个策略被使用，所以当被试 i 报告的信念向量为 r，被试 i 的对手选"红"的时候，被试 i 的支付就是：

$$\pi_{Red} = 0.10 - 0.05\left[(1-r_{Red})^2 + (r_{Green})^2\right] \tag{1}$$

类似地，当对手选择"绿"策略时，被试 i 的支付是：

$$\pi_{Green} = 0.10 - 0.05\left[(1-r_{Green})^2 + (r_{Red})^2\right] \tag{2}$$

实验完成后，参与者可获得预报任务的相应报酬。

注意该报酬函数的含义。被试开始时有 0.10 美元，并陈述了一个信念向量 $r=(r_{Red}, r_{Green})$。如果对手选"红"，那么被试将全部概率都押在红色上——他将获得全额收益。而被试仅仅指定了 r_{Red} 则意味他或她犯了一个错误。为惩罚该错误，要从被试的 0.10 美元中减去 $(1-r_{Red})^2$。而且被试还必须因其为绿色策略所配置的 r_{Red} 而受到惩罚，即从被试的 0.10 美元中再减去 $(r_{Green})^2$。（对称地，若对手选择"绿"，则同理应用）最坏的可能是预测为某一纯策略，而对手却选了另一个纯策略，从而只有 0 支付（这也就解释了式中的归一化常数 0.05）。容易证明这一报酬函数对被试显示他们关于对手行动的真实信念提供了激励。因此，说实话是最优的。

正如所有记分函数那样，虽然表露真实信念可以支付最大化，但仍有其他陈述信念的办法，使得在保证获得更高的最低收入上更加安全可靠。例如，等概率地报告每一策略将保证获得最大的最低报酬[2]。如果被试是风险规避的，那么这样就是合适的。不过，如我们的数据所示，并无迹象表明被试使用了这种等概率陈述信念向量。

实验要确保被试因预测可获得的这一部分报酬与正在进行的对

---

① 在说明中，r 的报告值用 $[0, 100]$ 中的数字表示，所以我们把它们除以 100 从而得到概率。

② 见 Camerer（1995）和 Allen（1987）对这一点的讨论。

策输赢相比并不算很多。（事实上，实验 1 和 3 的预测部分所获得的最大收入仅为 6 美元，而相比之下博弈中的平均支付就为 15 美元）这里的担心在于如果预测得好而不是博弈得好就能获得更多报酬，那么此实验便有可能变成一个协调博弈，在这种协调博弈中，被试将有动机去协调他们的策略选择并重复采取任何特殊策略，以他们的博弈收入为代价来最大化其预测收入。再一次地，实验数据中没有发现协调博弈存在的证据。事实上，我们提供了充分的证据来支持这样一种观点：当被试选择他们的行动时，他确实是依据这些信念来选择的；而且他们的行动选择也没有被预测收益的相关考虑所扭曲，在这两层含义上，我们所诱导出的信念是真实的。

2.3　加权经验信念定义

给定任意在（－∞，∞）内取值的 γ，采用张和弗里德曼（Cheung, Friedman, 1997）的符号，我们定义参与人 i 的 γ－加权经验信念（或简称为经验信念）为：

$$b_{it+1}^{j} = \frac{1_t(a^j) + \sum_{u=1}^{t-1} \gamma_i^u 1_{t-u}(a^j)}{1 + \sum_{u=1}^{t-1} \gamma_i^u} \tag{3}$$

其中 b_{it+1}^{j} 是参与者 i（在第 t 期所做的）关于对手将在 $t+1$ 期选行动 a^j 之可能的信念估计；$1_t(a^j)$ 为指标函数（indicator function）——若 t 期对手选的是 a^j 则 $1_t(a^j)$ 为 1，否则为 0；γ_i^u 是针对 $t-u$ 期对手行动 a^j 观察值所赋的权重。虚拟博弈信念（fictitious play beliefs），以下简称虚拟信念，即上述 $\gamma=1$ 的特例；古诺信念定义为参与者将对手上期行动赋概率 1 作为本期对手的行动信念，即（3）式中 $\gamma=0$ 的特例。

由于只有两种行动，即可将诸行动信念赋值都用红色的行动的主观概率赋值来表示。令 BS_t 和 $b_t(\gamma)$ 分别为参与者 i 在 t 期陈述的信念（stated beliefs）和 γ－加权经验信念（其中 $t \in \{1, \cdots, T\}$）。

在均方差意义上使加权经验信念与陈述信念距离最短的 γ 值记为 γ^*，即 $\min_\gamma \sum_{t=1}^{T} |BS_t - b_t(\gamma)|^2$ 的解，被试的 γ^* - 加权经验信念相应为 $b_t(\gamma^*)$。[①]

3 实验结果

3.1 基线实验 1

通过回答最初推动本项研究的一系列问题，我们将构建对实验结果的讨论。首先报告基线实验（baseline experiment）1 的结果；之后，讨论扩展的实验 2 和实验 3。

3.1.1 问题 1：经验信念对于陈述信念来说是一个好的替代物表征？

为考察陈述信念，γ - 加权经验信念和虚拟信念之间的关系，做出图 1 和图 2。图 1 展现基线实验 1 中被试的对手选红策略时，陈述信念、γ - 加权经验信念和虚拟信念之差的绝对值（以下简称绝对差）分布直方图。在每个实验的第一、第二和第三个 20 轮中逐个计算被试的差异——即，把数据分为每期 20 轮的三个期间，每一期的信念绝对差列出一张柱形图，该图的数据是对每一轮陈述信念（关于对手选红策略的主观概率赋值记录）和虚拟信念差异绝对值、与我们计算出的 γ - 经验信念的差异绝对值，进行 20 轮的加总平均。

---

① 构造经验信念 γ^* 相当于定义一个信念的时间序列，该信念的时间序列采用被试将选择红色策略的狄利克雷先验概率（Dirichlet priors for the probability）进行贝叶斯估计。在此构造中，先验信念的权重赋值为 0，而为实验中每个被试（选红色的行动）预置的初始权重为 0.5(initialized at 0.5 for each subject)。显然，若被试行动用了不同的（小于 1 的正值）初始权重，被试可能会获得对 γ^* 的不同估计。其实，我们可以对每个被试的初始权重和先验信念分别进行（事后）的真实估计，而不是假定地对其赋予同样的初始值。尽管还可以进一步研究如何从被试行动的数据中估计狄利克雷先验概率（先验信念和初始权重），但这并不影响这里（模型和实验分析）结果的足够有效性。

最后，为了在个体水平上理解陈述信念与递推计算的虚拟信念这两个时间序列的差别，图2代表性地给出了实验1中某参与者（第3号被试）的信念时间序列。虽然这种时间序列在个体间肯定有差别，有一些并不那么极端（当然3号被试的陈述信念跳跃很大——译者注），但这张图仍然代表了陈述信念和虚拟信念之间的关系。

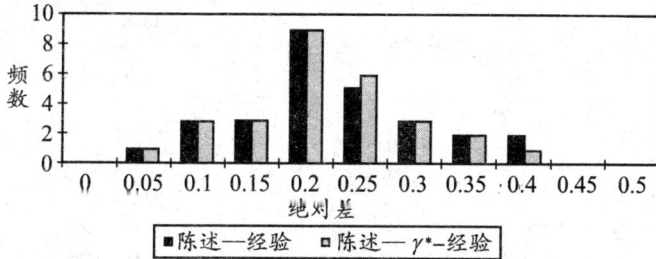

平均绝对差（选红的概率），实验1，1—20轮

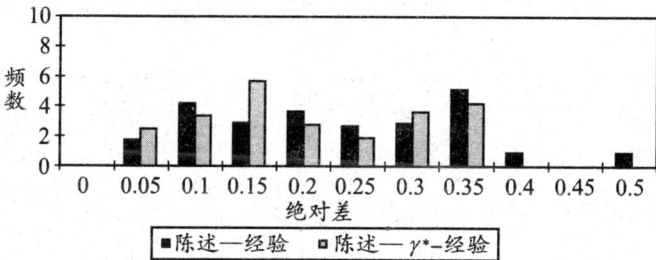

平均绝对差（选红的概率），实验1，21—40轮

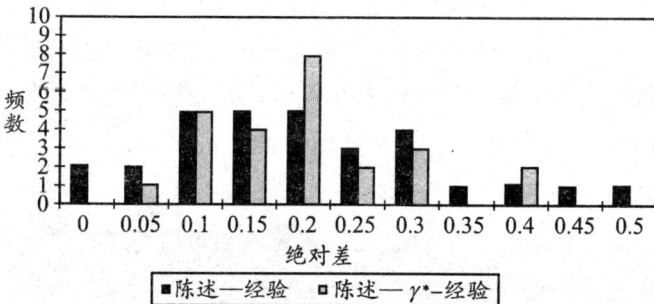

平均绝对差（选红的概率），实验1，41—60轮

图1　平均绝对差（选红的概率），实验1

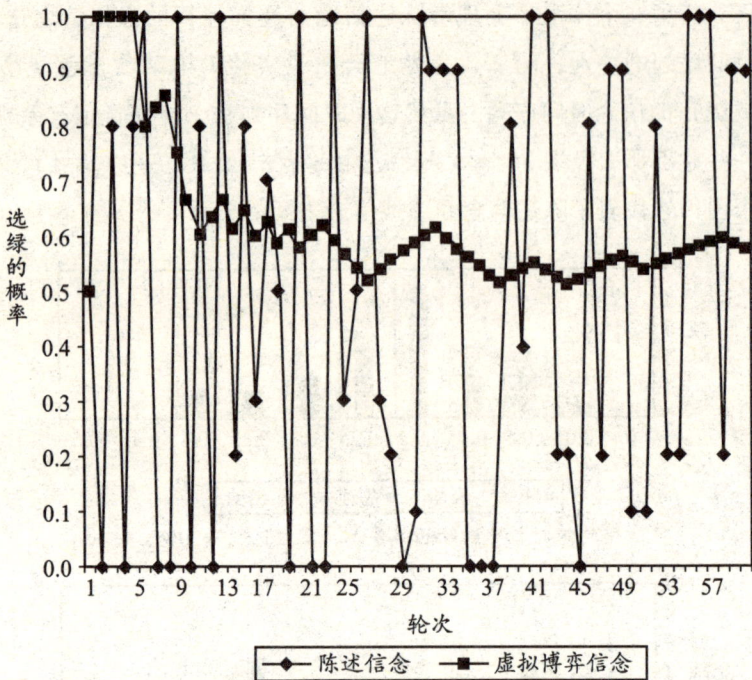

图 2   陈述信念和虚拟博弈信念，第 3 号参与者，实验 1

首先看图 2——我们看到虽然虚拟信念很快就变得稳定了，但是陈述信念在实验的整体水平上却变化剧烈。这就不仅仅是一个典型的特例了（第 3 号单个被试的数据——译者注）。

关于图 1，若大多数陈述信念和虚拟信念接近一致，则应看到差异绝对值的直方图将会以较小的偏差收缩在 0 附近，且众数也应趋于 0；若陈述信念和虚拟信念趋异，则大部分记录将会导致直方图散布得很开——表示大量不同程度或正或负的差异。

对于陈述信念和虚拟信念之间差异的绝对值为零的假设，我们并未发现支持证据。为看清这些直方图的特征（直方图本身是以单人 20 轮绝对差平均数据为基础，表示 28 个人在不同绝对差水平上的人数分布频数——译者注），我们计算了绝对差异的均值（图中水平重心——译者注）和中位数（与最大最小等差——译者注），以及基线实验分布中的四分位区间（the interquartile range）[1]。总的来说：第一，选红策略的陈述信念和虚拟信念间绝对差的均值，从41—60轮的较低值0.242到21—40轮的高值0.254不等；第二，差值中位数则从41—60轮的低值0.237到21—40轮的高值0.254不等；第三，分布的四分位区间之下限从21—40轮的0.1554到1—20轮的0.2141（若分布几乎全聚在均值处，则第1/4的位置也在均值左侧一点点，故1—20轮的1/4点的位置更近均值——译者注）。四分位区间下界（1/4点的位置——译者注）明显大于0的事实意味着陈述信念异于虚拟信念。[2]

为了证明这些差异并不会随着时间推移而发生变化或减小，对3个20轮数据做了一组Kolmogorov-Smirnov检验，以测试这些绝对差的分布是否随时间发生变化，即这些绝对差分布在第一个20轮和最后一个20轮中是否是相同。结果发现无法拒绝"相同"假设。换言之，第一个20轮中的绝对差分布与最后一个20轮中的分布无显著差异。[3]

表2A提供了实验1中每个个体的γ^*–经验信念的数据。

注意到这些γ^*值（加权经验信念权重的最佳估计——译者注）大多聚集在1附近，偏差相对不大。由此引发如下有意思的讨论：加权经验信念的待定权重γ就是以距陈述信念最短值来定的，估计结果记为γ^*，再代回信念形成模型式（3）就是经计量估计的加权经验信念形成模型。前面已经提到过，式（3）中γ为1时即为虚拟信念，所以表面上看虚拟信念较好地近似了估计加权信念时所用的陈

---

① 按四分位差分布，这里取28人中第1/4处绝对差与第3/4处绝对差的间隔区间。

② 可以看到这些数据的确很大，注意如果我们假设陈述信念和虚拟博弈信念是在独立同分布的［0，1］上抽取的，我们将获得近似的数据。特别的，如果x和y是在独立同分布的［0，1］上的两个独立的随机变量，它们差额的绝对值的期望$E[|x-y|]$为0.33，而其分布的四分位差的下限为0.13。

③ 在下面的结果中，D是Kolmogorov-Smirnov测验所定义的计算检验统计量（calculated test statistic）。在5%水平下D的关键值（critical value）为8。陈述信念vs经验信念：实验1，1—20轮vs40—60轮，D＝7；陈述信念vsγ^*–经验信念：实验1，1—20轮vs40—60轮，D＝7。

表 2A　计算 γ^*，实验 1

决策者	γ^*	min SSQ	决策者	γ^*	min SSQ
1	0.751	3.676	15	1.946	5.125
2	1.034	1.925	16	1.152	6.553
3	0.873	11.066	17	0.556	11.450
4	0.972	4.447	18	1.012	4.201
5	0.948	9.992	19	1.012	0.653
6	1.926	8.376	20	1.029	2.342
7	1.238	4.071	21	1.367	0.884
8	1.066	3.919	22	1.400	6.434
9	0.994	3.286	23	1.114	1.295
10	2.754	4.181	24	0.933	3.656
11	1.124	11.738	25	0.981	4.319
12	1.430	4.485	26	0.854	3.987
13	1.009	1.976	27	1.402	10.978
14	1.085	1.856	28	1.085	8.793

述信念。但这并不是说拟合得很好，很显然，表 2A 和表 2B 中的平方和相当大。实际上经验信念权重估计值 γ^* 是寻求 γ 以使得经验信念和陈述信念之间的差距最小的解，有些情况下该解可能接近 1。图 2 中，判断绿色概率的陈述信念大致为两个端点的往复振波序列，拟合该序列的就是贯穿波幅中部的一条相对平稳的经验信念序列。这样仅有一个参数，虽然可能是我们所能得到的最好状态（满足距离平方和最小——译者注），但仍不够理想。

图 1 中标示为 γ^*-经验信念柱形高度表示我们已估计的加权经验信念拟合值，因 γ^* 值比较接近 1 故可认为是虚拟信念的计量估计。虽然 γ^*-经验信念和陈述信念之间的关系较虚拟信念和陈述信念之间的关系更为密切，但之前定性表述的所有结论在此依然成立。例如，图 1 中 γ^*-经验信念与陈述信念绝对差直方图显示了与前面虚拟信念考察的相同特征，而且用 Kolmogorov-Smirnov 检验该绝对差是否会随时间趋于下降，检验结果也显示实验中任何两个 20 轮的绝对差分布对比无显著差异。

表 2B 估计 $\hat{\gamma}$，实验 1 与 2

决策者	$\hat{\gamma}$（实验 1）	$\hat{\gamma}$（实验 2）	决策者	$\hat{\gamma}$（实验 1）	$\hat{\gamma}$（实验 2）
1	0.847	-0.662	15	-0.282	-0.447
2	-1.063	0.536	16	-0.140	0.435
3	-0.479	0.064	17	-0.274	16.3
4	-0.171	0.649	18	0.998	-1.11
5	-0.902	0.067	19	0.400	0.927
6	0.358	0.891	20	-0.365	-0.221
7	0.959	0.320	21	1.468	-0.465
8	-0.546	0.816	22	0.232	0.605
9	0.404	0.808	23	0.679	0.967
10	-0.519	0.998	24	0.040	-0.275
11	-0.803	0.830	25	0.392	-0.451
12	-0.846	0.036	26	0.445	-0.582
13	0.019	0.570	27	-0.530	
14	0.068	-0.889	28	-0.686	

简而言之，按照这些描述性统计所示，三个 20 轮实验中陈述信念和虚拟信念显示了非常大的差异，而且也没有迹象显示经 60 轮之后这些差异会缩小。

即使虚拟信念对于真实或陈述信念来说并不是一个好的替代表征，但是，这并不意味着虚拟信念不是一个有用的模型，因为操作上重要的是这两套信念在每个（或大多数）时点上均指示要采取相同的最优反应行动。在实验的 2×2 博弈中这是很有可能的，因为，正如我们前面所论，存在一个较宽的信念区间，依该区间信念会导致相同的最优反应，因此可能存在一个较大的范围其中虚拟信念不同于陈述信念，但不同信念却导致了相同行动。例如所有三个 20 轮实验中，就"行"参与方（即 2×2 阵中的行——译者注）而言，所有认为其对手将以大于 0.4 的概率选绿策略的信念，都将引导他们将选绿作为最优反应。对于"列"情况则正好相反，所有认为其对手将以大于 0.4 的概率选绿的信念，都将导致"列"依概率 1 选红。因此，如果陈述和虚拟博弈这两者所作的大量的信念调整都落在适当的范围以内的话（60%的范围显然很大，但要 $r \geqslant 0.4$ ——译者注），那么无论这两种信念多么不同，关于可描述的行动，它们在观测上也相等的。（设行参与方关于对手采取 G 策略的估计概率为 r，自己分别取 G、R 策略的收益支付为 $\pi G = 3r + 3$ 和 $\pi R = 5 - 2r$。若 $\pi G \geqslant \pi R$ 则最佳反应选 G，由此，$\pi G \geqslant \pi R$，可得 $r \geqslant 0.4$ ——译者注）

取针对虚拟信念的最佳反应时间序列，与针对陈述信念的最佳反应序列对比，我们容易在个体水平上检验这种推测（this conjecture，尽管两种信念在一定范围内差异很大，但分别针对两种信念所作出的行动在观测上也可能是一样的——译者注）。为此我们构造了一个"计数指标"（counting index），其定义如下：每个实验的每一轮有 N 个被试；每个被试在每轮决策时都有一个陈述信念和一个虚拟信念。此外，如果他们寻求收益最大化，他们将对指导自己作出纯策略方案的信念做出最优反应，除非他们持有均衡信念（equilibrium beliefs）。N 个被试中，虚拟博弈信念下最优反应与陈述信念下的最优反应相同的决策个数作为计数指标。因此，若在策略上虚拟信念和陈述信念是一致的话，则两者在每轮都将导致相同的行动，我们也将观察到所有这 N 个被试都选择相同的行动；若两个信念总是导向不同的最优反应，则计数指数应为 0。特别地，该计数指数就是这两种信念时间序列之最优反应间接近程度的量度。

图 3 给出了计数指数散点图，即实验 1 中 60 轮的两不同信念下最优反应间的一致度（the fraction of agreements）。

观察"stated-fictitious play"——描述虚拟博弈和陈述两个信念的最优反应之差的曲线，可以看出所有的信念时间序列之最优反应都有些相似。平均地说，在实验 1 的任一轮中，大约 65% 的陈述信念和虚拟信念给出了相同的行为，也就是说有 35% 的行为差异。图 3 显示，随着时间推移这些差异也并未消失，所以在这一时段上也没有出现太多的学习行为。

最后，如图 3 所示，运用 γ^* - 经验信念并没有改变根据陈述信

念和 γ^* – 经验信念做出的最优反应之间的相似性（correspondence）。

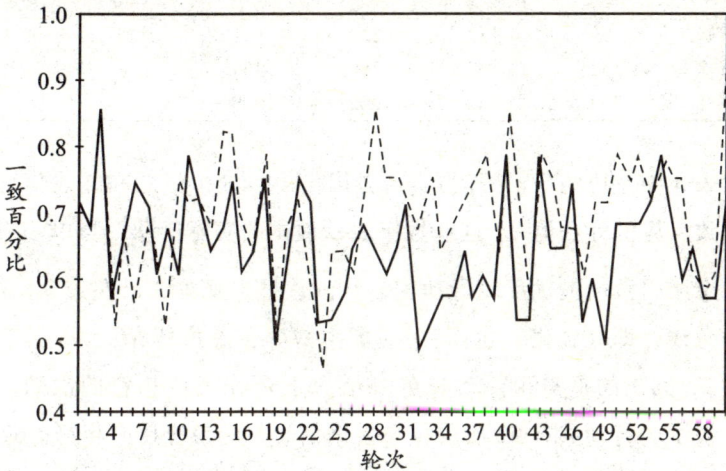

图 3　实验 1，最优反应的一致性：陈述与虚拟博弈

信念及陈述与 γ^* – 经验信念

应该指出的是，上面讨论的一致性仅仅是理论推导的两种信念的最佳反应的相似性，这种理论推导的相似性在被试的实际行为中有可能存在，也可能不存在。迄今为止还没有提到有关实际行为的事，这促使我们关注第二个问题。

3.1.2　问题 2：如果被试可以做出最优反应，那么他们做出最优反应的对象是什么？

为研究被试的最佳反应行为，作如下考虑：根据对手曾采取过的行动按经验信念表达式（3）可以推出理论上的虚拟信念和古诺信念，给定式（1）（2）可以诱导出陈述信念。但是对任一个体在任一时刻，他们究竟是针对上述三种信念的哪一个进行最优反应的呢？为此，我们可以取被试策略选择与不同信念所引致的最优反应相符的次数。当被试所选策略与两个甚或三个（或者零个）信念相符时，则分别计算次数。

对实验 1 进行统计的计数结果列为表 3：

115

表3 策略选择与最优反应指示的一致性，实验1

	古诺	虚拟博弈	陈述	合计	None	总数
古诺	92	132	238	462	117	472
虚拟博弈	132	67	260	459		
陈述	238	260	302	800		

表 3 中左边的 3×3 阵为：与古诺信念、虚拟信念和陈述信念具有一致反应的计数值[①]。这些数字表示被试的实际行动，与单一或多种信念所引致的最优反应行动相一致的次数。例如，沿左边 3×3 阵的对角线，即（古诺，古诺）、（虚拟博弈，虚拟博弈）及（陈述，陈述），列出的是实际行动与单一信念下最佳反应相符的次数。因此，被试的行动共有 92 次仅仅与古诺信念下的最优反应相符；67 次仅仅与虚拟信念下的最优反应相符。对角线之外的元素，则表示被试的行动同时与两种信念下最优反应相一致的次数，如（古诺，陈述）表示被试实际采取的行动与古诺信念下的，与陈述信念下的最优反应都一样。被试的纯策略行动与三种信念下的最优反应都一致（或分别与每个信念下的都不同）也是可能的。例如，当三种信念都指示绿（或红）策略最佳时，被试的确选了绿（或红）。

注意到当实验被试做出最优反应时，他们更可能对他们的陈述

---

① 接下来，我们估算一组在几何上递减的用以定义历史信念的权重，其中，估计参数 $\hat{\gamma}$ 定义了被试处理先前数据的权重。在虚拟博弈信念中，这些权重都等于 1。如果我们打算利用 $\hat{\gamma}$ - 信念来复制表 3，我们将会得到相同的定性结果——人们倾向于对陈述信念作出最优反应。

行动与最优反应的关联实验 $1(\hat{\gamma} - 信念)$

	古诺	$\hat{\gamma}$ - 信念	陈述信念	合计	None	总数
古诺	34	190	40	264	168	670
$\hat{\gamma}$ - 信念	190	16	79	285	NA	NA
陈述信念	40	79	483	602	NA	NA

如你所见，当涉及最优反应行为时，陈述信念仍是最显著的信念。然而，注意到由于古诺信念与 $\hat{\gamma}$ - 信念两者通常都能预测相同的最优反应，所以 $\hat{\gamma}$ - 信念可以替代古诺信念。这是因为对于许多被试而言，$\hat{\gamma}$ 取了接近 0 的值，而其恰好定义了古诺信念。

信念做出最优反应，要么单单依据陈述信念要么联合另一个信念。例如，被试依陈述信念作出了 800 次最优反应（单独的 302 次加上分别与另两个联合的 238 次和 260 次），而符合虚拟博弈和古诺信念的仅分别为 459 次和 462 次。在实验 1 中这一点相当明显，只有陈述信念最优反应能够吻合（其他信念的最优反应都不能预报）的被试行动为 302 次，而相应虚拟信念和古诺信念的则仅分别为 67 次和 92 次。实验 1 中数据的总数为 1680 个（28 个被试×60 轮）。如果 800 加上 472 个可以用三种信念学习模型加以解释的数据，则共有 1272 次或 75% 的数据可用陈述信念模型予以解释①，而以虚拟博弈模型和古诺模型解释的比率均为大约 55%。

归纳起来，被试都明显更多地对陈述信念做出最佳反应而不是古诺或虚拟信念。在某种程度上，该结果倾向于认可我们的信念诱导技术，因为看起来在填报准了马上就能获益实验中，我们让被试填报的对手策略的信念就是他们的行动依据。如果在以后的实验中采用这种计分规则，我们认为上述发现是非常重要的。

3.1.3 陈述信念预测对手行动的准确程度如何？

最后人们会问，就预测对手行动而言，是否陈述信念要比虚拟信念更好呢？更准确地说，由于我们的诱导方法是根据被试预测的准确性进行酬赏，所以我们会问：在每个时点上是否被试报告陈述信念要比拿虚拟信念来预报能获得更多的收入呢？有趣的是，在诱导被试信念的实验 1 与实验 3 中，答案都是否定的。尽管统计上是显著的，但差异并不大②。平均起来，虚拟信念在预测对手行动上似乎比陈述信念做得更好。（预测好，在此表示为支付高。决策行动依 2×2 矩阵得到的支付为第 1 部分，但"陈述信念"数据换主试为被试递推计算的"虚拟

①　我们再次指出，如果策略选择是随机的，他们在一半的时间里将与对陈述信念的最优反应相一致。

②　双样本 Wilcoxon rank-sum 检验发现实验 1（$z = -3.93$，p 值 $= 0.0001$）和实验 3（$z = -2.25$，p 值 $= 0.024$）中支付样本在 5% 水平上有显著区别。

信念"值，代入计算信念预报任务的支付为第 2 部分。两支付之和为总的收益——译者注）例如，在实验 1 以及实验 3 中，被试依陈述信念获得的平均支付分别为 4. 26 美元和 4. 16 美元，而如果他们改为报告虚拟信念的话，则收入分别为 4. 43 美元和 4. 47 美元。此外，在被试支付的配对比较中，实验 1 和实验 3 里的 28 名被试分别仅有 11 名和 8 名使用陈述信念比他们假设换成虚拟信念来报告时，得到较高的报酬。

应强调的是，我们指出被试以陈述信念作为他们的行为基础（要么选择一个最优反应纯策略，要么选择一个在下面将讨论的逻辑模型中正确的"平滑"策略），而事实上依虚拟信念预测对手行动平均说来更为准确，这两者并不矛盾。因为模型拟合度（goodness-of-fit）的高低，正是用模型是否能较好地预测被试自身的行动而不是预测其对手的行动来衡量的。

可能的困惑在于，如果存在其他更准确的信念，那么被试为何仍坚持使用他们的陈述信念？对这一问题存在许多可能的解释。解释之一是被试可能没有发现虚拟信念的显著优势（salient）。被试可用的预测规则有很多，虚拟博弈只是其中之一。可能被试并不单单关注这些信念，即便被试知道有（cognizant）虚拟博弈的预测规则，但他们仍相信自己能做得更好——他们可以遵循预感（hunches），这一预感使他们的信念在全范围调整，也使他们觉得这比简单的虚拟博弈更好。

另一种可能是行动者用某种我们未知的理论来选择行动，然后公布要如此行动的理由作为"陈述信念"。因此，行动引导和决定信念，这与经济学中被模型化的各种其他信念预期决定反应的途径正相反[①]。这种信念可能是自身行为的良好模型，但却不能较好地预测对手的行为。当然，如果被试所用的理论是与最佳反应行为相结合的虚拟博弈预测的话，那么我们就有数据对该理论假设提出怀疑。

① 我们感谢推荐人和审稿人的意见。

因为如果被试确实关注虚拟博弈而以陈述信念作为自己行动的理由，则应发现他们选择的行动是对陈述信念和虚拟信念的最优反应，但表3显示情况并非如此。大量的情形是，行动乃是对陈述信念而非虚拟信念的最优反应。

对此困惑的另一解释涉及我们用来评估预测的记分规则。我们可以给某种预测规则打分——按照被试将其用于应对重复博弈中所预测的对手行动的绩效进行打分，当然被试采取的应对行动符合预测的最佳反应。亦即，对给定的预测规则，依此规则判断对手的行动并给出最佳应对的话，被试获得的各阶段平均支付作为该规则的得分。用这种记分规则，我们再次发现陈述信念优于虚拟信念。在实验1和实验3中，若用陈述信念决策获得的平均支付（依支付矩阵记每人每轮的支付）分别为4.19美元和4.11美元；若依虚拟信念决策的话，他们将获得4.15美元和4.06美元。此外，与被试进行配对比较，在实验1和实验3中，28个被试里分别有15个和17个人在使用陈述信念后比使用虚拟信念获得了更高的支付。

最后我们强调，的确陈述和虚拟博弈两种信念过程大致都比较合适，不过还是我们所记录的两者差异更重要，对此实际上还有很多工作要做——用统计学的概念评价拟合度。回忆一下，我们用来判断预测精度的规则正是由式（1）、式（2）计算的预报支付。注意到这是关于预报的二次式，且斜率增大，故扣罚额亦如此增大。不过，前面我们已经说明陈述信念波动起伏大，而虚拟信念则平缓，所以如果把式（1）、式（2）中的二次项去掉变成线性记分规则，便可发现陈述信念现在确实要比虚拟信念预测得更好[1]。

----

[1] 根据线性记分规则（the linear scoring rule），我们发现，在实验1中和实验3中，被试从他们的陈述信念中获得的平均支付分别为3.27美元和3.24美元，然而，如果他们给出的是虚拟博弈信念，他们的支付将分别是3.08美元和3.15美元。而且，使用线性记分规则对被试的支付进行配对比较，在实验1和实验3中，28个被试中分别有18个和13个人使用陈述信念比使用虚拟博弈信念获得更高的支付；而这些数字在二次记分规则（the quadratic scoring rule）的情况下分别是11和8。

3.1.4　问题3：若被试行为可用逻辑信念学习模型最佳表征，逻辑模型中用哪种信念能最好地拟合数据？

这里问题3区别于问题2，因为问题2所关注的仅仅是被试的行动（依哪种信念作最优反应）和关于对手的预测（准不准），而这里所要关注的是：若运用适当的离散选择行为模型，则哪一种信念能对被试的选择做出最佳解释？该模型中，最佳反应是关于信念的连续函数，且该最佳反应函数表示被试选择某一给定的纯策略的概率，而不是像虚拟博弈那样指定确定性的纯策略，用概率的连续变化表示选择的调整而不是用间断点表示纯策略的突然变化。实际考虑的模型为，t 期被试 i 选红策略的概率（2×2 阵仅有红绿两种可选）是两策略间支付差异期望的函数。要计算这个期望支付，我们必须启用一些信念集，实验中我们有若干各不相同的信念可供比较、选用。

设置了要使用的信念后，我们必须为描述个体决策的行为规则选取某种具体形式。在下面的分析中我们将采用如下常用的逻辑函数形式：

在 $t = \dfrac{e^{\beta_0 + \beta_1(E(\pi_t^d))}}{1 + e^{\beta_0 + \beta_1(E(\pi_t^d))}}$ 时期选红的概率；

在 $t = 1 - \dfrac{e^{\beta_0 + \beta_1(E(\pi_t^d))}}{1 + e^{\beta_0 + \beta_1(E(\pi_t^d))}}$ 时期选绿的概率。

其中 $E(\pi_t^d)$ 是在 t 期给定被试当时持有的信念下红策略替换绿策略导致的支付差异期望（其含义即决策由绿变红的边际支付期望值——译者注），β_0 和 β_1 为待估参数。当虚拟信念用于计算式中的支付差异期望 $E(\pi_t^d)$ 时，即可获得弗登伯格和莱温妮（Fudenberg，Levine，1998）所称的"平滑虚拟博弈"。

用实验1得出的观测数据，我们对被试的决策行为估计了不同信念的五个逻辑模型。既在个体水平上也在汇集数据的加总水平上对这些模型进行了估计，模型分别带入的不同信念即我们试设（posit）的被试不同的信念形成过程。模型1用被试的陈述信念来计算期望支付；模型 2 用虚拟信念；模型 3 则采用我们称之为加权估值经验信念 $\hat{\gamma}$ - 经验信念，模型中的权重 γ 本身与参数 β_0 和 β_1 同时用极大似然法估计出来；模型 4 用古诺信念；最后模型 5 采用我们前面的 γ^* - 经验信念（见本文第 2.3 节的定义）。

模型 1 到模型 5 均对逐个被试的 60 轮决策点进行了估计。然后，对实验 1 的所有 28 个被试 60 轮的总体样本，这 5 个模型分别进行了回归估计，模型中的设定与单个个体时间序列模型中的设定一样，因支付矩阵不对称故用哑元表示个体的角色。表 4 为总体样本的模型估计结果：观测的样本点数，β_0 和 β_1 系数估计值（模型 3 为 β_0、β_1 和 γ 的极大似然估计），参数估计的标准差和每个模型的显著性水平。此外，也给出了每个模型的极大似然估计的效果。

表 4 说明了如下几点：第一，所有 β_1 的回归系数均为正，且显著性水平至少为 5%。显然，由模型的含义推断符号应为正——个体预计能带来更多支付的策略应被更频繁地采用。第二，所有模型的常数项也都是正值，且除了陈述信念模型四个估计值都是显著的。第三，参数 γ 的估计值 0.6098（即 $\hat{\gamma}$）在 5% 水平上是统计显著的。

表 4　回归结果，实验 1

模型	β_0	β_1	标准差 (Prob)：β_0	标准差 (Prob)：β_1	$\hat{\gamma}$	标准差 (Prob)	Obs	对数似然比均值
模型 1	0.0753	0.5672	0.0610	0.0388	NA	NA	1680	-0.6154
			(0.1084)	(0.0000)				
模型 2	0.1049	0.3000	0.0522	0.0605	NA	NA	1680	-0.6841
			(0.0222)	(0.0000)				
模型 3	0.0892	0.2017	0.0498	0.0516	0.6098	0.1547	1680	-0.6831
			(0.0367)	(0.0000)		(0.0000)		
模型 4	0.0943	0.0912	0.0520	0.0199	NA	NA	1680	-0.6854
			(0.0348)	(0.0000)				
模型 5	0.0967	0.2686	0.0492	0.0544	NA	NA	1680	-0.6844
			(0.0326)	(0.0000)				

最后，在较微观的水平上（对 28 个被试中每个人），比较模型 3 中的 γ 回归估计值 $\hat{\gamma}$ 与前面计算的经验信念估计值 γ^* 有多大的差别，这是比较有意思的。γ 估计的对比情况列为表 2B。

通过表 2B 可以注意到，模型 3 估计的信念权重 $\hat{\gamma}$ 与前面拟合陈述信念的经验信念权重估计值 γ^* 的两者差异大得离奇（dramatic）。例如，依拟合陈述信念的经验信念权重估计值 γ^*，对每个被试，都要比模型 3 中估计的信念权重大得多。Wilcoxon 双尾检验表明这些分布在 1% 水平上有显著差异[1]。且经验信念权重估计值 γ^* 以 1 为中心，而从模型 3 中估计得到的 $\hat{\gamma}$ 则趋于以 0 为中心，在 28 个被试的 γ 估计中有 9 个是负值。[2]

我们认为这一对比很重要，因为它确切地证明了，当我们试图用可观测数据作为不可观测数据的替代（proxies）进行极大似然估计时（大多数经济学的数据处理都是这样），这种参数估计的偏离会有多大。更确切地说，经济学家标准的经验分析过程十分类似模型 3 的做法，其中对 γ 的估计是用离散的 0—1 数据作为不可观测变量的经验替代。因为我们的实验能观察到陈述信念，所以可通过对陈述信念序列的最佳拟合来直接地计算 γ（即我们的 γ^* - 经验信念）。所以，本文提供了一种可控实验，该实验能够让我们测定，经济学家和政策制定者对不可观测变量勉强用经验表征予以替代时，其偏误会有多大。我们的实验工作表明这种差异就是如此显著（两种估计的参数分别落在 0 和 1 这样两个差异极大的点的附近），因此，当我们迅速接受那些类似极大似然法得到的参数估计时，应将这里的结果作为一个警示，提醒自己要更加小心。

3.1.5 Logistic Models 中的模型选择

现在我们根据拟合度，对上一小节给出的 5 个模型进行选择。评

---

[1]　$T = 0$，$z = -4.622$，$p(z) < 0.00005$，此处 T 是 Wilcoxon 检验的统计量。z 是对 T 作标准正态分布转换。

[2]　这些结果与张和弗里德曼（Cheung，Friedman，1997）对 γ 的估计非常相似。

选将按照两种方式进行：第一种方式，是以被试偏差平方的截面均值（MCSMSD-Mean Cross-Subject Mean Squared Deviation）作为拟合度，即对模型逐个计算每轮截面样本点的被试偏差平方的平均值，从而比较出哪个模型对被试决策数据拟合得最好。处理结果如图4所示。

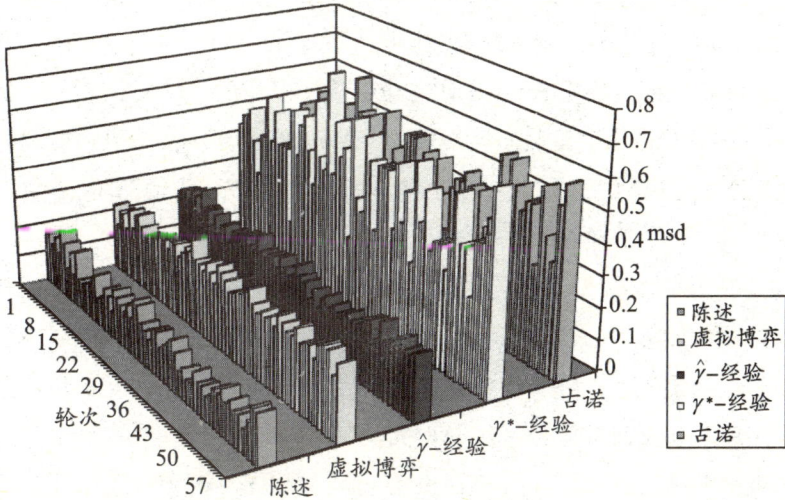

图4　被试偏差平方的截面均值，实验1

比较这五个模型拟合度的第二种方式是，就加总的回归进行一系列模型选择测试（performing a set of model selection tests on our aggregate regressions），第二种方式稍后再讨论。

为更详尽地解释第一种方式，作如下考虑：对每个个体和每个逻辑模型（即陈述、虚拟博弈、$\hat{\gamma}$ - 经验、古诺、γ^* - 经验），都有一组 β_0 和 β_1 的参数估计[①]。因此在任一轮，若要度量某种信念下的模型拟合准确程度的话，就取对应信念逻辑方程（第3.1.4小节）在该轮的值，即得到该轮红（或绿）策略预测的概率。该预测概率向量 $\{p_{Red}, p_{Green}\}$ 可与该轮被试实际选择的行动向量 $\{0, 1\}$ 比较，取两点坐标

---

① 模型3的 $\hat{\gamma}$ 是联合 β_0 和 β_1 一道估计的。

差的二次项作为预测该轮被试偏差的度量 **SD**score（a squared deviation score for that subject in that round）。对第 t 轮取 K 个被试的 **SD**score 的平均值，称之为被试偏差平方的截面均值（MCSMSD）：

$$MCSMSD_t = \frac{1}{K} \sum_{i=1}^{K} (p_t^i - a_t^i)^2$$

其中 p_t^i 是被试 i 在 t 轮选红的预测概率，a_t^i 是被试 i 的实际选择（选红、绿取值分别为 1 和 0）。对这五个估计模型的每一个，都可以把 60 轮的每轮被试决策截面样本的 MCSMSD 值计算出来。图 4 展现了实验 1 的拟合度量结果，显然陈述信念模型比其他所有模型都要出色。

现在按第二种拟合度量方式比较先前的五个模型，第二种拟合度是针对加总回归计算一系列极大似然比的测试值，对诸模型两两比较，找出是否有哪个模型比其他四个拟合得都要好。由于我们的模型就参变量而言并不是嵌套形式的（nested），所以无法引用经典的极大似然比进行测试，不过我们可以运用 Vuong（1989）针对非嵌套模型的测试方法。Vuong（1989）已证明，对任意像 f 和 g 这样的两个模型，采用最大化的对数似然值 $\log\pounds_f$ 和 $\log\pounds_g$ 及 n 个观测值，则检验的统计量为：

$$T = \frac{\frac{1}{\sqrt{n}} \left[\sum \log\pounds_f - \sum \log\pounds_g - k(f,g) \right]}{\sqrt{\frac{1}{n} \left[\sum (\log\pounds_f - \log\pounds_g)^2 \right]}}$$

在模型 f 和模型 g 相同的虚假设下，T 趋于渐近正态分布 $N(0,1)$。上述 T 表达式中：$k(f,g) = \left[(p/2)\log n - (q/2)\log n \right]$（其中，$p$ 和 q 分别是模型 f 和 g 中参数的个数）是针对具有不同参数个数模型的修正因子（correction factor）[①]。表 5 列出这些检验的结果如下：

---

① 由于我们要对这些检验进行二元比较，故我们对累计回归进行检验，同时由于总体中有 76 个对象，故进行个体回归是不可行的。

表 5　模型选择检验，实验 1

	模型 1	模型 2	模型 3	模型 4	模型 5
模型 1		7.258	7.253	7.056	7.560
模型 2			0.422	0.269	0.185
模型 3				-0.107	-0.282
模型 4					-0.178

　　表中三角阵里的各项表示检验的统计值［服从渐近正态分布，见王（Vuong，1989）］，用于检验两两模型之间拟合度无差异的虚假设。例如 M1—M2 位置所放的是，陈述信念模型（M1）和虚拟博弈模型（M2）两者拟合度无差异之虚假设的组对检验（pairwise test）值。检验的统计值若在 ±1.96 之内，意味着在 5% 的显著性水平上不能拒绝该假设，若大于 1.96 意味着模型 M1 的数据拟合度比 M2 要好；比 -1.96 小则表示相反的情况——即模型 M2 拟合度优于 M1。

　　表 5 确认了在总体水平上，陈述信念模型，即模型 1 至少在 5%显著性水平上要比其他模型表现出色。此外，任何其他模型统计上的显著程度彼此不分轩轾。这一结果再次证明了我们的结论，即如果信念学习是对被试行为的实验研究提供了一个良好指导的话，那么就应该更加小心，运用信念模型时让被试显示其真实信念，用其他观测值替代（empirical proxies）将误入歧途。

3.1.6　实验的稳健性：实验 2 与实验 3

　　人们可能认为，之所以成功地揭示了陈述信念的重要性，是因为信念诱导技术使被试特别在意自己陈述的信念，这导致他们依陈述信念行动以作为最佳反应行为。因此，很自然地，我们就不用诱导信念来重复该实验，看看被试是否能更成功地聚焦在他们的经验信念上。类似地，人们可能争论说，被试陈述信念在各轮之间差异如此巨大的原因在于他们各轮的对手总是不变，因此总是试图猜透对方的行动。依此考虑，那么每轮被试随机匹配，他们的信念是否就更稳定，更接近经验或虚拟信念呢？事实上，人们甚至可能认为虚拟信念在此处更说得通，因为在实验中任一时点取被试所经历的平均值，就相当于取作为被试对手的群体行为的样本值，进而虚拟信念有可能是一个意义重大的统计量——因为并非要对其作出最优反应。

上述考虑引导我们进行实验 2 和实验 3，在这两个实验中我们提出两个更进一步的问题：

问题 4　当信念未被诱导时，被试行为是否与有诱导时相异？标准虚拟博弈和经验信念模型是否能更好地拟合数据？

问题 5　当被试随机配对时，他们的信念波动是否变小？他们是否用更为平稳的虚拟信念作为最优反应的基础？

让我们依次回答这些问题。

3.1.7　问题 4：当信念未被诱导时，被试行为是否与有诱导时相异？标准虚拟博弈和经验信念模型能否更好地拟合数据？

我们打算从几个方面来回答问题 4。首先，通过对有诱导和无诱导这两个实验数据所计算的 $\hat{\gamma}$ 的估计分布，来考察被试形成信念所用的历史信息是否不一样。这些 $\hat{\gamma}$ 使我们能够看到被试在形成信念时如何对历史信息进行加权。如果这两个实验估计的 $\hat{\gamma}$ 有巨大变化，我们就可以怀疑，倘若对被试信念不进行诱导，被试对历史信息的看法将有所不同。

然而值得注意的是，$\hat{\gamma}$ 信念可不是那种能够直接用可测数据加权出来的信念，这一点与陈述信念、古诺和虚拟博弈等其他信念不同。$\hat{\gamma}$ 信念是对描述个体决策行为规则的信念分布逻辑函数，采用极大似然法同时和 β_0、β_1 一道估计出的参数。所以，构造出的这种信念并不是自然发生的，它只是估计程序过程的一部分，依该估计程序同时估计被试的随机最优反应行为。因此 $\hat{\gamma}$ 值的取舍是与 β_0、β_1 值的取舍一道纳入权衡，以使最优反应行为能够最佳拟合观测的被试行动数据。

表 2B 列出了实验的 $\hat{\gamma}$ 估计值。实验 1 和实验 2 的 $\hat{\gamma}$ 值的差异并不是太离奇。实验 1、实验 2 的平均 $\hat{\gamma}$ 分别为 - 0.0186（标准差 SD = 0.635），和 0.195（SD = 0.653）①。经 Kolmogorov-Smirnov 检验（p = 0.169），在 5% 显著性水平下无法拒绝这两个样本来自具有同样分布总体的假设。

第二，看决策行动与信念对应的最佳反应吻合次数。表 6A 中列出了无诱导时（实验 2），和有诱导时（实验 1）被试最优反应对应不同信念的次数。若诱导使被试关注了陈述信念，则可以预期，在无诱导（实验 2）的情况下被试所作的最优反应将比有诱导的更频繁地使用自己的虚拟信念。显然，由于实验 2 中没有陈述信念，所以作为对比就不列入表 6A 中了。在表 6A 中，我们只对比被试用虚拟博弈和古诺信念做出反应的次数。

表 6　最优反应——虚拟博弈，古诺和 $\hat{\gamma}$ 信念，实验 1 和实验 2*

A　虚拟博弈和古诺信念：实验 2（括号里为实验 1 的数据）				
	古诺	虚拟博弈	合计	None	总数
古诺	284（331） 17%（20%）	657（603） 39%（36%）	941（934） 56%（55%）	403（421） 24%（25%）	657（603） 39%（36%）
虚拟博弈	657（603） 39%（36%）	336（325） 20%（19%）	993（928） 59%（55%）		
B　古诺和 $\hat{\gamma}$ 信念：实验 2（括号里为实验 1 的数据）				
信念	古诺	$\hat{\gamma}$	合计	None	总数
古诺	116（74）	825（860）	941（934）	598（651）	825（860）
$\hat{\gamma}$	825（860）	141（95）	966（955）	NA	NA

*：因为在实验 2 中只有 1560 个观测点，我们通过数据线性外推法使得每个实验的观测点数达到 1680 个。

依实验 1、实验 2 处理得出的表 6 中的数据可推断：信念诱导对被试最优反应时运用虚拟信念的程度并没有太大的影响。在无

---

① 这些计算是在实验 2 中观察值 17 被排除的情况下进行的，而实验 2 中观察值 16.3 明显是排除在外的（a clear outlier）。

诱导实验中，被试行动吻合虚拟信念下最优反应的次数的确显得多了一些，但是从定性和定量角度来看，两个实验的差别并不大。例如，由虚拟信念且仅由虚拟信念解释的最优反应次数，实际上在这两个实验中是相同的（336 对 325）。进一步，作为最优反应的基础，古诺信念（单独地或与虚拟信念同时）在实验 2 中被用了 941 次，实验 1 中被用了 934 次。最后，虚拟信念（单独地或与古诺信念同时）作为最优反应的基础，在实验 2 中被用了 993 次，实验 1 中被使了 928 次。尽管有这些相应不同信念反应次数的数据，不过事实上被试在无诱导情况下更倾向于虚拟信念而非古诺信念（993 对 941），比诱导情况下对虚拟信念的倾向更大（实验 1 的虚拟对古诺为 928 对 934）。[①]

表 6A 中显著的一点是，尽管有诱导，但是各单元格每一对数值都表现出高度关联性——只要实验 1（括号内数据）的数值大，则实验 2（括号外数据）的值也会大。对矩阵中非冗余的各组数值（即 CC，FF，CF，TotalC，TotalF 和 None）进行计算，Spearman 等级相关系数为 0.905，由此证明了上述观察。据此可作为该论断的支撑：即至少在序数（ordinal，秩或者说位序等级差别）意义下，诱导信念并不会改变被试最优反应的方式。

人们还可能建议：我们应该在诱导影响显著与否的比较中采用 $\hat{\gamma}$ 信念而非虚拟信念，因为这是对个体经历观察值赋予更为灵活的权重安排。如表 6B 所示，用 $\hat{\gamma}$ 信念替代虚拟信念后进行类似分析得到了相同的结论。注意，由于 $\hat{\gamma}$ 趋于聚集在 0 附近，所以作为对最优反应行为的考察，$\hat{\gamma}$ 信念反映的是关于古诺信念的最优反应，于是 $\hat{\gamma}$ 信念就替代了古诺信念。因此 $\hat{\gamma}$ 信念与古诺信念就具有高度相关性，

---

① 在实验 1 和实验 2 的最优反应中，对使用虚拟博弈信念的被试的次数样本进行 Wilcoxon 检验拒绝了该假设，即在两个实验中经常等同使用这些信念。同时接受单尾替换（one-tail alternative），即它们在无诱导实验中会被更频繁地使用（$Z = -2.074$, $p < 0.0381$）。同时，如表 9 所示，这些差异在经济上并非显著。

如表 6B 中 ($\hat{\gamma}$，古诺) 提示的情况。

在无诱导的情况下，被试行动吻合单独的 $\hat{\gamma}$ 信念最佳反应与同时吻合古诺信念反应次数之和为 966 次，而在诱导下实验 1 的相应次数为 955。表中其他数据体现了类似性质。

回答问题 4 的最后一个方面，是考察当我们使用无诱导实验的数据估计前面描述的虚拟博弈和 $\hat{\gamma}$–经验逻辑信念模型（模型 2 和模型 3）时，被试的行为会不会发生显著变化。为探讨该问题要做两个测试：首先，我们汇集实验 1 和实验 2（有诱导和无诱导实验）所有观察值。然后定义一个虚变量（哑元）——观测来自诱导实验时取 0，来自无诱导实验时取 1。该哑元作为一个独立变量被引入，并与模型 2 和模型 3 要代入的逻辑函数之截距、斜率的估计一道，估计哑元的系数。由此得到选红的概率如下：

$$ t = \frac{e^{\beta_0 + \beta_1 E(\pi_t^d) + \beta_2 D + \beta_3 DE(\pi_t^d)}}{1 + e^{\beta_0 + \beta_1 E(\pi_t^d) + \beta_2 D + \beta_3 DE(\pi_t^d)}} $$

和以前一样，其中 $E(\pi_t^d)$ 表示在 t 期给定被试当时持有的信念下红策略替换绿策略导致的支付差异期望（由绿改红的边际支付期望值——译者注），β_0、β_1、β_2 和 β_3 为待估参数。据此检验 β_2 和 β_3 是否独立且为 0，也探讨两系数是否联合为 0。为考察是否联合为 0，对上述模型加约束 $\beta_2 = \beta_3 = 0$，进行了极大似然比（maximum-likelihood ratio test）检验。估计和似然比检验结果列于表 7：

表 7 诱致性的影响

		A 虚拟变量检验					
模型	实验	β_0	β_1	β_2	β_3	γ	£
模型 2	1 和 2	0.105 (0.053)	0.301 (0.060)	0.125 (0.076)	0.128 (0.091)	NA	−2191
模型 3	1 和 2	0.088 (0.053)	0.243 (0.050)	0.142 (0.076)	0.134 (0.077)	0.786 (0.075)	−2184

		B 约束模型检验	
		似然比	p 值
模型 2	1 和 2	5.526	0.0631
模型 3	1 和 2	8.472	0.0145

注：括号内的数字是系数的标准差。p 值表示概率，£ 是大于或等于给定的约束为真时的标识值。

表 7A 指出，在 5% 显著水平下，无论用模型 2（虚拟信念）还是模型 3（$\hat{\gamma}$ – 经验逻辑函数估计权重的信念），都拒绝了 β_2 或 β_3 异于 0 的假设。所以，引入诱导既未改变模型 2 或模型 3 估计的斜率也未改变截距。进一步，检验 β_2 与 β_3 相等且为 0 的联合假设，表 7B 指出，在 5% 显著水平下，模型 3 的似然比检验不能拒绝该假说（$p = 0.0145$，该结果说明，就 $\hat{\gamma}$ – 经验估计权重信念模型拟合来看，诱导与否差别很大——译者注），模型 2 则可以拒绝（$p = 0.631$）。平衡考虑检验问题 4 的诸方面，结论为：从有诱导实验到无诱导实验，即从实验 1 变到实验 2，以两个实验中被试对经历的可测信息的同等处理来看，去掉诱导并不能显著改变被试的选择行为。

3.1.8　问题 5：当被试随机配对时，他们的信念波动是否变小？他们是否用更为平稳的虚拟信念作为最优反应的基础？

如图 2 所示，我们观察到了实验 1 中被试信念的大幅度变化。于是可能猜想，这些变化是因为在实验的整个 60 轮中，被试与对手重复配对。如果被试随机配对，预计该变化就可能会消失，因为被试要应付所有对手（playing against the field），这会使他关于对手的信念变得平滑。为衡量信念的波动，对每个被试计算 60 轮实验中两轮之间信念变化的平均值（所有变化均以绝对值计算）。于是得到基线实验（实验 1）的 28 个被试的平均值，以及随机配对诱导实验（实验 3）中 28 个被试的值。表 8 列出了这些计算值：

表8　在陈述信念中两轮之间变化的绝对数的平均值

参与者	实验1	实验3	参与者	实验1	实验3
1	0.24	0.46	15	0.38	0.16
2	0.10	0.15	16	0.35	0.14
3	0.48	0.19	17	0.41	0.17
4	0.18	0.02	18	0.30	0.14
5	0.62	0.29	19	0.09	0.27
6	0.31	0.18	20	0.15	0.27
7	0.17	0.15	21	0.05	0.09
8	0.25	0.15	22	0.33	0.31
9	0.21	0.25	23	0.13	0.34
10	0.39	0.23	24	0.22	0.41
11	0.77	0.17	25	0.22	0.35
12	0.30	0.12	26	0.24	0.46
13	0.17	0.38	27	0.40	0.07
14	0.18	0.21	28	0.34	0.06
均值				0.28	0.22
中位数				0.25	0.19

在表8中，并没有确切证据表明被试非随机配对时信念波动更大。实验1中被试非随机配对，平均值（中位数）为0.28（0.25）；而实验3随机配对，波动平均值（中位数）为0.22（0.99）。虽然平均值和中位数显示非随机匹配时，实验中的信念波动会更高些，但是用Kolmogorov-Smirnov检验波动分布，却没有显著差异（实验1与实验3的波动分布对比 $KS = 0.2143$，$p = 0.541$）。

至此，我们尚未解释为什么信念波动在被试随机配对时还是不能平稳下来。如前所述，随机配对实验中的任一决策时点上，被试拿已经领教过的对手行动的平均值来看待当下对手，这是很有意义的。实际上，如果一个被试假定其他被试都将使用相对稳定的策略，那么使用对所有观察结果赋相同权重的虚拟信念可能更加合理。但这显然与发生的事实不符。

若给定随机配对不会引致信念波动的巨大变化，那么我们就可以推想，被试要做最优反应的话，其陈述信念仍是应关注的焦点。为了调查该问题我们给出了表9——从实验1和实验3取数据重复表3的工作内容。

表9　最优反应，随机配对和重复博弈 *

	古诺	虚拟博弈	陈述	合计	None	总数
古诺	68（92）	124（132）	194（238）	386（462）	86（117）	630（472）
虚拟博弈	124（132）	68（67）	300（260）	492（459）		
陈述	194（238）	300（260）	210（302）	704（800）		

* ：括号内的数字是排除陈述信念后实验1的结果。

其中最不寻常的就是：所得结果竟如此相似。随机配对的安排似乎不会导致被试的最佳反应行为出现巨大差异。两个实验最佳反应的相关性达到了 0.9455，Spearman 等级相关系数检验显示，这一关系至少在 5% 的水平上是显著的（$\tau = 0.9701$，$p = 0.0001$）。[1][2]

---

① 我们比较实验1——固定配对诱导实验和实验3——随机配对诱导实验中被试产生的 $\hat{\gamma}$，得到了相似的结论。特别的，Kolmogorov-Smirnov 检验在 5% 水平上无法拒绝该假设，即样本来自于有着相同分布的总体的假设（$p = 0.071$）。而且，对实验1和3中被试 γ^* 样本估计的比较表明，在 5% 水平下，用 Wilcoxon signed-rank 进行检验，这些样本之间无差别（$z = -0.615$，Prob > $|z| = 0.5387$）。

② 同诱导部分一样，这次我们也构造了同样的虚拟变量逻辑回归运算：使用一个虚拟变量，即当固定配对时，变量值为 0；而随机配对时，变量值为 1。这个回归中，β_1 是期望支付的差异系数，β_2 是连续项（constant term）虚拟系数而 β_3 是倾斜项（slope term）的系数，我们得到如下结果：

				随机配对的影响			
				虚拟变量检验			
模型	实验	β_0	β_1	β_2	β_3	γ	£
模型2	1 和 3	0.105	0.301	0.128	0.424	NA	−2240
		(0.048)	(0.061)	(0.070)	(0.102)		
模型3	1 和 3	0.088	0.237	0.200	0.329	0.763	−2221
		(0.051)	(0.048)	(0.073)	(0.083)	(0.063)	
				模型约束检验			
		似然比率	p 值				
模型2	1 和 3	23.55	< 0.0001				
模型3	1 和 3	32.23	< 0.0001				

注：表格中括号里的数字是系数的标准差。p 值是给定限制真实的情况下 LR 等于或大于暗示的数值的概率。

这些结果表明了随机配对行为的混合效应。然而我们在比较实验1和实验3时拒绝了模型2和模型3的无效假说：$\beta_2 = \beta_3 = 0$，当单独检验时，在实验1和3比较中，我们不能拒绝模型2中 $\beta_2 = 0$ 的假设。

总体看来，随机匹配与非随机匹配的两种被试最优反应行为之间的关联非常紧密。因此，无论就信念形成，还是就给定信念下的最优反应行为，都可以看出固定配对的安排对被试行为并没有产生很大影响。于是，我们可以把这里的结果作为基于实验 1 的前面已得出结果的再现，因为这里的结果意味着：给定同样真实的陈述信念，被试就会有同样行为方式。

3.2　学习模型的比较：问题 6

本文的主要推论之一就是，在比较学习模型的时候，人们将要花大力气求解每种模型的最佳表征形式，才能分出高低。正如我们的工作所指出的，使用诱导信念的信念学习模型与实验中观察到的被试行为最为接近，就我们实验数据而言，这就是信念学习模型的"最佳"表征。因此，我们要尽力将该模型（即：用诱导或陈述信念的逻辑信念学习模型），与罗斯和埃里夫（Roth，Erev，1998）的强化学习模型，与凯默瑞和胡（Camerer，Ho，1999）的 7 参数 EWA 模型进行比较。

尼亚柯和肖特（Nyarko，Schotter，2000b）对此已经做了非常详尽的比较，不过这里还是要强调一下比较的结果。为此列出两组数据：首先，我们比较各模型均方差（mean square deviation，MSD）得分的平均值，MSD 是最常用的拟合优度矩阵[①]。对每个被试分别

---

①　泽尔腾（Selten，1998）已经对 MSD 记分的使用提供了理论上的正当理由。MSD 在误差处是凸的，即它惩罚了"冒失预测"。使用 MSD 矩阵对解释行为进行记分，陈述信念模型比 EWA 和加强模型做得更好（其中，陈述信念模型是作出相对冒失的预测的模型），从这个程度上来说，我们相信结果的可靠性。罗斯和埃里夫（Roth，Erev，1998）最先使用的 POI 测量是用他们的最终预测（deterministic predictions）来判断所有模型的——该行为是模型在每个时期都给予了最高可能性的行为。在做出精确预测或最终预测上 POI 更适用于作为预测规则。因此，也许并不令人惊奇，从用 MSD 记分而得到的结果中我们发现，当使用 POI 矩阵时陈述信念相对来说做得更好。最后，将这些对数似然率构成一个矩阵来估计模型。同样地，逐个计算完对数似然率方程后，我们发现陈述信念比 EWA 和强化学习模型做得更好（有更高的对数似然率）。

估计 3 种不同信念学习模型（the stated belief model：SB, the ficti-
tious play model：FP, and the $\hat{\gamma}$-belief model）60 轮数据下的 MSD 得
分，每个被试 60 轮数据也用两个非信念学习——EWA 和强化模型
进行拟合并取 MSD 值。强调一下，对 EWA 和强化模型，我们逐个
估算被试的参数，即对每一被试估计一个参数向量。其次，为了对
这些 MSD 的平均值所蕴含的意义作更具体的描述，我们给出了每个
被试的数据比较结果。

这些比较结果列为表 10A、表 10B 和表 10C。表 10A 是每个模
型对实验 1 和实验 3 的实验数据进行估计后，度量 MSD 的平均得
分。这里不同模型的 MSD 平均得分代表的是每个模型，对实验 1、
实验 3 中所有被试（28 个）所有决策轮次（60 轮）的普遍情况。
表 10B 和表 10C 给出据以计算 MSD 平均值的逐个被试 60 轮拟合下
的 MSD 值。

表 10A　MSD 得分均值

实验		SB	均方差			
			模型			强化
			FP	$\hat{\gamma}$	EWA	
1	标准差	0.1261	0.2281	0.206	0.198	0.247
	均值	0.079	0.027	0.056	0.025	0.005
3	标准差	0.121	0.198	0.182	0.170	0.235
	均值	0.075	0.051	0.049	0.050	0.016

在表 10A 中，以 MSD 平均值为标准来衡量的话，陈述信念模型
要优于其他模型。将汇总数据分解为个体情况的表 10B 和表 10C，
显示了对陈述信念模型更加有力的支持。几乎所有被试在陈述信念
模型下的 MSD 值都要比其他模型的低。例如实验 1 的 28 个被试中有
22 人陈述信念模型的 MSD 值都优于 EWA 模型（依表 10B 数据比较有 5
个 EWA 的 MSD 值小于 SB 的 MSD，实际应为 23 人，此处 22 人疑为原作者笔
误——译者注）。对强化模型所做的相同比较表明这对 28 个被试中的

134

20 人也是适用的（依表 10B，所有 reinforcement 的 MSD 值均小于 SB 的 MSD，此处 20 人可能也是原作者笔误——译者注）。对于随机匹配的实验 3，17 个被试的陈述信念模型 MSD 值优于 EWA 模型的 MSD 值，与强化模型相比则有 23 个被试陈述信念模型的 MSD 值占优（依表 10C，两个数分别为 20 和 27，不是 7 和 23——译者注）。

表 10B　实验 1：MSD 得分

参与者	SB	模型			强化
		FP	$\hat{\gamma}$	EWA	
1	0.0336	0.1057	0.0649	0.0834	0.2358
2	0.1464	0.2311	0.2303	0.1523	0.2381
3	0.1396	0.2439	0.2319	0.1781	0.2468
4	0.0133	0.2238	0.2309	0.1904	0.2380
5	0.0277	0.2473	0.0557	0.2008	0.2522
6	0.0793	0.2348	0.2353	0.2060	0.2406
7	0.2391	0.2275	0.2259	0.2099	0.2519
8	0.2464	0.2408	0.2495	0.2134	0.2477
9	0.0368	0.2423	0.2083	0.2105	0.2472
10	0.0920	0.2275	0.2034	0.2122	0.2500
11	0.0726	0.2168	0.0541	0.1989	0.2505
12	0.0233	0.2110	0.2180	0.2007	0.2505
13	0.1002	0.2309	0.2076	0.2002	0.2471
14	0.0832	0.2180	0.2198	0.2016	0.2472
15	0.1758	0.2327	0.2437	0.2037	0.2495
16	0.1733	0.2372	0.2409	0.2049	0.2523
17	0.1164	0.2456	0.2080	0.2052	0.2487
18	0.2487	0.2218	0.2218	0.2051	0.2489
19	0.0914	0.2328	0.1676	0.2036	0.2500
20	0.0000	0.2474	0.2332	0.2049	0.2500
21	0.2049	0.2488	0.2351	0.2065	0.2526
22	0.0526	0.2094	0.1906	0.2057	0.2357
23	0.1120	0.2465	0.2315	0.2065	0.2552
24	0.2017	0.2495	0.2497	0.2076	0.2517
25	0.1986	0.2470	0.2426	0.2090	0.2512
26	0.2450	0.2398	0.2348	0.2095	0.2470
27	0.2253	0.2150	0.2230	0.2101	0.2398
28	0.1508	0.2091	0.2137	0.2093	0.2420
标准差	0.1261	0.2281	0.2061	0.1982	0.2471
均值	0.0794	0.0272	0.0552	0.0255	0.0055

表 10C   实验 3：MSD 得分

参与者	SB	模型			强化
		FP	$\hat{\gamma}$	EWA	
1	0.0162	0.2194	0.2074	0.2120	0.2471
2	0.0859	0.1599	0.1224	0.1250	0.2083
3	0.1882	0.2254	0.1972	0.1980	0.2503
4	0.2490	0.1679	0.1749	0.1495	0.2467
5	0.2191	0.1983	0.1980	0.2014	0.2430
6	0.0333	0.1844	0.1818	0.1639	0.2254
7	0.1141	0.1179	0.1217	0.1193	0.2142
8	0.1298	0.2604	0.1365	0.1319	0.2479
9	0.0360	0.2040	0.1933	0.1940	0.2409
10	0.1867	0.1917	0.1620	0.1762	0.2386
11	0.1235	0.2400	0.2383	0.2255	0.2420
12	0.1955	0.1943	0.1874	0.1696	0.2166
13	0.0803	0.2272	0.2183	0.2228	0.2422
14	0.2411	0.2494	0.2222	0.2097	0.2516
15	0.0932	0.0663	0.0629	0.0609	0.1954
16	0.0437	0.1150	0.1000	0.1151	0.2174
17	0.1166	0.1960	0.1743	0.1818	0.2432
18	0.1120	0.1183	0.1099	0.1171	0.2153
19	0.2165	0.2396	0.2389	0.0729	0.2511
20	0.1207	0.2370	0.2324	0.1739	0.2498
21	0.1578	0.2166	0.1655	0.1627	0.2426
22	0.1692	0.2461	0.2149	0.1966	0.2486
23	0.0376	0.2475	0.2484	0.2389	0.2495
24	0.2430	0.2410	0.2309	0.2460	0.2532
25	0.0000	0.2322	0.2255	0.2256	0.2438
26	0.0613	0.2135	0.2207	0.2266	0.2350
27	0.1089	0.1135	0.1140	0.0924	0.1998
28	0.0159	0.2213	0.2103	0.1704	0.2330
标准差	0.1213	0.1980	0.1825	0.1707	0.2354
均值	0.0757	0.0507	0.0494	0.0506	0.0168

用一系列与陈述信念两相比较的 Wilcoxon 配对符号秩检验（Wilcoxon matched-pairs signed-rank test），可以比较容易地在 5% 显著水平上拒绝如下假设：由陈述信念模型拟合衡量的 MSD 值构成的样本，与其他模型拟合衡量的 MSD 值样本，出自同一个总体。

如果这种比较不用陈述信念而用 $\hat{\gamma}$ - 经验信念学习模型（基于信念学习模型对历史经验的权重 γ 之最佳估计，即 $\hat{\gamma}$）的话，情况会发生变化。在实验 1 中，只有 5 个被试的 $\hat{\gamma}$ 模型衡量值 MSD 优于 EWA 模型。然而，与强化模型相比，却有 25 个。对无诱导的实验 2，结果也是类似的。只有 9 个被试的 $\hat{\gamma}$ 模型优于 EWA 模型，而 26 个被试的 $\hat{\gamma}$ 模型均优于强化模型。如果说存在一个次优学习模型的话，那就是 EWA 模型，不过它也不是始终位居第二。

3.3 一项重复实验：实验 4

实验 4 是要重复曾经做过大量实验的混合策略下单一纳什均衡的结果。更确切地说，O'Neill（1987），Rapoport 和 Bobel（1992）和其他许多人对混合策略下唯一纳什均衡的大量实验已经表明，随着经历次数不断增加，加总行为（aggregate behavior）只是近似地而不是严格地重复纳什理论预测值。这就意味着，加总频率向纳什均衡趋于收敛过程中的变化问题，足以让研究者去探究关于行为的其他解释（见，McKelvey，Palfrey，1995）。

在实验 4 中，没有信念诱导，并且被试都是随机配对的。设置这样的控制实验条件，是希望更接近与一次性决策均衡（one-shot equilibrium）相一致的行为得以发生的条件，本文实验设计用的就是一次性决策。回忆本文第 2.1 节实验设计的支付矩阵，理论预计的唯一混合均衡是每个参与者以 0.4 概率选绿，0.6 概率选红。如图 5 所示，沿时间进程，绿、红策略的平均使用频率看起来的确趋于向均衡水平收敛。采用其他处理方式也能获得非常相似的图形。①②

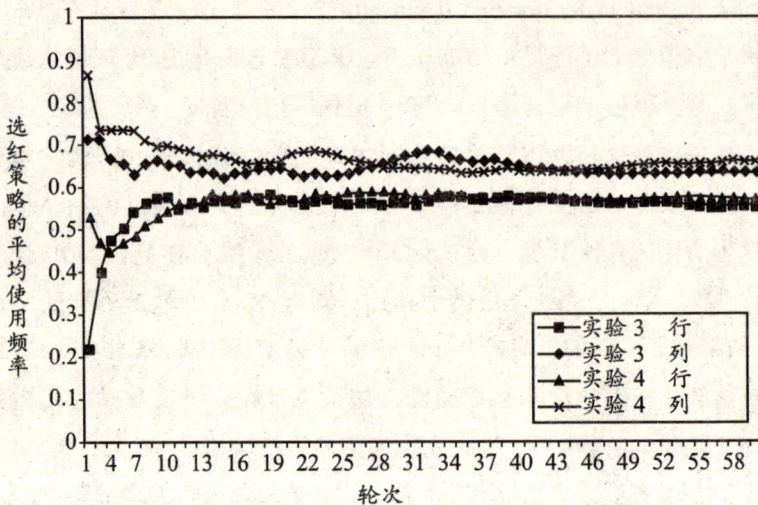

图 5　行和列行动者累积选红策略的平均使用频率

我们注意到 Brown 和 Rosenthal（1990）提出的对加总选择的批评，不过这里列出这些图表仅仅是为了确认在实验 4 设置的控制条件下，实验结果的确趋于收敛。

3.4　结　论

本文研究了信念学习。不像其他研究者被迫用可观测的信念替代物来近似表征不可观测的信念，我们使用一种信念诱导技术（一

---

①　特别的，我们观察到，在下面的实验中，限定运用红色策略，累积行为（cumulative actions）有着相同的趋势趋于稳定。

限定运用红色策略

	实验 1	实验 2	实验 3	实验 4
横行行动者	0.52	0.53	0.55	0.57
纵列行动者	0.54	0.61	0.63	0.66

②　第 3.1.7 小节和 p.128 脚注①的讨论暗示了每轮实验行为的平均差异统计上并不显著。

种恰当的记分规则），直接诱导出了被试的信念。这样能使我们更直接地检验"人们会以哪种信念学习方式行事"的命题，即决策行动与哪种信念学习相一致的方式来行动。我们的发现是颇有意思的。

第一，在被试倾向于"信念学习"的意义上，他们所使用的信念正是我们从他们身上诱导出来的陈述信念，而不是虚拟博弈或古诺模型所假定的"经验信念"。因此，当我们给出实验数据用于支持"人们的行为方式与信念学习一致"的观点时，我们应该对纳入信念学习模型的信念类型，予以详细界定说明。

第二，给出了的定性和定量证据表明，被试的陈述信念与常被用作信念替代表征的经验信念之间存在巨大差别。经验信念，即被试根据过去使用的各种策略频率形成的信念，倾向于生成一个相当稳定的时间序列，而陈述信念在各期波动则很大，并且没有显示出会随着实验的决策次数增加而稳定下来的趋势。然而，如果对被试行为没有影响的话，这种差别就不重要。所谓对被试行为没有影响，即尽管陈述信念和经验信念表现得不一样，但却都描述了同样的行为。我们已经表明事实并非如此。

第三，当我们被迫用可观测变量作为对先前认为不可观测变量的替代，来进行参数推断的时候，信念诱导技术可以检查这样做的偏误程度有多大（how far we can be led astray）。通过将此前不可观测的信念变换成可观测的，引入该新信息后我们可以直接看出参数估计的变化情况。对参数估计变化的考察再次证明，差别巨大。

第四，关于实验设计的非随机匹配和诱导特征，研究结果具有稳健性。即与诱导实验下经验信念模型对实验数据的解释力相比，无诱导时基于经验的信念模型对实验数据的解释并未显著改善。

第五，将陈述信念学习模型与其他两个学习模型——罗斯和埃里夫（1998）的强化学习模型以及凯默瑞和胡（1999）的 EWA 模型，进行了比较。我们证明了陈述信念模型的拟合效果更佳。

参考文献

Allen, F. (1987): "Discovering Personal Probabilities When Utility Functions are Unknown," *Management Science*, 33, 542–544.

Arthur, B. (1991): "Designing Economic Agents That Act Like Human Agents: A Behavioral Approach to Bounded Rationality," *AER Papers and Proceedings*, 81, 353–359.

Boylan, R. & El-Gamal, M. (1993): "Fictitious Play: A Statistical Study of Multiple Economic Experiments," *Games and Economic Behavior*, 5, 205–222.

Brown, J. & Rosenthal, R. (1990): "Testing the Minimax Hypothesis: A Re-examination of O'Neill's Game Experiment," *Econometrica*, 58, 1065–1081.

Bush, R. & Mosteller, F. (1955): *Stochastic Models of Learning*. New York: John Wiley and Sons.

Camerer, C. (1995): "Individual Decision Making," in *The Handbook of Experimental Economics*, ed. by A. Roth and J. Kagel. Princeton New Jersey: Princeton University Press.

Camerer, C. & Ho, T. H. (1999): "Experience – weighted Attraction Learning in Normal Form Games," *Econometrica*, 67, 827–874.

Cheung, Y. W. & Friedman, D. (1997): "Individual Learning in Normal Form Games: Some Laboratory Results," *Games and Economic Behavior*, 19, 46–76.

Feltovich, N. (2000): "Reinforcement-Based vs Belief-Based Learning Models in Experimental Asymmetric-Information Games," *Econometrica*, 68, 605–641.

Fudenberg, D. & Levine, D. (1998): *Theory of Learning in Games*. Cambridge MA: MIT Press.

Luce, R. D. (1959): *Individual Choice Behavior—A Theoretical Analysis*. New York: John Wiley and Sons.

McKelvey, R. & Page, T. (1990): "Public and Private Information: An Experimental Study of Information Pooling," *Econometrica*, 58, 1321–1339.

McKelvey, R. & Palfrey, T. (1995): "Quantal Response Equilibrium for Normal Form Games," *Games and Economic Behavior*, 10, 6–38.

Mookherjee, D. & Sopher, B. (1994): "Learning Behavior in Experimental Matching Pennies," *Games and Economic Behavior*, 7, 62 – 91.

Mookherjee, D. & Sopher, B. (1997): "Learning and Decision Costs in Experimental Constant-Sum Games," Games and Economic Behavior, 19, 97 – 132.

Noussair, C. & T. Faith (1997): "A Laboratory Study of Mixed Strategy Play," Mimeo, Krannert School of Management, Purdue University.

Nyarko, Yaw & Andrew Schotter (2000a): "An Experimental Study of Beliefs Learning Using Elicited Beliefs," Russell Sage Foundation Working Paper 154, Russell Sage Foundation, New York.

Nyarko, Yaw & Andrew Schotter (2000b): "On the Comparison of Learning Models Using Micro-Micro Data," Mimeo, Department of Economics, New York University.

Offerman, T. (1997): *Beliefs and Decision Rules in Public Goods: Theory and Experiments*. The Netherlands: Kluwer Academic Publishers.

Offerman, T., Sonnemans, J. & Schram, A. (1996): "Value Orientations, Expectations and Voluntary Contributions in Public Goods," *Economic Journal*, 106, 817 – 845.

O'Neill, B. (1987): "Nonmetric Test of the Minimax Theory of Two Person Zerosum Games," *Proceedings of the National Academy of Science USA*, 84, 2106 – 2109.

Rankin, F., Van Huyck, J., & Battalio, R. (1997): "Strategic Similarity and Emergent Conventions: Evidence from Scrambled Payoff Perturbed Stag-Hunt Games," Mimeo, Department of Economics, Texas A&M University.

Rapoport, A. & Boebel, R. (1992): "Mixed Strategies in Strictly Competitive Games: A Further Test of the Minimax Hypothesis," *Games and Economic Behavior*, 4, 261 – 283.

Roth, A. & Erev, I. (1998): "Predicting How People Play Games: Reinforcement Learning in Experimental Games With Unique, Mixed Strategy, Equilibria," *American Economic Review*, 88, 848 – 881.

Selten, R. (1998): "Axiomatic Characterization of the Quadratic Scoring Rule," *Experimental Economics*, 1, 43 – 62.

Shachat, J. (1996): "Mixed Strategy Play and the Minimax Hypothesis," UCSD

Economics Discussion Paper 96 – 137, University of California at San Diego.

Thorndike, E. L. (1898): "Animal Intelligence: An Experimental Study of the Associative Processes in Animals," *Psychological Monographs*, 2.

Vuong, Q. H. (1989): "Likelihood Ratio Tests for Model Selection and Non-Nested Hypotheses," *Econometrica*, 57, 307 – 333.

从羊群行为中区分信息追随的
实验研究①

博阿奇汗·杰伦，沙克尔·卡瑞夫

摘　要：此文描述了一个个体如何从他人行为中学习他人的实验检验。通过运用仅在实验室中可用的技术，我们诱导出被试的信念，这使得我们可以从羊群行为中区分出信息追随。通过增加连续信号和离散行动的步骤，我们扩展了利萨·R. 安德森和查尔斯·霍尔特（Lisa R. Anderson, Charles Holt, 1997）所提出的球罐（ball-and-urn）观察实验范式。我们评估一个虑及早期决策错误概率的模型，以此试图理解被试的行为。

关键词．社会学习，羊群行为，信息追随

在现实生活中，个体行为往往受他人的影响，最普通的例子莫过于选择一家新潮的餐馆或者一部流行的影片了，类似的影响也发生在技术采用与资本市场的决策上。但是对于理性选择理论来说，重要的是为何理性的个体会以这种方式行事。

近些年来，由阿比吉特·班纳吉（Abhijit V. Banerjee, 1992）和苏舍尔·比克钱德尼等（Sushil Bikhchandani, 1992）引入的社会学习方面的文献受到广泛的关注。这类文献描述个体通过观察他人进行学

---

① 博阿奇汗·杰伦（B. Çelen，哥伦比亚大学商学院）和沙克尔·卡瑞夫（S. Kariv，加州大学伯克利经济系）的这篇文献"Distinguishing Informational Cascades from Herd Behavior in the Laboratory"正式载于 2004 年的《美国经济评论》（*American Economic Review*），Vol. 94, No. 4, 484–497。

习的情况，并分析了一连串贝叶斯理性的个体在信息不完全和不对称的情况下做一次性（once-in-a-lifetime）决策的情况①。典型的结论是，即便信息不对称，个人最终还是模仿其前面的人的行为；而如果他按照其自身拥有的信息独立行事的话，则会有不同选择。在这个意义上，个体行为者理性地忽略了自身拥有的信息而遵从了群体的行为。

信息追随和羊群行为这两种现象引发了我们研究这一问题的兴趣，这两种现象可在广泛而多样的经济环境中出现。② 这些现象被认为是病态的，因为尽管存在个人理性，但错误结果依然产生，并且它们实际上可能是特定环境中的一种行为准则。虽然信息追随和羊群行为这两个术语在文献中交替使用，史密斯和索伦森（Smith，Sørensen，2000）仍然强调它们之间存在显著差异。"信息追随"是指，在决策时，无限的个体行动者总是忽略自身的私人信息；而"羊群行为"是指，无限的个体行动者做出了相同的决策，但并不必然忽略了自己的私人信息。

换句话说，当个体在群体中行动时，他们选择相同的行动，但是如果他们意识到其私人信息是与众不同的话，他们可能会采取不同的行为。在信息追随中，个体认为遵循其前辈的行为而不用去考虑其私人信息是最优的，因为他强烈地认为没有什么信息比前辈的行为更有用。这样，信息追随便暗示了一种羊群行为，而羊群行为却并不必然是信息追随的结果。

区别羊群行为和信息追随的实际重要性在于：在信息追随中，社会学习停止了，因为个体行为变为纯粹的模仿从而也不反映与行动有关的其他信息了（uninformative）；相反，在羊群行为中，个人

---

① 对有关调查可见 Douglas Gale（1996）和 Bikhchandani 等（1998）的研究。

② 相关的研究实验可见，Finance：David S. Scharfstein 和 Jeremy C. Stein（1990），Ivo Welch（1992），Christopher Avery 和 Peter Zemsky（1998），Welch（2000）；Auctions：Zvika Neeman 和 Gerhard O. Orosel（1999）；Political Economy：Rebecca B. Morton 和 Kenneth C. Williams（1999）；Industrial Organization：Robert E. Kennedy（2002）。

越来越倾向于模仿，但是他们的行为仍然提供信息。因此，就本身而言，这一区别更大程度上与社会福利属性而非信息属性相关。当羊群行为发生时，人们同时固化了一种行为模式，这时在某种意义上行为是脆弱的，即一个强信号可能导致行为发生突然且剧烈的变迁。相反，信息追随是稳定的，例如，没有信号能够致使行为模式发生改变。因此，虽然在实验文献中至今尚未阐述清楚羊群行为和信息追随之间的区别，但是却弄明白了诸如为何大众行为如此脆弱以及趋向流行风尚。

显然，根据信念来定义的信息追随比根据行动来定义的羊群行为更难加以鉴别。在市场背景下，我们能够观察到行为却无法看到信念或私人信息。相反，在实验室中，我们能够诱导出被试的信念并控制他们的私人信息。一个新颖的设置和诱导技术能够使我们从羊群行为中区分出信息追随。

此文叙述了一个基于杰伦和卡瑞夫（2004）工作的实验测试模型①。我们做出一个实验设计，让被试在［－10，10］的均匀分布上获得私人信号。决策的问题就是预测对象的信号之和是正的还是负的，并选择一个合适的行动，A 或者 B。当信号之和为正时，A 便是一个有利的行动，而当信号之和是负时，B 就是一个有利的行动。但是，并不是直接地选择行动 A 或者 B，而是在获知其他人行为的历史记录之后和观察到自己的私人信息之前，被试要选择一个截点，当被试获得的信号值大于其选择的截点值时，记为行动 A，否则，记为行动 B。只有在被试报告他的截点后，他才获知其私人信号，其行动也才相应的记录下来。

被试的截点和他们关于真实状态的信念之间存在着一一对应的关系。截点数据也就能使我们确定哪一个被试表现出了信息追随的

---

① 本文关注不完美信息条件下的观察学习，而传统的完美信息情况在此作为一个参照系（benchmark）。

行为，尤其是那种不考虑私人信息的行为。这样的被试选择的截点便是 –10 或 10。相反，一个被试若加入羊群而没有发生追随，则其报告的截点便落在区间（–10，10）上，这表示对于一些信号，他愿意做出任何一种决策，但当他获得私人信号时，他仍将跟从前者的行为。因此，信息追随行为可通过截点的选择来鉴别，而羊群行为则可通过现实行动来鉴定。

在实验室里，我们发现羊群行为与追随行为都频繁发生。尽管如此，并非所有观察到的羊群行为都是追随行为。由于理论结论预测信息追随是不可能发生的，所以我们得解释为什么在实验室中，信息追随作为一种偏离贝叶斯理性的特殊类型而出现。为达到此目的，我们运用广义贝叶斯模型，允许被试有一定的出错概率，并能够将他人的出错概率整合进他们的信念。我们的结果表明，广义贝叶斯模型考虑了人类行为的出错概率，可以成功地预测实验室中对象的行为，并提供了关于信息追随行为的解释。

此文写作依照如下结构：第 1 部分讨论了连续信号与离散信号设置（continuum-signal and discrete-signal setups）；第 2 部分则描述了实验设计和程序；第 3 部分勾勒了基本的决策问题的轮廓；第 4 部分对实验结果进行总结；第 5 部分在模型中引入噪声概率，对模型进行修正和评估；而后第 6 部分是结论。

1 连续与离散设置

史密斯和索伦森（2000）对社会学习做了最全面的研究，其中对比克钱德尼等（1992）的一个背离是假设个体可能观察到一般（general）信号。所以比克钱德尼等（1992）发现的是信息追随并因此导致羊群行为，史密斯和索伦森（2000）则展示了伴随连续信号空间羊群行为的发生，并未出现信息追随。亦即在羊群行为中，决策时个人也会考虑私人信息——如果信号是不同的，个体行为也可能发生改变。

在一篇开创性的论文中，安德森和霍尔特（Anderson，Holt，1997）以实验方法考察了社会学习。[①] 他们的设计基于比克钱德尼等（1992）的双信号－双行为模型（binary-signal-binary-action）。[②] 在他们的设置中，有两个与决策有关的事件（记为 A 与 B）和相应的信号（记为 a 与 b），这两个事件在实验前发生。信号在一定意义上是富含决策信息的，即，信号与已发生事件的标签相匹配的概率大于0.5。被试所要做的决策便是基于私人信号和过去决策的历史来预测哪一个事件会发生。在这样的二元信号结构上，只要任意两个连续决策相符一致，就记为双方皆预测行为 A 发生，接下来的个体也应选择行动 A，即便他的私人信号是 b。安德森和霍尔特（1997）以一个实验来鉴别理性的信息追随。在这个实验中，被试观察到两个连续的相同决策，即便他的私人信息与此相反，他也选择相同的行动。在他们的设置中，这是观察到信息追随的唯一途径。他们报告说在多数轮中形成了理性信息追随，但有大约一半的信息追随是错误的。

我们的实验设置不同于安德森和霍尔特（1997），他们的设置中两个事件于实验前同时发生，而我们的设置中有一个连续信号区间。接下来的例子说明了这一差异的重要性：假设行为相同的一连串行动者的后继者偏离了该一致行为，其后的行动者观察到这一偏离后将作何反应？在安德森和霍尔特（1997）的离散信号世界里，当个体是贝叶斯理性的，这样一个偏离是不可能的；但是在连续信号世界里，后继者可能会推测偏离者拥有私人信息，这个信息使他信服地偏离之前的行为，也就是说，偏离者的私人信号如此强大以致激

---

① 沿着 Anderson 和 Holt（1997）的分析思路，大量的实验经济学文献分析了社会学习的各个方面。其他作者，如 Angela A. Hung 和 Charles Plott（2001）以及 Dorothea Kübler 和 Georg Weizsäcker（2004）推进了 Anderson 和 Holt（1997）的工作，考察了对于追随行为更进一步的可能解释。

② Anderson 和 Holt（1996）描述了一个以教室为实验场景的经济学实验。

发了理性的偏离。

概括说来，在离散信号——离散行动设置中，所有羊群行为都是信息追随的，因为一旦两个连续的决策相符一致，没有信号可以导致偏离。相反，伴随我们信念诱导的方法，连续信号——离散行动设置可以使我们完全区分出信息追随行为和羊群行为。

2　实验设计

实验在纽约大学社会科学实验中心实验经济学实验室（Experimental Economics Laboratory of the Center for Experimental Social Sciences，CESS）进行。40 名被试从纽约大学经济学本科学生中招募而来，他们此前没有进行社会学习实验的经历。在每一阶段都有 8 名被试作为决策者。在被试阅读了实验说明后，一名实验的负责人再宣读了一遍实验说明[1]。实验持续约一个半小时。对象做出正确决策将会获得 5 美元的小费，随后还有一些收入，平均约 22 美元，在此阶段结束时支付给个人。在整个实验中，我们保证被试之间的匿名和孤立，这样能够把可能造成被试行为趋同的相互人际影响降到最低。[2]

每组实验包括相互独立的 15 轮，而每轮又分为 8 个决策顺次。在每轮中，所有 8 个被试以随机顺序序贯地进行决策。每轮开始都是让计算机从 [-10，10] 的均匀分布上抽取 8 个数字。每轮抽取的数字相互独立，同时也与其他轮抽取的数字相互独立。每个被试也仅获知与他有关的那个数字，这个数字的值是他的私人信息。实际上，被试可以观察到达到小数点后两位的信号。

---

[1]　在此轮末尾，我们询问被试对实验是否还有不理解的地方，但没有被试声称对实验流程和计算机程序有理解上的问题。

[2]　被试的工作站用小隔间隔开，使得他们无法窥视其他被试的计算机屏幕，也无法相互交流。我们也确保整个过程保持安静。在实验末尾，将根据被试工作站的数量对被试支付报酬。

　　一旦参与博弈，被试首先可以看到此轮中其前辈所采取的行动的历史。在这之后和他获得私人信号之前，每个对象要选择一个介于 -10 与 10 之间的数字（一个截点"a cutoff"），如果他的信号大于此截点，则采取行动 A，如果信号小于此截点，则采取行动 B。只有 8 个数字之和为正时，行动 A 才是有利可图的；相反，和为负时，行动 B 有利可图。在行动者提交其决策时，计算机便告知他私人信息的价值。然后，如果信号大于他所选择的截点，那么计算机便记录下他的决策 A；否则，计算机记录下行动 B。

　　所有被试做出决策后，计算机告知每个人 8 个数字之和。如果和为正，则所有决策为 A 的参与者获得 2 美元的报酬，否则没有报酬。类似地，如果和为负，则所有决策为 B 的参与者获得 2 美元的报酬，否则将一无所获。这一过程在所有轮中重复。在 15 轮都结束后，每个阶段才得以终结。

3　理　论

3.1　贝叶斯解

　　为了详细说明实验设计下决策问题的贝叶斯解，假定每个个体 $n \in \{1, \cdots, 8\}$ 从均匀分布 $[-10, 10]$ 中接受到一个私人信号 θ_n。假设私人信号是独立的并在个体间同等分布。每个个体 n 要依序做一个二元决策 $x_n \in \{A, B\}$，当且仅当 $\sum_{i=1}^{8} \theta_i \geq 0$ 时，行动 A 是有利可图的；反之，行动 B 是有利可图的。[①] 所有的决策均被公开，因此后继者也获知了这些决策。

---

　　① 澄清：从技术角度来看，这一设置与标准的群体行为模型不同，因为信号值是条件依赖（conditionally dependent）的。例如，信号值与情况的真实状态是负相关的。一般来说，关联信号使得模型变得难以求解；在我们的例子中，情况正好相反。我们的结果大体上并不取决于条件依赖假设（conditional dependence assumption）。

要注意的是决策问题包含了不完全和非对称的信息。即，个体并不确定潜在的决策相关事件，$\sum_{i=1}^{8} \theta_i \geq 0$ 或 $\sum_{i=1}^{8} \theta_i < 0$，以及在行动者之间非对称分布的信息。而且，也不存在能使个体自身解决不确定性的私人信息，这就涉及理论文献中例如有限理性的相关内容。

个体 n 的最佳决策规则可以总结为：

$$x_n = A，当且仅当，E[\sum_{i=1}^{8} \theta_i \mid \theta_n, (x_i)_{i=1}^{n-1}] \geq 0$$

由于个体没有其后继者的信息，所以我们得到：

$$x_n = A，当且仅当，E[\sum_{i=1}^{n} \theta_i \mid \theta_n, (x_i)_{i=1}^{n-1}] \geq 0$$

因此，

$$x_n = A，当且仅当，\theta_n \geq -E[\sum_{i=1}^{n-1} \theta_i \mid (x_i)_{i=1}^{n-1}]$$

这引致了最优决策。而关于已发生的行动历史的方程可得出截点策略：

$$x_n = \begin{cases} A & 如果，\theta_n \geq \hat{\theta}_n \\ B & 如果，\theta_n < \hat{\theta}_n \end{cases} \tag{1}$$

在此，

$$\hat{\theta}_n = -E[\sum_{i=1}^{n-1} \theta_i \mid (x_i)_{i=1}^{n-1}] \tag{2}$$

是最优偶发历史截点。

注意 $\hat{\theta}_n$ 继承了个体 n 从行动历史中所学到的全部信息。这样，它决定了最小的私人信号，在这一信号下，个体决定选择行动 A。因此，$\hat{\theta}_n$ 足以刻画个体 n 的行为，而且，截点 $\{\hat{\theta}_n\}$ 产生的过程也刻画了社会行为。这就是我们把它作为实验设计和分析对象的原因。

3.2 说 明

为了给出直觉上的解释，我们讨论最初个体的贝叶斯推理。最初个体的决策仅基于其私人信号。这样，他的后继者关于他的信息的信号期望价值为 0。因此，他的截点是 $\hat{\theta}_1 = 0$，且当且仅当 $\theta_1 \geq 0$

时，他采取行动 A，否则采取行动 B。由于第二个行动者观察到第一个行动，他调整其策略 x_1。这样，根据（2）得：

$$\hat{\theta}_2 = \begin{cases} -5 & \text{如果，} x_1 = A \\ 5 & \text{如果，} x_1 = B \end{cases}$$

加以澄清，如果 $x_1 = A$，则 $E\left[\theta_1 \mid x_1 = A\right] = E\left[\theta_1 \mid \theta_1 \geq 0\right] = 5$。这样，当且仅当 $\theta_2 \geq -5$ 时，第二个行动者选择行为 A 就是最优的了。类似地，如果 $x_1 = B$，当且仅当 $\theta_2 \geq 5$ 时，采取行动 A 是最优的。

注意到第二个行动者可能会模仿第一个行动者，即便仅根据他自身所拥有的信号他将作出一个完全相反的决策。而且，第二个行动者的任何偏离都将揭示他的私人信号不仅与第一个行动者的私人信号相反而且要强于第一个行动者。因此，当第三个个体观察到一个行为偏离，他的截点对第二个行动者的行动更加敏感。根据（2），一个简单的计算就得出第三个个体的截点规律：

$$\hat{\theta}_3 \begin{cases} -7.5 & \text{如果，} x_1 = A, \ x_2 = A \\ -2.5 & \text{如果，} x_1 = B, \ x_2 = A \\ 2.5 & \text{如果，} x_1 = A, \ x_2 = B \\ 7.5 & \text{如果，} x_1 = B, \ x_2 = B \end{cases}$$

进行同样的分析，我们发现如果前三个个体选择 A，只要 $\hat{\theta}_4 \geq -8.75$，第四个个体也将选择行动 A；如果前四个个体选择行动 A，只要 $\hat{\theta}_5 \geq -9.375$，第五个个体也将选择行动 A；如此等等。这样，连续的个体行动者选择行动 A 越久，则单个行动者选择行动 B 就越困难，甚至他的私人信号都将是负的。

史密斯和索伦森（2000）所讨论的一个重要概念是翻转原则。这一原则声称，即便许多个体行动相似，遵循理性的偏离，但是从历史中揭示出来的关于那一点的信息都作废了。因为后继者必须推论出，最后的偏离者接受到一个支持相反行动的强信号，而且基于任何新的信号，他们也将推断出这个事实，并加以适应。

例如，如果在前三个行动者选择策略 A 后，第四个个体选择行动 B，则他的行为就揭示出他的信号在区间 $[-10, -8.75)$ 内。在此例中，根据（2），只要 $\hat{\theta}_5 \geqslant 0.625$，第五个个体将选择行为 A。总的来说，连续个体相似行动的时间越长，由模仿和偏离所揭示的信息间的非对称性就越大。而且，无论有多少人相似地行动，个别人收到强信号而不跟从先前行为的情况也总是可能的。

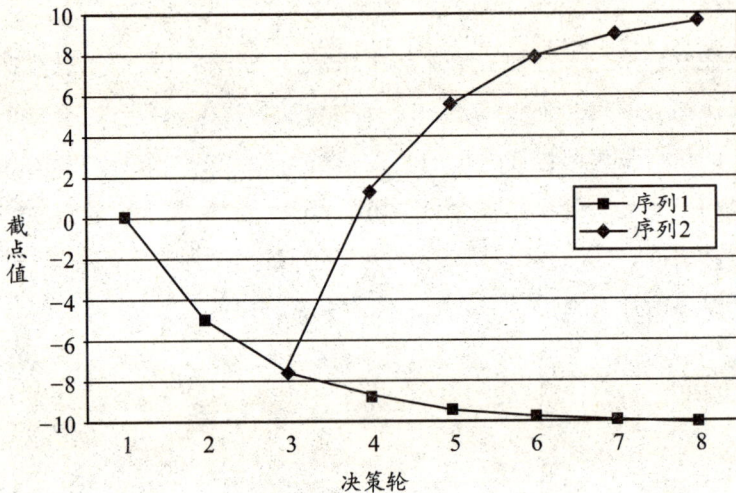

图1　两个实验的截点值顺序

图1就说明了两种历史情况中截点连续的状况。在第一个序列中，所有个体均选择行动 A。因此，随着时间流逝，个体越发坚信行动 A 是一个有利可图的行为。在第二个序列中，头两个个体选择行动 A，而接下来的其他人则选择行动 B。这样，第三个个体发生了偏离，这揭示了有一个信息强烈地暗示他选择行动 B。因为这种新的信息存在，第四个个体的截点非常接近零点，但也支持行动 B。

3.3 一些定义

接下来，我们定义一些文中所涉及的关键概念。我们把报告截点为 – 10 或 10 并且采取行动 A 或 B 的个体识别为追随行为个体，不管他的私人信号是什么。

当开始一些科目时，所有人要么报告截点为 – 10，要么报告截点为 10，我们认为这种情况便是实验室中的信息追随；而当科目中所有人都采取相同的行动，则认为发生了羊群行为。

因此，若被试加入了羊群行为却又发生信息追随行为，这时，他所报告的截点便在区间（ – 10，10）当中。这暗示着有些信号提示他采取行动 A，有些信号则引导他选择行动 B，但是当他的私人信号出现时，他将像其前辈那样行事。

3.4 关于羊群行为和追随行为的注解

由于任何行动的历史信息都是公开的，则由历史 $(x_i)_{i=1}^{n-2}$ 所揭示的信息已经在行动者（$n-1$）的截点处汇集起来了。因此，个体 n 的截点就被个体（$n-1$）的行动所揭示的新信息改变了。精确地说，仅仅由于 $E[\theta_{n-1} | x_{n-1}, \hat{\theta}_{n-1}]$，$\hat{\theta}_n$ 就区别于 $\hat{\theta}_{n-1}$。结果，截点法则（2）便展示了如下可重复的结构：

$$\hat{\theta}_n = \hat{\theta}_{n-1} - E[\theta_{n-1} | \hat{\theta}_{n-1}, x_{n-1}] \tag{3}$$

以及如下更新的规则（4），

$$E[\theta_{n-1} | \hat{\theta}_{n-1}, x_{n-1}] = \begin{cases} \dfrac{10 + \hat{\theta}_{n-1}}{2} & \text{如果，} x_{n-1} = A \\[3mm] \dfrac{-10 + \hat{\theta}_{n-1}}{2} & \text{如果，} x_{n-1} = B \end{cases} \tag{4}$$

以（4）替换（3）我们看到截点遵循一个随机过程：

$$\hat{\theta}_n = \begin{cases} \dfrac{-10 + \hat{\theta}_{n-1}}{2} & \text{如果，} x_{n-1} = A \\[4mm] \dfrac{10 + \hat{\theta}_{n-1}}{2} & \text{如果，} x_{n-1} = B \end{cases} \qquad (5)$$

此处 $\hat{\theta}_1 = 0$。

信息追随的不可能性直接来自式（5），因为对于每个 n，都有 $-10 < \hat{\theta}_n < 10$。即，在决策时，每个人都以一种不寻常的方式来考虑他的私人信息。这样，从理论上说，信息追随是错误的。同时，截点动态调整过程（5）就抓住了羊群行为和信息追随之间的区别了。注意，当所有人都选择行动 $A(B)$ 时，截点过程趋向于快速移向 -10（10）。结果，由于模仿的可能性增加，羊群行为变得更加可能。

从技术上说，截点过程 $\{\hat{\theta}_n\}$ 具有鞅性质（martingale property），例如，$E[\hat{\theta}_n | \hat{\theta}_{n-1}] = \hat{\theta}_{n-1}$。所以，由鞅收敛定理（martingale convergence theorem），随着 $n \to \infty$，它收敛到一个随机变量 $\hat{\theta}_\infty$ 上。特别地，$\hat{\theta}_\infty = -10$ 或者 $\hat{\theta}_\infty = 10$ 的概率为 1，即两者满足式（5）。而且，由于截点过程的收敛暗示着式（4）决定的行动的收敛，则行为永远不可能翻转了。这样，行为在一有限的时间上固定下来，这也与极限学习（limit learning）的情况是一致的。

总之，我们认为信息追随是一个模型中可观测的行为现象，并且它们是不应发生的。然而，羊群行为则是一定发生的。

4　实验结果

在所有类型的实验中，至少 5 个被试的羊群行为在 75 轮中观察到了 27 次（36%）。如表 1 所总结的，在 27 次羊群行为中，8 名被试共有 13 次行为相同。羊群行为在 37 轮中也发生了 24 轮，这也为贝叶斯法则所预测到了。① 更有甚者，除了一次行为外，所有羊群行为都是正确的。相反，安德森和霍尔特（1997）指出，约一半的羊群行为是错误的。理论上讲，在这实验中以及安德森和霍尔特（1997）报告中，错误概率的差异可以忽略不计。②

表1展现了几轮实验的截点，在这几轮中所有8个对象行事相同。注意，当被试观察到先前的所有行动都是相同的，一个更大的私人信息集使他加入到羊群行为中来，且与他的前辈行为保持一致下，他的截点将远离零点。由于截点策略是围绕零点对称的，所以我们采用镜像变换并使用变换后截点的平均值来获得关于平均趋势的观念。③ 这个结果暗示我们，随着被试观察到更多过去相同的行动，他们将对羊群行为发生的概率更具信心。而且，我们能够注意到追随行为总体上倾向于发生在一轮实验的最后几个阶段中。尽管如此，信息追随并不是羊群行为的必然状况。例如，在我们贴上"类/轮"2/7（即第2类实验的第7轮）、4/9、5/5和5/9最后几个阶段中，被试加入羊群，但仍将其截点设置在区间（-10，10）上。

从理论视角来看，也许我们最不希望看到的结果是仅在26轮中观察到信息追随行为（34.7%）。在这26轮当中，有1轮里的最后4个行动者，4轮里的最后3个行动者，11轮里的最后两个行动者，以及10轮里的最后一个行动者发生了信息追随行为。④ 此外，在信

---

① 换句话说，如果被试是贝叶斯理性的，假定信号值，根据式（5）进行博弈，我们将可能在37轮中观察到群体行为。

② 在安德森和霍尔特（1997）的设置中，信号精确度是2/3，简单的计算可得出正确的和错误的群体行为的概率分别为70.6%和28.3%。在我们的设置中，由于私人信号与具体的真实状态是负相关的，所以以上述概率难以分析得出。但是，借助于模仿，我们可得出至少5个被试的正确的和错误的群体行为的概率分别为75.7%和23.7%。

③ 根据理论设定，如果截点信号一致，我们便称被试决策是一致的；否则，我们称被试决策是相反的。我们取一致决策截点值的绝对值与相反决策截点值的绝对值的相反数来进行数据的转换。

④ 在40名被试中仅有2名被试在15轮实验中遵循了追随行为。

表 1　所有 8 名被试相似行动的决策轮的数据

类/轮 *	羊群行为	交替截点							
		1	2	3	4	5	6	7	8
1/11	B	0	4.25	10	5	10	10	10	10
2/7	A	4	1	− 2	1	− 6.1	− 10	0	− 9.4
2/1	B	2	3	9	10	10	9.8	10	10
2/11	A	− 6.1	− 2	− 6	− 10	− 8.8	0	− 10	− 10
2/14	A	0	− 7	− 10	− 10	− 4	− 9.9	− 10	− 10
3/1	A	0	1.5	− 0.01	0	0	0	0	0
4/3	A	− 5	5	0	− 10	− 10	− 9.87	− 10	− 10
4/9	B	5.4	10	8.69	6.4	3	9	10	8.5
4/12	A	0	0	0	0	− 9.13	− 5	− 10	− 10
4/15	B	10	9.99	5	0	9.9	10	10	10
5/3	B	0	4	− 2	10	2	10	0	10
5/5	A	− 1	0	− 10	− 8	− 5	− 10	5	0
5/9	A	0	0	− 10	− 10	− 3	− 10	− 6	− 9
平均 **		2.0	2.5	6.3	6.5	7.0	8.0	6.2	9.0

＊：例如，1/11 是第 1 类第 11 轮。

＊＊：镜像变换后截点的平均值。

息追随之外又观察到了 32 次追随行为[1]。表 2 展示了这些实验，在这几轮实验中发生了最长的信息追随。

最后，排除每轮的第一个行动，只有 7.2% 的决策与所观察到的历史不一致，截点的符号实际上与式（5）所提供的过去行动的历史正好相反。例如，在 2/13（见表 2）中，第二个行动者支持行动 A，即使他观察到的是行动 B。类似地，第三个个体支持行动 B，而过去的行动引导他支持行动 A。

---

① 当某一被试报告其截点值为 − 10（10），且其紧后被试报告其截点值为（− 10，10]（[− 10，10)）区间内的一个值，则我们确定该被试参与了追随行为，尽管这一行为并不是任何追随行为的一部分。

表 2　最长信息追随的轮次数据

类/轮	1	2	3	4	5	6	7	8	信号总和
	（截点报告信号号：决策） 交替截点					交替截点			
1/9	0 / −5.41:B	0 / −7.12:B	5 / −3.72:B	5 / −1.39:B	0 / −3.59:A	**10 / 5.59:B**	10 / 1.76:B	10 / −7.95:B	−15.2
1/10	0 / −0.35:B	0 / −4.71:B	**−10 / −0.34:A***	8.6 / 9.17:A	0 / 0.63:A	**−10 / 8.69:A**	−10 / −7.61:A	−10 / −4.00:A	1.5
1/11	0 / −1.44:B	4.25 / −2.71:B	**10 / 0.74:B**	5 / −4.76:B	**10 / 1.87:B**	**10 / −7.94:B**	10 / 4.80:B	10 / −1.06:B	−10.5
2/13	0 / −1.50:B	**−1 / 4.11:A***	**5 / 4.11:A***	−5.9 / 1.35:A	−6.6 / 6.42:A	**−10 / −5.71:A**	−10 / 6.04:A	−10 / 8.71:A	23.5
4/13	**10 / −6.45:B**	9.99 / −4.56:B	5 / −6.57:B	0 / −1.32:B	9.9 / 6.05:B	**10 / 0.80:B**	10 / −8.19:B	10 / 1.29:B	−19.5

注：黑体代表追随行为；
　＊：决策与观察历史史不一致。

5 计量经济分析

　　羊群行为的频率以及所有羊群行为看似正确的事实都暗示着被试对由他人行为所揭示的信息进行加工，并试图基于此信息做出最佳反应。这样做，被试必须评估他人出错的情况并在处理由他人行为所揭示的信息时加以考虑。像安德森和霍尔特（1997）那样，为了详加阐述，我们试图评估一个可重复的模型，该模型虑及早期决策中的可能错误。这种方法使我们能够评估贝叶斯理性解释实验室行为的程度如何。安德森和霍尔特（1997）用被试的期望收益来评估，而我们的截点方法允许我们可重复地评估截点确定的过程，而这一过程是与决策错误与独立冲击相互适应和调整的。

　　为了将个体出错的可能性具体化，我们修正原始的模型，放松个体理性的假设。为了精确起见，我们假设在每个决策轮 n，个体是贝叶斯理性并理性地计算他的截点的概率为 p_n，而个体的截点是从区间为 $[-10，10]$，均值为 $\tilde{\theta}_n$ 的分布方程 G_n 中随机抽取的，在此意义上行为含有噪声的概率为 $(1-p_n)$。假设其他人不能观察到个体行为是否含有噪声，但是 $\{p_n\}$ 和 $\{G_n\}$ 序列在个体间是共同知识。

　　在任何 $n>1$ 轮，一个理性的个体基于历史 $(x_i)_{i=1}^{n-1}$ 所揭示的信息做出决策。这些历史考虑了 $(p_i)_{i=1}^{n-1}$ 和 $(G_i)_{i=1}^{n-1}$。由于理性的个体在 $(n-1)$ 轮的截点处已经累计了历史 $(x_i)_{i=1}^{n-2}$ 所揭示的信息，理性个体的截点规则展示了如下可重复的结构：

$$\hat{\theta}_n = \hat{\theta}_{n-1} - p_{n-1} E[\theta_{n-1} \mid \hat{\theta}_{n-1}, x_{n-1}] -$$
$$(1-p_{n-1}) E[\theta_{n-1} \mid G_{n-1}, x_{n-1}]$$

在此，

$$E[\theta_{n-1} \mid G_{n-1}, x_{n-1} = A] = \int_{-10}^{10} \frac{10+x}{2} dG_{n-1}(x)$$

$$= \frac{10 + \tilde{\theta}_{n-1}}{2}$$

以及，

$$E\left[\theta_{n-1} \mid G_{n-1}, x_{n-1} = B\right] = \int_{-10}^{10} \frac{-10 + x}{2} \mathrm{d}G_{n-1}(x)$$

$$= \frac{-10 + \tilde{\theta}_{n-1}}{2}$$

因此，理性个体的截点运动遵循这一过程。

$$\hat{\theta}_n = \hat{\theta}_{n-1} - \begin{cases} \dfrac{10 + (1 - p_{n-1})\tilde{\theta}_{n-1} + p_{n-1}\hat{\theta}_{n-1}}{2} & \text{如果，} x_{n-1} = A \\ \dfrac{-10 + (1 - p_{n-1})\tilde{\theta}_{n-1} + p_{n-1}\hat{\theta}_{n-1}}{2} & \text{如果，} x_{n-1} = B \end{cases} \tag{6}$$

此处 $\hat{\theta}_1 = 0$。

此外，我们假定理性个体也会发生动摇，表现在他们的截点体现了非相关（uncorrelated）的微小计算和报告差错上。具体地，理性个体在第 n 轮报告截点 $(\hat{\theta}_n + \phi_n)$，而 ϕ_n 是一个均值为 0 方差为 σ_n^2 的均匀分布。值得注意的是，理性个体的错误随着含有噪声的个体的行为不同而有所区别，其原因在于前者是对于理性截点的一个动摇，例如前者拥有均值 $\hat{\theta}_n$，而后者仅仅是简单的随机行为。

在这些假设下，在任何决策轮 n 和决策周期 i，期望截点便是：

$$y_n^i = (1 - p_n)\tilde{\theta}_n + p_n\hat{\theta}_n^i + p_n\phi_n^i$$

用矩阵形式为：

$$\mathbf{y_n} = (1 - p_n)\tilde{\theta}_n\mathbf{1} + p_n\hat{\boldsymbol{\theta}}_\mathbf{n} + p_n\boldsymbol{\phi}_\mathbf{n} \tag{7}$$

在此，$\mathbf{y_n}$、$\mathbf{1}$、$\hat{\boldsymbol{\theta}}_\mathbf{n}$ 和 $\boldsymbol{\phi}_\mathbf{n}$ 都是向量，其组成部分分别是 y_n^i，1，$\hat{\theta}_n^i$ 和 ϕ_n^i。

这导出了如下的计量经济学解释：

$$\mathbf{y_n} = \alpha_n\mathbf{1} + \beta_n\mathbf{z_n} + \boldsymbol{\varepsilon}_\mathbf{n} \tag{8}$$

此处，$\alpha_n = (1 - p_n)\tilde{\theta}_{n-1}$，$\beta_n = p_n$，$\boldsymbol{\varepsilon}_\mathbf{n} = p_n\boldsymbol{\phi}_\mathbf{n}$，对于任何一个实验周期 i，$\mathbf{z_1} = \mathbf{0}$，而且对于任何 $n > 1$ 轮：

$$Z_n^i = Z_{n-1}^i - \begin{cases} \dfrac{10 + (\hat{\alpha}_{n-1} + \hat{\beta}_{n-1} Z_{n-1}^i)}{2} & \text{如果，} x_{n-1}^i = A \\[4mm] \dfrac{-10 + (\hat{\alpha}_{n-1} + \hat{\beta}_{n-1} Z_{n-1}^i)}{2} & \text{如果，} x_{n-1}^i = B \end{cases} \quad (9)$$

是向量 $\mathbf{z}_n$[①] 的第 i 个组成部分。

注意到这些参数都是可重复估计的。即，第一轮被估参数 $\hat{\alpha}_1$ 和 $\hat{\beta}_1$ 被用于第二轮参数 α_2 和 β_2 的估计，等等。所以，在每轮实验 n 中，对于前一轮的参数 $\hat{\alpha}_{n-1}$ 和 $\hat{\beta}_{n-1}$ 的估计将被用于计算每轮决策 $\hat{\theta}_n^i$ 的最优截点估计，根据式（9）记为 Z_n^i，其在此轮的估计（8）中构成了一个独立的变量。这意味着由式（9）给定的更新规则以一种贝叶斯调整的方式与先前的决策错误优化整合。错误——调适的更新规则（9）表明理性个体在较早的决策中估计平均误差并将这些误差放入决策当中加以考虑。这便是可重复计量经济方法的行为解释。

至于对参数的解释，系数 β 为参与第 n 轮决策的被试是理性人的概率，它可被解释为一个给予历史信息的平均权重。而系数 α 可被解释为信息处理上的一个偏见的参数，这一偏见有如对一特定行为的盲目倾向。例如，由于 $\hat{\theta}_n = \alpha_n/(1-\beta_n)$，当 $\beta_n < 1$ 时，任何 $\alpha_n < 0$（$\alpha_n > 0$）都暗示参与第 n 轮的被试偏向于行为 $A(B)$。当信息处理偏向消失时，例如，$\alpha_n \to 0$ 和 $\beta_n \to 1$（以及 $\sigma_n^2 \to 0$），行为将趋向于贝叶斯理性。也就是说，当对于所有的 n，$\alpha_n = 0$ 和 $\beta_n = 0$ 时，根据（8）式，实验室决策便与（5）式所给定的最优历史截点过程完美地相符了。类似地，当 $\alpha_n \to 0$ 和 $\beta_n \to 0$ 时，行为趋向于随机化。注意到当 $\alpha_n = \beta_n = 0$（以及 $\sigma_n^2 \to 0$）时，等式（8）要求期望截点为零，而这一截点仅为一个基于私人信息的选择。

---

① 注意这一截点，其基于观察到的决策历史并对先前的决策错误进行了调整，该截点可能摆脱了私人信号的影响，例如，落在了区间 $[-10, 10]$ 外。在此情况下，我们在边界上设置截点值，亦即，当 $Z_n^i < 10$（$Z_n^i > 10$）时，我们置截点于 10（-10）。

　　总体上，任何 $\beta_n < 1$ 都意味着，在第 n 轮被试的人数与他人行动历史所揭示的信息并不相称，这些他人行动是与其私人信息相关的。这对他人可能错误决策的信念是一个看似有理的反应。在一个模仿中，用 $\hat{y}_n$ 作为基准截点，并在实验中传递现实信号，我们的估计很准确地预测了实验中 600 个行动里的 467 个（77.8%）。表 3 展示了这些结果。[1]

表 3　按顺序的计量结果

轮	1	2	3	4	5	6	7	8
观察数目	75	75	75	75	75	75	75	75
$\hat{\alpha}$	-0.41	0.96	0.02	0.16	-0.02	0.39	-0.05	0.27
	(0.53)	(0.46)	(0.56)	(0.56)	(0.48)	(0.59)	(0.63)	(0.67)
$\hat{\beta}$	—	0.22	0.48	0.49	0.59	0.60	0.59	0.62
	—	(0.09)	(0.07)	(0.07)	(0.06)	(0.07)	(0.08)	(0.08)
R^2		0.07	0.31	0.39	0.51	0.47	0.45	0.45

注：括号内为标准差。

　　如表 3 所示，我们无法在所有轮中拒绝 $\hat{\alpha}_n = 0$ 的假设。带有噪声的个体对行动 A 或 B 没有对称的偏好，同时系数 β_n 也被限制在 0 到 1 的范围内。$\hat{\alpha}_n = 0$ 的假设对这一推断提供了强大的支持。注意，平均来说，一个作为第二决策人的被试倾向于显著低估第一决策者的决策，$\beta_2 = 0.22$。这样，我们的计量结果显著表明早期决策者有一种具体实在的倾向去随机地决定他们的截点，而不是借助于贝叶斯理性。同样值得注意的是系数 β_n 明显的上升趋势，这意味着随着时间推移，被试倾向于运用更为贴近实际的贝叶斯理性。分开来说，伴随着被试的代际增加，由行动历史所揭示的信息更多地依赖于被试，而且被试也越发倾向于模仿其前辈的行为了。

---

　　① 一般的最小二乘随机效应估计（least-squares random-effects estimators）以及独立数据和群组数据强方差估计（robust variance estimators）都得出了类似的结论。

注意到，当带有噪声的个体忽视历史信息并在仅仅基于私人信息的基础上作出决策时，把截点设置在零点，把理性个体分别排列，带有噪声的个体将揭示更多的私人信息。这样，我们的经验结果表明，以贝叶斯的术语来说，被试对自己的信息过于重视，而对公共信息重视不够。而且，作为早期决策者的被试在学习过程中倾向于更多地倚重自身的信息。这些信息也能为后期的决策者获得，他们更加倾向于贝叶斯理性。

这一发现解释了为何在实验室中会出现信息追随现象。这是由于过于注重自身信息的决策者挖掘出了关于私人信号的更多信息，并且，作为结果可能刺激了信息追随的产生。为了说明这点，我们注意到，因为 $\hat{\alpha}_1 = \hat{\alpha}_2 = \hat{\alpha}_3 = 0$，$\hat{\beta}_2 = 0.22$，$\hat{\beta}_3 = 0.48$，不管何时前面3个个体选择相同的行动，比如 A，A，A；那么使用（6）式的简单计算便可表明理性个体序列的截点失去了私人信号的支持，$\hat{\theta}_4 < -10$，并且无论他的私人信号是什么他都会选择 A。

接下来，我们把注意力转向如下问题：我们的计量结果在多大程度上预测了追随行为？

要回答这一问题，对于每一个决策轮来说，我们首先发现实验的轮数，在这些轮中，我们的估计将预测个体会有信息追随行为。例如，根据（9）式，要么 $Z_n^i = 10$，要么 $Z_n^i = -10$。然后，我们用个体理性的概率 $\hat{\beta}_n$ 去乘以这个数字，从而获得追随行为发生的期望数量。作为一种合适的手段，图2的直方图逐轮地比较了实验室中观察到追随行为的轮数（以黑色显示）和由模型所预测的轮数（以灰色显示）。图2展现了在4—8轮的决策中，模型估计充分地预测了实验室里的追随行为：实验室里所有的追随行为与模型估计所预测的并无显著差异。尽管如此，在1—3轮中，即便模型估计预测理性的追随行为不可能出现，但它仍然在实验室里发生了。我们将早期决策轮中的追随行为归因于在这些轮中含有噪声的个体的普遍存在。

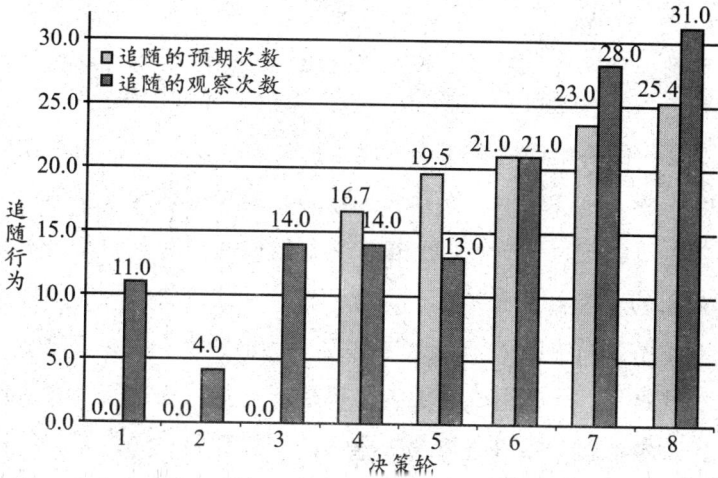

图 2　追随行为的预期和观察次数

　　至此，我们关注于追随行为发生的频率，并把其作为可观察行为与模型估计行为之间的一种良好的测量手段。这仅仅讨论了情形的一部分，它忽略了模型估计在多大程度上符合每个决策点的真实数据。注意到我们能将追随行为的数据组织到 4 个可能的实验中去：模型估计预测理性的个体将发生追随行为，并且在实验 I 中可观察到该行为，在实验 II 中则观察不到；同时，模型估计也可能预测理性个体不发生追随行为，且在实验 III 中可观察到该行为，在实验 IV 中则观察不到。图 3 概述了这些实验。

图 3　观察和预期的追随行为的情况

在实验 I 中，我们的预测把观察到的追随行为归属于理性的被试。相反，在实验 II 中，即便模型估计预测理性行动者会有追随行为，我们却没有观察到这种行为。这一观察引导我们得出有关结论，即实验 II 中的决策问题源于含有噪声的被试。类似地，我们能够鉴别出含有噪声的实验 III 中的决策问题，因为模型估计预测理性个体不会发生追随行为，而实际上却能观察到追随行为。在实验 I 和实验 II 之间的一个显著差异在于，对于实验 II 这些决策可能归因于行动者对遵循前例的偏好。[①] 这类的追随行为多年前在社会心理学实验中就观察到了。此文则说明了理性视角下追随行为的几种替代性的解释。特别地，个体内在地希望跟从他人的行为，因为跟从的倾向是个体偏好的一个自然属性，例如，跟从前者的偏好就是为了跟从而跟从。[②] 最后，在实验 IV 中，模型估计对于理性和含有噪声决策的组成成分并无预测。

这是因为理性个体会发生追随行为的预测并不必然意味着观察到的行为都来自于理性个体。

为了考察所观察到的行为，对于每一轮我们让 C_n^k 表示在实验 k 中行为发生的次数，并且考虑这一比率：

$$r_n^1 := \frac{C_n^I}{C_n^I + C_n^{III}}$$

$$r_n^2 := \frac{C_n^{II}}{C_n^{II} + C_n^{IV}}$$

因此，对于在数据中可观察到（不可观察到）信息追随行为的决策点，$r_n^1(r_n^2)$ 仅是模型预测的一部分。模型预测理性个体会发生

---

① Hung 和 Plott（2001）调整了 Anderson 与 Holt（1997）的支付结构以进一步考察双信号行动（binary-signal-action）设置中追随行为的可能解释。他们拒绝了一致偏好和非均衡贝叶斯行为的解释，而赞成此追随行为是一种贝叶斯均衡行为。

② 早期的文献可见 Solomon E. Asch（1958）。Elliot Aronson 等人（1997）回顾了这方面的心理学文献并提供了更多的参考资料。在经济学文献中，B. Douglas Bernheim（1994）也提出了一些相关的概念。

追随行为。表 4 概述了每个实验的百分率和比率，即 r_n^1 和 r_n^2。注意到在后面的决策轮中，r_n^1 值比 r_n^2 值高，这意味着模型估计不仅预测到了理性和带有噪声的追随行为的正确频率，而且预测到了它的发生。进一步，r_n^1 还提供了第 n 轮追随行为部分的上界，根据模型估计，这一追随来自于理性的行为。

表 4　预期理性追随行为的情况的百分比

实验	决策轮							
	1	2	3	4	5	6	7	8
I	0	0	0	16.0	10.7	17.3	22.7	32.0
II	0	0	0	29.3	33.3	29.3	30.7	25.3
III	14.7	5.3	18.7	2.7	6.7	10.7	14.7	6.7
IV	85.3	94.7	81.3	52.0	49.3	42.7	32.0	36.0
r_n^1	0	0	0	0.86	0.62	0.62	0.61	0.83
r_n^2	0	0	0	0.36	0.40	0.41	0.49	0.41

最后，将要说明模型的预测和贝叶斯模型的对比。为此目的，图 4 比较了理论上贝叶斯截点过程以及估计的试错调整期望过程 $\hat{\mathbf{y}}_n$。当所有人都选择行动 A（序列 1）时，在早期决策中估计截点远高于理论截点，这意味着个体具有遵循其私人信息的相关预设。但是，随着时间推移，理论和估计截点之间的鸿沟逐渐消失，这暗示着如截点策略（5）所提供的贝叶斯解充分地预测到了实验室中大部分行动者的行为。[①] 人们可能会说这一结论并不牢靠，因为所有行动者都相似行动的历史仅是一个特殊的实验。但是，在一个完整轮回的实验中，贝叶斯理性在预测实验室行为上仍然表现完美。当前两个被试采取行动 A 而接下来的其他被试采取行动 B（序列 2）时，估计截

---

① 注意到当所有被试选择行动 A 时，$\hat{\mathit{2}}_n$ 是估计的理性截点 θ_n，这等于在最后一轮中选择截点 -10，但是 $\hat{y}_n = \hat{\alpha}_n + \beta_n \hat{\mathit{2}}_n$ 并没有摆脱私人信号的影响。

点表明后继者遵循偏离，如同理论发现所暗示的，尽管他对新信息所赋予的价值比理论预测的要低。对于他前者的偏离是错误的可能性，这是一种明显的反应。

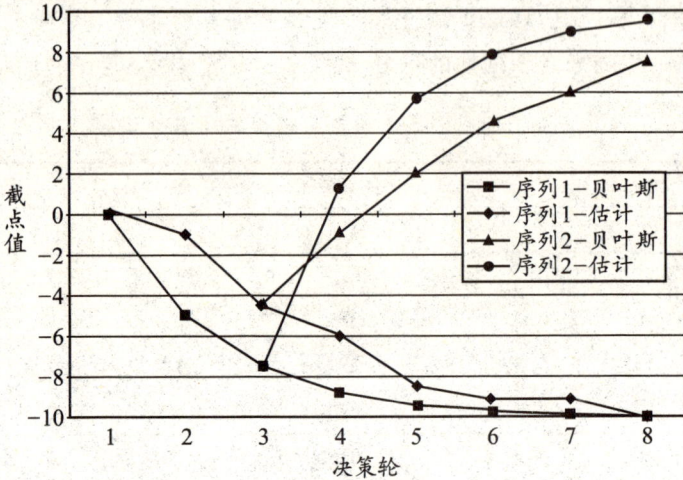

图 4 序贯截点的历史记录——理论和估计

由此推断，被试的行为可以最佳地刻画为一种理性和有限理性的混合物。从整体上看，可以适当修正估计截点以把这些特征考虑进去，而这将使我们能够成功地预测被试的行为。

6 结 论

社会学习模型可以轻易地适应实验室背景，而且这也提供了检测理论预测能力的一个有价值的机会。为了检验理论，使用一个新颖的设置，此文揭示了现存文献很少讨论的行为模式。本文在方法上有两个贡献：第一，我们的实验展现了一个连续信号的社会学习模型是如何检验理论上产生的行为要比安德森和霍尔特（1997）用简单的二元信号模型所检验的行为更丰富。第二，本文展现了使用截点诱导技术来反映被试的信念，这使我们能够从重要的行为现象，即在信息追随中用实验区别出羊群行为，并且引导我们检验贝叶斯理性在多大程度上接近实验室中所观测到的行为。

我们的结论概述如下：首先，我们发现羊群行为在实验室中频繁发生（36%），而且除了一个之外，其他羊群行为都被证明是正确的。其有趣之处在于：与众多实验相匹配的理论预测大众行为是错误的。而且，与理论预测的信息追随的不可能性相反，我们发现追随经常发生（34.7%）。这样，我们便可推断，虽然信息追随在理论上不可能，但在现实中却是存在。其次，我们发现在实验室中，相对于由他人行为所揭示的公共信息，被试对于他们的私人信息给予了过多的关注。但是随着时间推移，他们趋向于贝叶斯理性。我们用这一结果可以帮助解释为何在实验室中观察到的信息追随行为可能是理性的。

因此，本文新颖的实验设置及其诱导方法都丰富了社会学习范式，同时也提供了对大众行为的有效解释。序贯的决策问题引起了我们的特殊兴趣，这一问题显示大众行为的模式十分脆弱，而且行为在一次偏离之后容易翻转变化，而这种穿插其间的不稳定性正是真实世界中社会行为的特征。这样，我们发现实验结果有助于对社会学习理论的理解和改进。我们所发展的实验技术和结果提供了一些工具，这些工具使此领域未来的工作变得有指望了，而且这些工具对于更好地理解社会学习的经济影响也是完全需要的。

参考文献

Anderson, Lisa R. & Holt, Charles (1996): "Classroom Games: Information Cascades," *Journal of Economic Perspectives*, 10 (4), 187–93.

Anderson, Lisa R. & Holt, Charles (1997): "Information Cascades in the Laboratory," *American Economic Review*, 87 (5), 847–62.

Aronson, Elliot; Wilson, Timothy D. & Akert, Robin M. (1997): *Social Psychology*. New York: Addison Wesley Longman.

Asch, Solomon E. (1958): "Effects of Group Pressure upon the Modification and Distortion of Judgements," in Eleanor E. Maccoby, Theodore M. Newcomb, & E. L. Hartley, eds., *Readings in Social Psychology*. New York: Holt, Rinehart &Winston, 174 – 83.

Avery, Christopher & Zemsky, Peter (1998): "Multidimensional Uncertainty and Herd Behavior in Financial Markets," *American Economic Review*, 88 (4), 724 – 48.

Banerjee, Abhijit V. (1992): "A Simple Model of Herd Behavior," *Quarterly Journal of Economics*, 107 (3), 797 – 817.

Bernheim, B. Douglas (1994): "A Theory of Conformity," *Journal of Political Economy*, 102 (5), 841 – 77.

Bikhchandani, Sushil; Hirshleifer, David & Welch, Ivo. (1992): "A Theory of Fads, Fashion, Custom, and Cultural Change as Informational Cascade," *Journal of Political Economy*, 100 (5), 992 – 1026.

Bikhchandani, Sushil; Hirshleifer, David & Welch, Ivo. (1998): "Learning from the Behavior of Others: Conformity, Fads, and Informational Cascades," *Journal of Economic Perspective*, 12 (3), 151 – 70.

Çelen, Boğaçhan & Kariv, Shachar (2004): "Observational Learning Under Imperfect Information," *Games and Economic Behavior*, 47 (1), 72 – 86.

Gale, Douglas (1996): "What Have We Learned from Social Learning?" *European Economic Review*, 40 (3 – 5), 617 – 28.

Hung, Angela A. & Plott, Charles (2001): "Information Cascades: Replication and an Extension to Majority Rule and Conformity-Rewarding Institutions," *American Economic Review*, 91 (5), 1508 – 20.

Kennedy, Robert E. (2002): "Strategy Fads and Competitive Convergence: An Empirical Test for Herd Behavior in Prime-time Television Programming," *Journal of Industrial Economics*, 50 (1), 57 – 84.

Kübler, Dorothea & Weizsäcker, Georg. (2004): "Limited Depth of Reasoning and Failure of Cascade Formation in the Laboratory," *Review of Economic Studies*, 71 (2), 425 – 42.

Morton, Rebecca B. & Williams, Kenneth C. (1999): "Information Asymmetries and Simultaneous versus Sequential Voting," *American Political Science Review*, 93 (1), 51 – 68.

Neeman, Zvika & Orosel, Gerhard O. (1999): "Herding and the Winner's Curse in Markets with Sequential Bids," *Journal of Economic Theory*, 85 (1), 91 – 121.

Scharfstein, David S. & Stein, Jeremy C. (1990): "Herd Behavior and Investment," *American Economic Review*, 80 (3), 465 – 79.

Smith, Lones & Sørensen, Peter N. (2000): "Pathological Outcomes of Observational Learning," *Econometrica*, 68 (2), 371 – 98.

Welch, Ivo. (1992): "Sequential Sales, Learning and Cascades," *Journal of Finance*, 47 (2), 695 – 732.

Welch, Ivo. (2000): "Herding among Security Analysts," *Journal of Financial Economics*, 58 (3), 369 – 96.

看着学：一项观察学习的
实验研究[①]

安东尼奥·梅洛，安德鲁·肖特

摘　要：本文阐述观察学习的实验研究。该研究表明，观察学习（只看不动手的学习）可能胜过"干中学"。

关键词：学习

1　概　述

研究者通常认为：如果两个理性经济个体面临同样的目标函数，都试图使其最大化，并且在处理过程中依据同样的数据或者说信息集（data or information set），他们就会做出同样的选择。因此，人们可能很少探究数据产生的过程，也没考虑是否应该仅仅满足于个体选择时拥有的信息存量（stock of information）。决策前信息集如何产生的过程显然在许多经济问题中都很重要。例如在反复完成相同任务的情况下，决策者的专项技能就会提高，该技能是他累积完成任务量的增函数，这就跟"干中学"（learning-by-doing）一样。在这种情况下，（不考虑过程及专项技能）仅凭观察存量能够概括提取出进行有效经济决策所需的全部信息吗？或者说，产生这些观察值的

---

①　原文为安东尼奥·梅洛（宾夕法尼亚州大学经济系），安德鲁·肖特（纽约大学）2001 年的工作论文（下载地址 http://homepages. nyu. edu/ ~ as7/Merlo_Schotter. pdf）。正式论文载于 *Games and Economic Behavior*，42，116 – 136，2003 January。

实际决策经历重要吗？本文针对该问题给出了实验证据。

人们能用差异很大的不同方式进行学习。观察学习总是有一个决策者（观察者，又称"看的人"），在另一个决策者（行动者，又称"干的人"）行动时，仅仅观察他的所作所为［见约万诺维奇和尼亚柯（Jovanovic，Nyarko，1995）的工匠学徒模型（apprentice-craftsman model）的应用，在本质上类似于这里要探讨的模型］，看的人仅仅观察但不动手。进而，在看的和干的都反复了足够多的次数后，就将具有同样的观测信息存量，如果他们是理性的且都想使相同的目标函数最大化，我们很可能认为要比较这两种决策绩效的话，干的不会比看的差，因为干的人多了亲自动手的经历。

不过许多动物研究却支持这样的假设：观察学习可能有效。例如，特克尔（Terkel，1996）的工作表明年轻老鼠年幼时观察妈妈，好像能很容易就学会剥松子皮。约翰（John，1969）等证明，把猫放在用玻璃墙从中间隔开的笼子里，观察一只训练好的动物演示具体任务，就能训练猫执行任务。若干次观察后，猫即使没亲自做过，但好像也能很好地完成任务。

本文考虑这样的假设：信息收集过程会影响被试的选择行为及效果，被试从同一人群中随机抽取。实验发现，被试"看着学"的效果可以比"干中学"更好。对此可能的解释是：当被试在重复实验或参与市场行为中每轮都能获得一小点收益的话，如同在大部分实际市场中一样，那么市场反馈趋于将决策者的注意力聚焦于短视的刺激—反应特征，这看来阻碍了他们对实验经历的记录进行权衡分析判断［见梅洛和肖特（Merlo，Schotter，1999）的研究，以下简记为 M-S，该研究对"经历强化"有更为完整的说明］。然而，如果被试看着动手者经历了全过程，那么他的注意力将会有不同的聚焦点，即所谓"旁观者清"，反而会有较好的效果。在某种程度上，这解释了教练、导演以及周日上午的四分位（橄榄球后场运动员，通常为本队发号指令——译者注）的价值。

另一个有趣的发现是，不仅观察能潜在的提高绩效，而且观察者的学习效果取决于他们观察的对象。换个角度说，相较好的行动者对观察者之后作出的决策能产生好的影响，而差劲的行动者则不能——好的模仿对象对行动绩效至关重要。

本文以下的内容安排为：第 2 部分讨论被试要实施的决策任务和基线实验设计，第 3 和第 4 部分给出基线实验结果，第 5 部分报告两个回答基线实验潜在批评的额外实验结果，最后第 6 部分提供了一些结论。

2　决策任务和实验设计

就像 M-S 中的工作那样，所有为检验假设所设置的实验都是锦标赛的变形（tournament variety），与肖特和魏格尔特（Bull Schotter, Weigelt, 1987；1992）的实验类似。在所设置的实验中，随机配对的被试每一轮须在 0 和 100 之间决策——选一个数 e。每个被试选定决策数 e 后，再从均匀分布的闭区间 $[-a, +a]$ 中独立产生一个随机数。将决策数与随机数相加，就确定了每个被试的加总数。对比每对被试的加总数来决定被试的收入大小，对最大加总数的被试给他"大"的收入 M，给最小加总数被试一个"小"的收入 m，$M > m$。同时，选择决策数 e 也是有成本的，该成本用凸函数 $c(e) = e^2/k$ 给出；然后从各自收入中减去成本，以决定最后报酬。因此，该实验中选的决策号数 e 越大，赢得大奖的可能性越高，当然也就要承担更高的决策成本[①]。令 $k = 500$，$a = 40$，$M = 29$，$m = 17.2$，双人锦标赛唯一的纳什均衡为 37。用计算机代替一方，并设定机器参与方总是选 37。然后将这种随机产生

---

① 在实验说明中，我们十分注意避免使用包含价值含义的诸如"赢"或"输"之类的词语。

数与自己选择数相加，并将成本计算决定收益的情况告诉被试，则原双人锦标赛问题已转化为单人二次支付函数极值问题——将双人锦标赛中的一方固定选择为 37 以后，变为单人条件支付函数极值问题。

这项实验有利于我们的研究目的理由至少有两点：第一，虽然它向被试呈现的是一个完全信息（complete information）的极值问题，被试有可能事先把最佳选择算出来，但解该问题复杂到大多数被试无法推算出解。第二，虽然决策问题求解复杂，但是实验很容易被描述和理解，这一点是很有吸引力的，因为这能很好地降低数据误差。

与 M-S 实验一样，被试在我们的基线实验中重复上述决策任务 75 轮，每轮都付给他们少量报酬。完成后他们惊奇地感觉到，为了得"大奖"（big stakes）还想再做一次实验，大奖的额度是此前每一轮少量报酬的 75 倍。在这一轮"惊奇大奖测试"（surprise-quiz）中被试所做的选择，应是此前 75 轮整个学习结果的体现（在统计意义上）。这次所作的选择应该是他们对最优决策的最佳估计。当年的 M-S 实验是关注不同报酬的区别——比较"惊奇大奖测试"与普通回合的少量报酬对被试决策的影响。

这里的实验与以前 M-S 实验的不同之处在于：安排一个被试作决策时另一被试在一旁静静地观看。实验中要求绝对安静（虽然实验中并没有发生被试交谈的情况），并且禁止被试以任何方式进行交流，比如叹息、微笑、皱眉或其他任何方式。这些只看不动的被试（观察者）在他们观看行动者之前只被告知观察的东西与最后要做的实验有关，但并不告诉他们在行动者完成后还要做什么。在行动者完成"惊奇大奖测试"后，观察者先离开房间，然后行动者离开，之后再让观察者回来。这时告诉观察者，他们所有进行的就是刚才观看的游戏，但只进行一次，奖金数额巨大（big stakes），例如是他们刚才观看的一轮报酬的 75 倍。

注意在我们进行的实验中，每对被试（一个行动者和一个观察者）的信息是一样的，因为每个观察者都在观看行动者同伴。我们把行为人信息获取方式简单处理为：行动者实际产生信息，观察者被动地看着信息的产生。要分析比较的是这两组被试在"惊奇大奖测试"中的选择。如前所述，若这些被试学习有差异或者学了有差异的东西，则应在"惊奇大奖测试"选择中显现出来。

2.1 实验步骤

这里报道的所有实验都是在纽约大学 C. V. Starr 应用经济学中心的实验经济学实验室进行的。实验者把招募来的学生分成 10 到 20 个人一组，并带进一个房间。总共有 62 个被试参加了基线实验，还有 124 个被试参加两个附加实验（实验 2 和 3），以解决基线实验的潜在毛病。下面，我们先介绍基线实验的程序，第 3 部分讨论实验结果，实验 2 和实验 3 的程序及实验结果放在第 5 部分讨论。

被试到实验室参与基线实验，他们被随机分成两种类型：A 类是行动者，B 类是观察者。被试领取测试说明书，阅读并理解说明内容：B 类在观看 A 类做完实验之后，B 类自己也要做一个实验，但 B 类并不知道自己所要进行的实验的种类，只是知道自己的实验将在某种方式上和自己的观看的有关。实际实验过程是：

首先，B 类被试观看、A 类被试做选择，完成 75 轮测试；

然后，B 类离开房间、A 类进入一次性的"惊奇大奖测试"；

最后，B 类再回房间也进行"惊奇大奖测试"。

测试中所有给被试的报酬都使用筹码，与美元的兑换比例是 0.01∶1，"惊奇大奖测试"的报酬是此前一轮报酬的 75 倍。

基线实验中，行动者被试在实验室里花一个半小时大约可以获得 30 美元的报酬，因为他们实际上做了两次实验；观察者等其他被试的报酬为行动者的一半。

2.2 研究问题

虽然没有现成的理论可作为这些实验的分析基础，但以前的M-S实验可用于构成能够归纳一系列形式化问题（假说、命题）的基础。以前的M-S实验表明："惊奇大奖测试"中被试选择并不理想，因为他们的选择并不靠近最佳值37。由该实验推测的结论是：个体的确如此！因为在他们搜寻（决策搜索）过程中每轮都会收到小额报酬，那么学习的目标就是从他们面临的报酬函数中寻找极值，转变为从逐轮测试接收的反馈过程中寻找适当的调适响应方式（从找极值变为形成调适响应）。因此被试以自己的调适方式处理自己决策所产生的序列数据。实验的最后一步，他们在"惊奇大奖测试"的结果面前感到吃惊，知道了自己没有采用良好的关于支付函数的认知图式（cognitive map）。如果这个推测是真的，且观察者的存在不影响被试行为的话，那么可以预计——行动者被试将像M-S实验中的被试一样，以同样的方式行动，而不会找到最佳决策。

本文的焦点是考查与行动者相关的观察者绩效。我们用"惊奇大奖测试"中被试们产生的数据进行考查（观察者绩效如何与行动者行动情况有关），并归纳出以下4个问题：

问题1 观察者和行动者在"惊奇大奖测试"决策轮中选择的中位数都等于最佳值37吗？

问题2 被试是观察者与行动者一对对组合的，如何比较观察者与行动者的"惊奇大奖测试"报酬？

问题3 观察者在"惊奇大奖测试"决策轮的选择分布是否与行动者的选择分布没有差异？

问题4 就被试配对考察，行动者的选择和观察者的选择高度相关吗？

3 基线实验结果

基线实验结果的讨论围绕上述问题予以阐述。下面首先对行动者和观察者在"惊奇大奖测试"中所做的选择，作一个简单的统计描述。

表1给出了行动者和观察者在"惊奇大奖测试"中选择；给出了既定随机波动分布下他们决策的期望支付（报酬的数学期望）。表中数据的一些特征是很明显的：

- 观察者选择中位数是37（极大值），行动者选择的中位数50（平均值分别是40.65和51.06）。

- 行动者选择的均值和中位数（分别是51和50）与M-S实验中的均值和中位数是一样的。这个结果既重复了以前的实验又表明观察者不会影响行动者的行为。

- 有12个观察者的"惊奇大奖测试"选择距离最佳值37不超过5，而行动者中仅有5人达到这样的距离。此外，观察者样本中有6个被试精确地选了37，而行动者中仅有1人这样做。

- 虽然观察者支付的均值和中位数比行动者高，因为支付函数在极值附近相对平坦，所以观察者与行动者的差别似乎并不悬殊。尽管如此，31对被试中有18对观察者选择的支付大于行动者；10对观察者选择的支付小于行动者（剩下的3对，两人选择相同）。

- 就行动者在"惊奇大奖测试"中的选择而言，31个被试中有9个选在"高端"（e可在100中任选，有9人选的$e \geqslant 65$，远远偏离了最佳值37）；而对于观察者，只有5个人如此选择。

- 就行动者和观察者选择之间的联系来看，在决策前具有相同信息集的条件下，指标值仅为0.39。这表明他们虽共享历时信息，但观察者与行动者处理他们经历的信息方式很不一样。

总体可见，行动者和观察者在"惊奇大奖测试"选择上是有一定差别的。

表 1 的结果是用图 1 和图 2 的柱形图归纳出来的，图 1 是行动者和观察者在"惊奇大奖测试"决策轮中选择的散点图，图 2 是每组选择偏离极值点 37 的绝对值。

现在把目光转向回答上面提到的四个问题。对每个问题，就相应能标示该问题的假说给出简单非参数检验结果（及 p 值）。本文采用的假设检验标准是：如果检验的 p 值小于（大于等于）0.10，则在约定的统计显著水平下能够（不能）拒绝原假设。

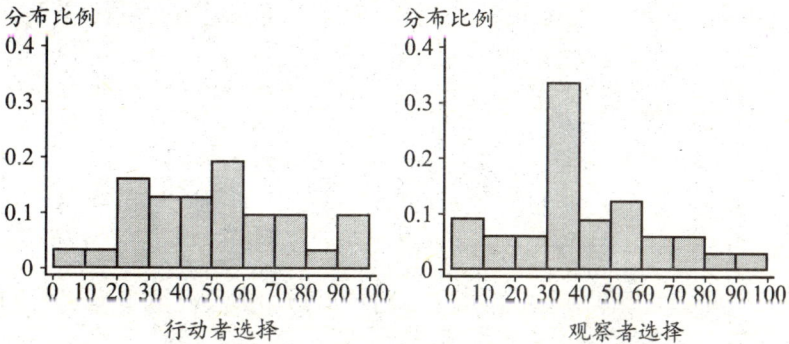

图 1　惊奇大奖测试中决策值分布柱形图（基线实验）

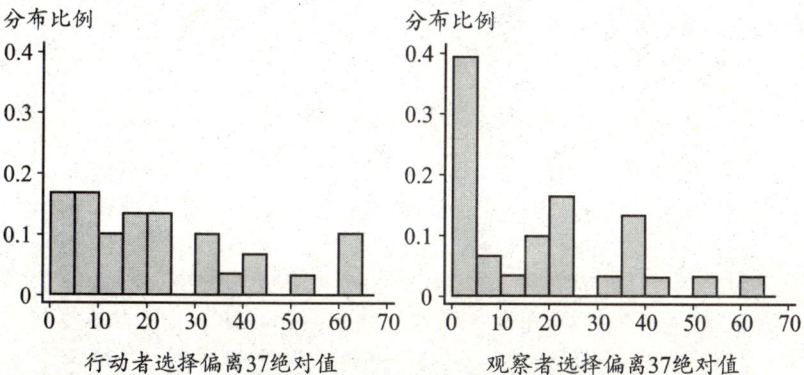

图 2　决策数偏离 37 的绝对值分布柱形图（基线实验）

表1　惊奇大奖测试结果（基线实验）

被试组对	惊奇大奖测试选择		期望支付	
	行动者	观察者	行动者	观察者
1	50	40	20.14	20.34
2	45	40	20.27	20.34
3	78	76	18.41	18.59
4	41	57	20.33	19.87
5	38	37	20.35	20.36
6	69	97	19.15	16.25
7	69	0	19.15	18.94
8	57	34	19.87	20.35
9	36	1	20.36	19.02
10	100	37	15.84	20.36
11	29	35	20.31	20.36
12	100	20	15.84	20.08
13	20	37	20.08	20.36
14	29	40	20.31	20.34
15	60	37	19.72	20.36
16	30	30	20.32	20.32
17	25	30	20.23	20.32
18	37	54	20.36	20
19	88	88	17.37	17.37
20	55	68	19.96	19.23
21	52	20	20.07	20.08
22	98	77	16.12	18.5
23	13	13	19.78	19.78
24	79	50	18.32	20.14
25	40	37	20.34	20.36
26	70	37	19.08	20.36
27	22	13	20.15	19.78
28	51	57	20.11	19.87
29	44	0	20.29	18.94
30	57	60	19.87	19.72
31	1	38	19.02	20.35
平均值	51.06	40.65	19.40	19.71
中位数	50.00	37.00	20.07	20.32

问题 1　观察者和行动者在"惊奇大奖测试"决策轮中选择的中位数都等于最佳值 37 吗？

为回答该问题，分别对两类被试的"惊奇大奖测试"选择进行简单二项式检验（simple Binomial test，检验观察者选择在 37 以上的可能性等于选择在 37 以下的可能性）。检验情况表明：不能拒绝"观察者选择的中位数等于 37"的假设；采用正态分布近似的 p 值为 0.007，拒绝了"行动者选择的中位数等于 37"的假设（行动者选择的中位数是 50）。

问题 2　被试是成对组合的，如何比较观察者与行动者的"惊奇大奖测试"报酬（统计差异）？

对这个问题，采用下面的符号检测法。取"惊奇大奖测试"中任一对行动者和观察者被试，对两人选择后的支付值进行比较并打上符号标记。若观察者的支付大于行动者的支付，则给观察者的决策数打上"＋"；若小于行动者的支付则给观察者的决策数打上"－"；若两被试选择一样的决策数，则赋 0 分并剔除该记录。然后检验"两组的中位数之差为 0"的假设，该假设意味着观察者报酬大于行动者的概率等于小于后者的概率。换言之，假设预期这个"增大可能性" π 等于 1/2。在 $\pi = 1/2$ 的原假设下，观察者中为"＋"的可能性是 18/28（31 去掉 3 个）。可见，用正态分布近似可以拒绝支付均等假设（"两组的中位数之差为 0"），转而支持备择的单边假设：观察者做的选择是支付增大的（p 值为 0.093）。

问题 3　观察者在"惊奇大奖测试"决策轮的选择分布是否与行动者的选择分布无差异？

这里采用基于皮尔逊卡方检验的非参数处理方法。令 $h = 1$，2，…，10 为"惊奇大奖测试"选择分布的柱形图中各柱高的区间，$h = 1$ 代表区间 [0—10)，$h = 2$ 代表 [10—20)，依次类推。令 n_h^d 和 n_h^o 分别代表区间 h 内行动者和观察者的经验频率。那么，具有 9 个自由度的卡方分布统计量 Q 为：

$$Q = \sum_{h=1}^{10} \frac{(n_h^d - n_h^o)^2}{n_h^d}$$

其中 Q 是所记录到的观察者选择与行动者选择差异程度的度量。由此可拒绝原假设：观察者在"惊奇大奖测试"决策轮中的选择分布和行动者选择的分布一样（$Q = 22$，p 值为 0.009）。

问题 4 就被试配对考察，行动者的选择和观察者的选择是高度相关的吗？

行动者和观察者选择之间的相关系数是 0.39。待检验的原假设为"该系数为 1"（行动者和观察者的选择完全相关）。采用正态近似，检验的统计量服从自由度为 29 的 t 分布 $\left(t = \frac{r\sqrt{n-2}}{\sqrt{1-r^2}} \sim t(n-2)，n = 31，r = 0.39 \right)$。检验计算结果拒绝了行动者和观察者的"惊奇大奖测试"选择完全相关的原假设（p 值为 0.002）。这意味着虽然行动者和观察者在他们"惊奇大奖测试"选择之前观看了相同数据，但他们的行为迥异。

4 是否名师出高徒？

前面已经证明，就一般的普通意义而言，观察者在我们让他们面对的决策任务上做得比行动者好。然而当以下面方式将实验数据分开时，我们发现了一个同样很有意义的结果。把那些先在 75 轮实验中取得比平均成绩好的（获得报酬）那些行动者界定为"优秀行动者"（31 个被试里有 16 个"优秀行动者"）；同理，把那些表现差的界定为"差行动者"（15 个）。现在考虑那些优秀行动的观察者和那些差行动者的观察者，看他们在"惊奇大奖测试"回合中的决策。我们发现那些优秀行动的观察者确实做得比那些差行动的观察者好。更确切地说，优秀行动观察者在"惊奇大奖测试"的决策数与最佳决策 37 的偏差绝对值是 3（31 个人的偏差中位数是 9.1）。实际上，观看优秀行动者的 16 个被试中有一半的"惊奇大奖测试"决策数与 37 的偏差小于 3 个单位。而那些观看差行动者的被试（15 个）的偏差中位数是 27（15 个人的偏差平均值是 27.7）。我们认为，这两类观察效果反差强烈。此外还应补充的是，在"惊奇大奖测试"中选准 37 的 5 位观察者被试都属于优秀行动观察者子集。

另一个有趣的发现是优秀行动的观察者被试在决策改进的程度上优于差行动的观察者。例如，当优秀（差）行动者距离最佳决策 37 的绝对偏差中位数为 13.5（32）时，观察他们的被试做出的选择距离 37 的绝对偏差中位数则为 3（27）。因此，优秀行动者的观察者更有可能在他们观看的行动者基础上改进他们的行为（中位数从 13.5 到 3，有 80.7% 的改进），而那些观看差行动者的被试选择偏离 37 的中位数仅仅从 32 改进到 27（15.67% 的改进）。

看起来很清晰的是，当观察能改进行为时，观看优秀行动者更能改进行为。人们似乎相对更容易通过（看别人的）实例而不是（自己操作的）实务来学习。换言之，如果一个人看工匠工作并向他学习，那么观看优秀者并学习他的技能的效果，要比观察差的并从其教训中学习更好。

5 附加实验

上述结论是相当惊人的，不过产生如此结果的实验设计也会受到批评和质疑。例如可能的一种批评意见是实验结果带有人为的强制性（被试事先被做了不同安排），因为我们告诉观察者他们正在观看的与接下来他们在实验中将要获得的报酬有关，但没有把这一信息告诉行动者。因此，有人可能认为，观察者比行动者看得更细心就不足为怪了。

但我们并不认为这一批评是问题，反而正是我们观点的总结——

大部分经济环境并不有利于学习，人们在置身其间的场景中所做的事情就是按部就班地采取行动并获得支付，而不是带特定的目标去学习了解市场如何运行，去学习了解他们参与其中的制度运行是怎么回事。所以如果我们告诉被试必须特别注意正在干的事情（因为在后面的实验中是有用的），将会提高他们的选择绩效的话，那就不奇怪了。我们的观点是：自然产生的市场在现实运转中是没有这样的提示。

针对上述这种批评我们安排了由 35 对被试构成的实验 2。除了行动者和观察者都被告知在行动者做完实验后两组将分别进行另一场和行动者刚做的实验相关的实验以外，实验 2 和上面描述的基线实验全都一样，也不告诉他们即将进行的实验是简单"惊奇大奖测试"。实验中的准确表述是：第一场 A 组做完 75 轮以后，将要给 A 和 B 两组都安排第二场实验。将要进行的第二场实验与 A 组要先作的第一场实验有关，所以注意第一场实验很重要。A 组做完第一场 75 轮以后留在实验室，B 组离开实验室。A 组继续第二场做完并拿到支付后离开；然后 B 组返回进行第二场实验，做完实验后领取自己的支付。实验 2 的结果列示于表 2 和图 3、图 4。

表 2 给出了行动者和观察者的"惊奇大奖测试"决策数和他们的期望支付。图 3 描述该实验中行动者和观察者的决策数分布。图 4 的柱形图显示每组被试的决策数偏离 37 的绝对值。

实验 2 的结果类似于上面基线实验。例如，虽然行动者和观察者选择的中位数差别不大（分别平均是 44 和 42），但是用与基线实验一样的二项式检验结果却表明：可以拒绝行动者选择中位数为 37（p 值为 0.091）的原假设；不能拒绝观察者（p 值为 0.170）的同样原假设。两组被试的选择分布也很不同。用前面用过的皮尔逊卡方检验检验法，将拒绝"观察者的'惊奇大奖测试'选择分布等于行动者选择分布"的原假设（$Q = 17$，p 值为 0.049）。再补充说明一点具体的分布情况，观察者的选择更紧密地围绕在最佳值 37 左右（35 个观察者中有 23 人选在 [25，50] 区间内，而 35 个行动者中

表 2　惊奇大奖测试结果（实验 2）

被试组对	惊奇大奖测试选择		期望支付	
	行动者	观察者	行动者	观察者
1	47	45	20.22	20.27
2	80	38	18.22	20.35
3	65	66	19.43	19.36
4	21	36	20.11	20.36
5	43	37	20.3	20.36
6	50	50	20.14	20.14
7	39	39	20.35	20.35
8	99	52	15.98	20.07
9	37	37	20.36	20.36
10	59	37	19.77	20.36
11	25	25	20.23	20.23
12	70	48	19.08	20.2
13	37	41	20.36	20.33
14	60	73	19.72	18.85
15	44	45	20.29	20.27
16	38	38	20.35	20.35
17	68	50	19.23	20.14
18	55	36	19.96	20.36
19	23	37	20.18	20.36
20	63	23	19.55	20.18
21	40	44	20.34	20.29
22	35	60	20.36	19.72
23	35	22	20.36	20.15
24	60	26	19.72	20.25
25	13	55	19.78	19.96
26	39	78	20.35	18.41
27	24	47	20.2	20.22
28	55	59	19.96	19.77
29	60	54	19.72	20
30	55	55	19.96	19.96
31	60	60	19.72	19.72
32	37	40	20.36	20.34
33	1	40	19.02	20.34
34	1	37	19.02	20.36
35	67	42	19.3	20.32
平均值	45.86	44.91	19.77	20.09
中位数	44	42	19.96	20.25

分布比例

分布比例

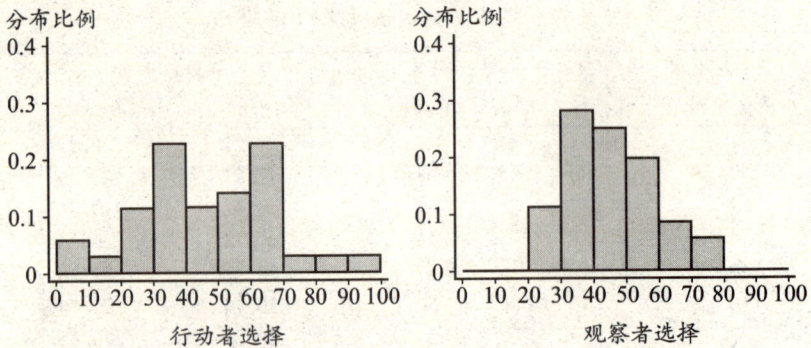

行动者选择

观察者选择

图 3　惊奇大奖测试中决策值分布柱形图（实验 2）

分布比例

分布比例

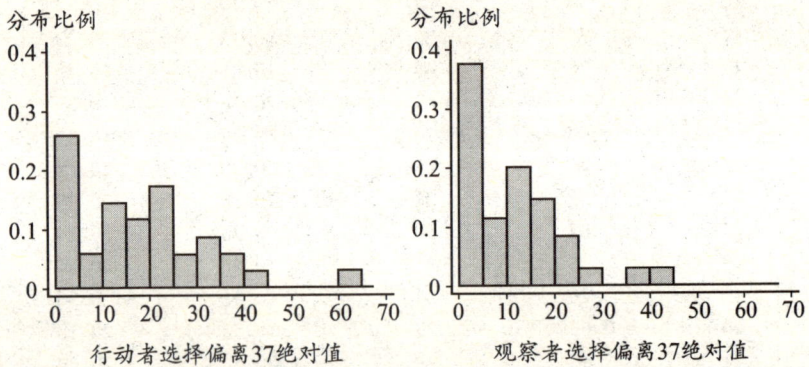

行动者选择偏离37绝对值

观察者选择偏离37绝对值

图 4　决策数偏离 37 的绝对值分布柱形图（实验 2）

仅有 14 人落在该区间）。

　　比较观察者和行动者的"惊奇大奖测试"决策轮支付（比比看，两种决策学习绩效孰高孰低），共有 28 对被试的决策数不同，其中 18 位观察者的支付报酬大于他的行动者伙伴。用和上面一样的符号检测法，可以拒绝报酬均等的原假设而支持单尾备择的假设：观察者的选择是有助于绩效改善的（p 值为 0.093，观察具有优于行动的学习效果）。

和在基线实验中一样，"惊奇大奖测试"中选在"高端"①的行动者（6个被试）多于观察者（2个被试）。最后，行动者和观察者"惊奇大奖测试"选择之间的相关性是0.21。用与前面基线实验类似的t检验，可以拒绝行动者和观察者"惊奇大奖测试"选择完全相关的原假设（p值为0.000）。这表明，对于哪一点是超大报酬回合中的最好选择，观察者得出了与他们所观看的行动者不同的结论。

总体上，虽然实验2中观察者与行动者的某些差别要比基线实验中的要小一些，但确实存在定性与定量的差异，即使他们都被告知行动者先进行的实验与将进行的实验报酬有关。

再考虑对基线实验的另一个批评：因为行动者在前一场75轮实验中已经获得支付了，而观察者并没有，所以在"惊奇大奖测试"超大报酬回合中的选择差距可能仅仅反应了影响行动者而不影响观察者的收入效应。为此（即校正这一影响），我们安排了27对被试的实验3。在该实验中，75轮行动者得分所获得的支付额也同样付给配对的观察者，但仅仅告诉观察者接下来还将有个实验。换句话说，实验3消除了收入效应但保留了基线实验的信息结构。

实验3的结果由表3、图5和图6表示。表3是行动者和观察者的超大报酬选择和他们的期望支付；图5展示实验中行动者和观察者的选择分布；图6是每组选择距离37的绝对偏差的柱形图。

实验再次表明，结果和上面基线实验得到的结果非常接近。特别地，我们可以得出行动者和观察者的选择不同并且差异很大的结论。观察者作的选择与他们观看的行动者的相比，是报酬增大的。比如，行动者和观察者的中值（中位数）选择分别为49和45。对49和45，虽然我们不能拒绝这两个中位数等于37的原假设（p值为分别为0.182和0.230），但可以看到两组被试选择分布是不同的。

_____

① e可在100中任选，若选$e \geqslant 65$，远远偏离了最佳值37，则称之为选在高处（dominated choices）。基线实验中选高处的行动者有9位、观察者有5位。实验2中选高处的人数都下降了3个单位。

表3 惊奇大奖测试结果（实验3）

被试组对	惊奇大奖测试选择		期望支付	
	行动者	观察者	行动者	观察者
1	20	34	20.08	20.35
2	49	49	20.17	20.17
3	74	45	18.76	20.27
4	50	38	20.14	20.35
5	50	55	20.14	19.96
6	23	31	20.18	20.33
7	48	40	20.2	20.34
8	42	48	20.32	20.2
9	32	37	20.34	20.36
10	29	38	20.31	20.35
11	60	56	19.72	19.91
12	64	36	19.49	20.36
13	50	36	20.14	20.36
14	65	63	19.43	19.55
15	40	38	20.34	20.35
16	15	1	19.88	19.02
17	28	50	20.29	20.14
18	59	63	19.77	19.55
19	68	48	19.23	20.2
20	38	45	20.35	20.27
21	67	57	19.3	19.87
22	38	25	20.35	20.23
23	45	45	20.27	20.27
24	65	67	19.43	19.3
25	60	42	19.72	20.32
26	55	51	19.96	20.11
27	0	45	18.94	20.27
平均值	45.7	43.81	19.9	20.1
中位数	49	45	20.14	20.27

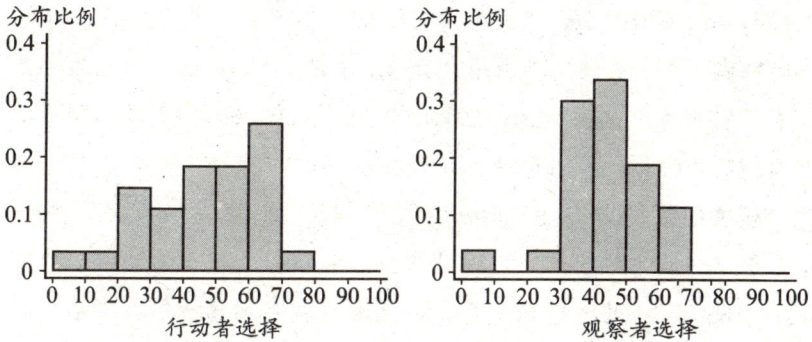

图 5　惊奇大奖测试中决策值分布柱形图（实验 3）

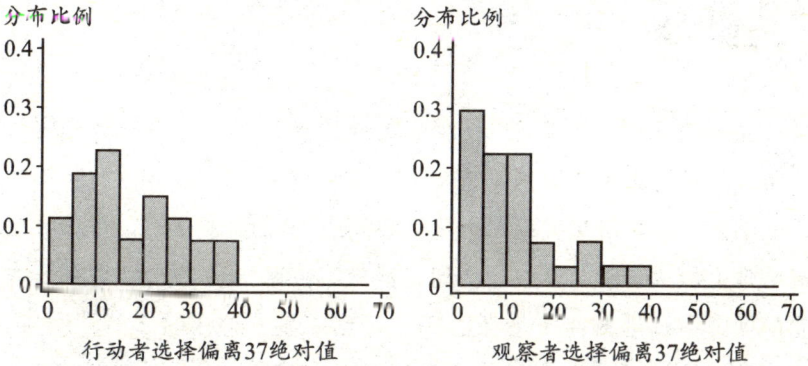

图 6　决策数偏离 37 的绝对值分布柱形图（实验 3）

用和上面一样的皮尔逊卡方检验，可拒绝"惊奇大奖测试"中观察者选择分布等于行动者选择分布的原假设（$Q = 18$，p 值为 0.035）。与前面的实验结果类似，可以看出观察者的选择更紧密地落在最佳值 37 周围（27 个观察者中有 19 人选在［25，50］区间内，而 27 个行动者中仅有 13 人落在该区间）。

再看观察者与行动者的报酬相比如何（比比看，两种决策学习绩效孰高孰低）。可见 25 对被试中有 17 对作出了不同选择，观察者选择的支付大于他们对应的行动者伙伴。重复上面用过的符号检测法，将拒绝支付相等的原假设而支持单尾的备择假设：观察者的选择是报酬增大的（p 值为 0.055）。

与基线实验类似，"惊奇大奖测试"中选在"高端"（$e \geq 65$）的行动者（5个被试）多于观察者（1个被试）。最后，行动者和观察者"惊奇大奖测试"选择之间的相关性是0.56。用与前面基线实验类似的t检验，可以拒绝行动者和观察者"惊奇大奖测试"选择完全相关的原假设（p值为0.004）。

综之，收入效应的出现对基线实验的结果几乎没有影响。事实上，即使消除了收入效应，行动者和观察者之间选择的区别依然是显著的（如实验3结果所示）。

6 结 论

在这篇论文中，我们试图得出的结论是，信息积累方式可能对决策者的经济决策质量有显著影响。具体而言，观察学习可能胜过于中学。我们相信这些结果是令人困惑并富有挑战性的，并对某些经济理论形成了新的挑战。例如，基线实验里30%的行动者在超大报酬回合中远远偏离了最佳值37——选在靠近100的"高端"；但观察他们的被试却没有跟着这个错误落入陷阱，这是令人吃惊的。这一事实引发了行动者和观察者可能启用（不同）学习类型的有趣问题。更精确地说，因为行动者的每轮选择都受到小额支付的反馈，他们（调整努力）的倾向可能更像是强化学习，对任一特定决策来说，随着某种所作选择的累积支付的增长，将提高这种决策的概率。然而，强化学习仅仅加强实际做了的那些选择。如果一个行动未被选择，它就得不到强化。因此，如果一个行动者持续在"高端"范围内选择，那么他会继续仅仅强化那些行动并且再也不会发现自己误选在"高端"了。同时，观察者可能更像凯默瑞和胡（Camerer, Ho, 1999）描述的学习者：通过计算与选择相关的假定要发生的支付，这一类学习者也会强化自己没有做过的选择。观察者更有可能以这种方式行动，因为他们处在更抽象的场景中，有助于处理信息的理论化。因此，也许一类学习模型可以解释行动者的选择，另一类学习模型适用于解释观察者的行为。

最后要说明的是，我们并不是断言在所有学习任务方面都是"看着学"胜过"干中学"。在许多环境下，亲身参与任务可能是重要的。比如，我们不期望某个人坐在驾驶员座舱内观察就能驾驶飞机。对于抽象的脑力任务，观察多半更有利于收集处理信息。然而如 M-S 所述，即使对于脑力任务，支付环境可能也是很重要的。

附录　对基线实验的说明

这是一个关于决策的实验。一些研究机构和基金会为这次实验提供了资助，因此，如果你专心并做出好的决策，你可能会赚取一笔相当可观的盈利，我们将在实验结束后安排兑现你的盈利。

当你们走进房间，你们将被任意地分配到两个规模（人数）相等的小组中，分别称为小组 A 和小组 B。如果拿到的实验说明书的右上角标示为 A，你就被分配在 A 小组中，如果右上角标示为 B，你将会在 B 小组中。然后，实验将会依下列各项程序依次进行：两个小组即将阅读的实验手册及其附录的内容对所有的人是相同的。在你阅读实验手册完毕后，我们将会大声地把实验手册再宣读一遍，而且回答你可能有的关于实验方面的任何疑问。完成实验说明阶段的任务后，我们将立即前往计算机实验室（微机房）。在 A 小组的人们将会坐在一个终端机之前，而且开始依照实验手册中所描述的那样进行 75 个轮次的实验操作，即，他们将会重复相同的实验 75次。在 B 小组的每个人将会与在一个 A 小组中的某一个人相配（组成一个配对实验被试，在一个终端机之前分别进行观察或操作），而且当 A 小组中的那个人进行实验操作的时候，他/她（观察者）将在他/她（行动者）的身后默默地观看。

当 B 小组的人观看时，绝不允许 A 小组的人与其相配的伙伴之间的任何形式的交流。这意味着：禁止交谈、使眼色、呻吟、窃笑、或任何其他类型的相互交流。保持沉默！

当这75个轮次结束的时候，要求 B 小组人离开计算机实验室，而且把他们即将进行的另外一个实验详尽地告诉他们。这个即将进行的实验与 A 小组的人刚刚做的那个实验密切相关，因此注意你与你相配的伙伴所做的一切是很重要的。A 小组的人们将会留在微机房，接受下一步的实验指令；盈利被兑现，离开实验室。当 A 小组的人离开实验室之后，B 小组的人将返回实验室进行他们的实验，盈利被兑现而且离开实验室。

（1）对实验的特别说明

当你和一些其他的实验被试在一个房间中阅读这些实验说明时，每个实验被试都随机地被分派一个身份表示数字和计算机终端机。实验有75个决策轮次。在每个决策轮次，你将会与已经被设定程序控制的计算机化的被试配对进行实验，计算机化的被试在每个轮次中做出相同的决策。与你随机相配的计算机化的被试叫做你的配对成员。你的配对成员在整个实验过程中将始终保持同样的设定程序。

（2）实验的程序

在实验过程中你将会执行一件简单的任务：本实验说明最后附有"决策成本表"，在这张表格中 A 列标示出从0到100共101个数字，这些就是你的决策数。与每个决策数相联系的是一个决策成本，标示在 B 列中。注意，选择比较高的决策数，决策成本也就相应较高。当你进入实验室时，你的计算机显示屏应该显示出如下的内容及相应格式：

参与人#_____

轮次　决策数#　随机数#　总数#　成本　盈利

在每个决策轮次中，计算机将会要求你选择一个决策数。你的已经被设定程序控制的计算机化的配对成员也将会选择一个决策数，请记住它在每个决策轮次中将总是选择相同的决策数，37。当然，你可以在"决策成本表"的 A 列中自由选择任何你愿意的数字。因此，在每个决策轮次中你和你的计算机化的配对成员将分别独立地选择各自的决策数（而且你知道你的计算机化的配对成员总是选择 37）。使用数字键，输入你选择的数字，然后打回车键。为了确认你的选择，计算机随后会问你下列问题：

你的决策数是＿＿吗？［Y/N］

如果显示的数字是你希望选择的，打 Y 键；如果不是，打 N 键，而且计算机将会要求你再选择一个数字。在你已经选择而且确认你的决策数之后，这数字将被记录在屏幕所显示的表格中的第 2 列，而且与之相联系的决策成本将会被记录在第 5 列中。当你已经选择你的决策数之后，计算机将会为你提供一个随机数——你只需打（那个长的键，在键盘的最下面）即可完成随机数的产生。当你击打空格键后，就会引致计算机在 -40 和 +40 之间的这 81 个数字（包括 0）中任意选择其中的一个数字，且每个数字被选择的概率是相等的。也就是说，计算机选择 +40 的概率等于它选择 -40、0、-12 或 +27 的概率。另外的一个随机数（仍然在 -40 和 +40 之间）由你的计算机化的配对成员以同样的方式产生出来。产生你的随机数的过程与你的计算机化的配对成员产生他自己的随机数的过程是相互独立的，即，你不应指望由计算机产生的这两个随机数之间存在任何关系。当你打空格键后，计算机将把你的随机数记录在屏幕所显示的表格中的第 3 列。

（3）支付的计算

在每个决策轮次，你的盈利将依下列所示项目和方式进行计算。在你选择一个决策数字而且产生一个随机数之后，计算机将把这两个数字加总得到一个和数，并记录在屏幕所显示的表格中的第 4 列。我们把第 4 列的这个数字叫做你的"总数"。计算机将会对计算机化的配对成员进行同样的计算加总和记录。然后，计算机将比较你的总数与计算机化的配对成员的总数，如果你的总数比你的计算机化的配对成员的总数大，那么你将会得到 29Fr. 的高固定支付，其中：Fr. 是一个虚拟的实验货币，权且称之为法郎；否则，你将得到 17.2 Fr. 的低固定支付。至于你究竟得到的是 29Fr. 的高固定支付，还是 17.2 Fr. 的低固定支付，仅仅取决于你的总数是否比你的计算机化的配对成员的总数大或小，而不管大或小达到何种程度。实验货币法郎将会以所属的规则转换成美元。计算机将会记录（在屏幕所显示的表格中的第 6 列）你得到的固定支付类型：如果你得到高固定支付（29Fr.），"M" 将会在第 6 列中出现，如果你得到低固定支付（17.2 Fr.），"m" 将会在第 6 列中出现。在标示出你得到的固定支付类型后，计算机将会从你得到的固定支付中减去你的决策成本（第 5 列），这个差值就是你在这个实验轮次的报酬。你所得到的报酬数量记录在屏幕所显示的表格中的第 6 列，恰好紧挨着标示你的固定支付字母（"M" 或 "m" 的那一列）。

（4）实验持续的轮次

在实验的第 1 轮次结束之后，你仍将以相同的程序进行实验的第 2 个轮次，如此等等，直到完成 75 个轮次为止。在每个轮次实验中你将要选择一个决策数，通过击打空格键产生一个随机数。计算机将自动把你的总数与你的计算机化的配对成员的总数相比较并计算出你在该实验轮次得到的报酬。当完成时，计算机会要求你在它的键盘上按任何一个键。做完这一切之后，计算机会把你在每一个轮次得到的报酬加总，最终得到你在所有 75 轮次实验中以 Fr. 为单位计量的总报酬，然后按 1Fr. 兑换 0.01 美元的比例换算得到你的以美元计量的总报酬。然后，我们就会兑现，即付给你相应数目的现金。

（5）计算支付的例子

假如在一个轮次实验期间下列各项发生：A 小组中的某配对伙伴 A2 选择一个决策数 60 而且产生一个随机数 10；同时，计算机化的配对成员 A，选择一个决策数 37 而且产生一个随机数 5。随后，配对伙伴 A2 会得到 29 Fr. 的高固定支付，从这个固定支付中减去 7.2 Fr.（与决策数 60 相对应的决策成本）。在这一轮次实验中 A2 得到的报酬为 21.8 Fr.（即，29 Fr. −7.2 Fr.）。注意，被减去的第 5 列中的决策成本仅仅是你的决策数的一个函数，即，你的随机数不影响被减去的数量。还要注意，你所得的报酬多少取决于以下列各项：你选择的决策数（原因有两个方面：其一是因为它成为你的总数的一个组成部分，其二是因为它决定了从你的固定支付中减去的决策成本的大小），你的计算机化的配对成员的决策数（37）是事先就确定了的，你产生的随机数和你的计算机化的配对成员产生的随机数。

决策成本表

A 决策数	B 决策成本	A 决策数	B 决策成本	A 决策数	B 决策成本	A 决策数	B 决策成本
0	0.00	26	1.35	52	5.41	78	12.17
1	0.00	27	1.46	53	5.62	79	12.48
2	0.01	28	1.57	54	5.83	80	12.80
3	0.02	29	1.68	55	6.05	81	13.12
4	0.03	30	1.80	56	6.27	82	13.45
5	0.05	31	1.92	57	6.50	83	13.78
6	0.07	32	2.05	58	6.73	84	14.11
7	0.10	33	2.18	59	6.96	85	14.45
8	0.13	34	2.31	60	7.20	86	14.79
9	0.16	35	2.45	61	7.44	87	15.14
10	0.20	36	2.50	62	7.69	88	15.49
11	0.24	37	2.74	63	7.94	89	15.84
12	0.29	38	2.89	64	8.19	90	16.20
13	0.34	39	3.04	65	8.45	91	16.56
14	0.39	40	3.20	66	8.71	92	16.93
15	0.45	41	3.36	67	8.98	93	17.30
16	0.51	42	3.53	68	9.25	94	17.67
17	0.58	43	3.70	69	9.52	95	18.05
18	0.65	44	3.87	70	9.80	96	18.43

续表

A 决策数	B 决策成本	A 决策数	B 决策成本	A 决策数	B 决策成本	A 决策数	B 决策成本
19	0.72	45	4.06	71	10.08	97	18.82
20	0.80	46	4.23	72	10.37	98	19.21
21	0.88	47	4.42	73	10.66	99	19.60
22	0.97	48	4.61	74	10.95	100	20.00
23	1.06	49	4.80	75	11.25		
24	1.15	50	5.00	76	11.55		
25	1.25	51	5.20	77	11.86		

参考文献

Bull, C., Schotter, A., & Weigelt, K. (1987): "Tournament and Piece Rates: An Experimental Study," *Journal of Political Economy*, vol. 95, 1 – 33.

Camerer, C. & Ho, T. H. (1999): "Experience-Weighted Attraction Learning in Normal Form Games," *Econometrica*, vol. 67, 827 – 874.

John, E. R., Chesler, P., Bartlett, F., & Victor, I. (1969): "Observational Learning in Cats," *Science*, vol. 166, 901 – 903.

Jovanovic, B. & Nyarko, Y. (1995): "The Transfer of Human Capital," *Journal of Economic Dynamics and Control*, vol. 19, 1033 – 1064.

Merlo, A. & Schotter, A. (1999): "A Surprise-Quiz View of Learning in Economic Experiments," *Games and Economic Behavior*, vol. 28, 25 – 54.

Schotter, A. & Weigelt, K. (1992): "Asymmetric Tournaments, Equal Opportunity Laws and Affirmative Action: Some Experimental Results," *Quarterly Journal of Economics*, vol. 106, 513 – 539.

Terkel, J. (1996): "Cultural Transmission of Feeding Behavior in Black Rats (Rattus rattus)," pp. 17 – 47 in Cecilia Heynes & Bennett Galef, Jr., eds., *Social Learning in Animals and the Roots of Culture*, Academic Press: New York.

不完美信息下观察学习的
一项实验检验[①]

博阿奇汗·杰伦，沙克尔·卡瑞夫

摘　要：几乎所有的观察学习模型都假设个体可以观察到在其之前行动者的所有决策。事实上，这样的完美信息（perfect information）是很少见的。为探究在完美信息和不完美信息（imperfect information）条件下观察学习的区别，本文拟通过一项实验来考察个体通过观察他们紧前者（immediate predecessors）的行为来学习的情况。我们的实验设计使用博阿奇汗·杰伦和沙克尔·卡瑞夫（B. Çelen, S. Kariv, 2004a）所设计的程序，且该设计也是以博阿奇汗·杰伦和沙克尔·卡瑞夫（2004b）的理论为基础的。我们发现，当被试拥有不完美信息时，模仿是很少发生的，甚至少于理论预测。另外，我们有强有力的证据表明，在完美信息条件下，一种贝叶斯行为的广义形式充分解释了实验室中的行为，而在不完美信息下，个体行为与这种广义的贝叶斯行为不一致。

关键词：不对称信息，羊群行为，信息追随，不完美信息，实验经济学

---

①　当我们［博阿奇汗·杰伦（B. Çelen），哥伦比亚大学商学院；沙克尔·卡瑞夫（S. Kariv），加州大学伯克利经济系］都还是纽约大学的研究生的时候我们便几乎完成了此篇论文。该项研究受到实验社会科学中心（CESS）以及纽约大学 C. V. Starr 应用经济学 C. V. Starr 中心的支持。我们感谢的 Andrew Schotter 指导以及匿名审稿人的评点。我们从 William Baumol 的建议中获益颇多。同时我们还要向 Colin Camerer, Liran Einav, Xavier Gabaix, Douglas Gale, Charles Holt, David Laibson, 和 Matthew Rabin 表示感谢。2002 年国际 ESA 会议参与者的讨论建议以及在数所大学举行的研讨会也使我们受益颇多。（杰伦和卡瑞夫的这篇文献 "An experimental test of observational learning under imperfect information" 正式载于 2005 年的 *Economic Theory*, 26, 677-699——译者注）

1 引 言

考虑不完全和不对称信息 (incomplete and asymmetric information) 下，有一系列个体要顺序进行 "一次性决策" (once-in-a-life-time decision)。如果每个决策都是公开的，尽管信息不对称，最终个体都会模仿他们前者的行动，即使这和他们的私人信息相冲突。换句话说，个体会忽略他们自己的信息而遵循群体的行为。更进一步，因为行动本身并不能很好地累积信息，群体很可能采取非最优的行动，这个理论预测被很多实验研究所证明。这些是班尼杰 (Banerjee, 1992) 以及巴克钦丹尼、赫施莱弗尔和韦尔奇 (Bikhchandani, Hirshleifer, Welch, 1992) 观察学习文献介绍的主要结论①。

几乎所有的观察学习模型都有一个核心假设——完美信息：每个人都知道此前决策者行动的完整历史。事实上，个体具有的信息并不完美。如果每个个体只能观察一小部分其他个体的行动，我们就不清楚羊群行为是否会发生。在杰伦和卡瑞夫的文献中 (Çelen, Kariv, 2004b)，我们舍弃了完美信息的假设，研究每个个体只能看到其紧前者决策时的行为。

我们的不完美信息模型与完美信息推出的结果很不一样，在某些方面，不完美信息模型推出的结论更为极端。模型推断，顺序作出相同决策的一致行为的周期越来越长，穿插其中的变化也越来越少。这样，完美和不完美信息这两种形式的模型都有这样一个共同推断，即在较长一段时间内个体会做出相同的选择。但是二者的重

---

① 对文献扩展性的讨论可见 Chamley (2003)。十分优秀的调查资料可见 Gale (1996) 和 Bikhchandani, Hirshleifer 以及 Welch (1998)。对于理论的进一步拓展包括 Lee (1993), Chamley 和 Gale (1994), Gul 和 Lundholm (1995), 以及 Smith 和 Sørensen (2000)。

要差异在于，在完美信息模型中，羊群行为是"吸引态"（absorbing state，意指渐趋收敛——译者注），而在不完美信息模型中，行为翻转的可能性却始终存在（不是逐渐吸引，而是分段持续一致且急速翻转——译者注）。

本文的目的就是用实验的方法研究不完美信息条件下的行为，并与杰伦和卡瑞夫（Çelen，Kariv，2004a）在完美信息下获得的结果进行比较。整个实验过程中，我们采用了比现有文献更丰富和灵活的实验设计。①

实验中，顺序决策的被试的私人信号在［-10, 10］的均匀分布区间内抽取。决策问题就是要预估所有被试信号的总和是正还是负，据此选择一个合适的行动 A 或 B。若总和为正，则 A 是可获利行动；若总和为负，则 B 是可获利行动。然而，被试并非直接选择行动 A 或 B，而是在获知先前被试的决策之后且获知自己私人信号之前，要间接地选一个截点值（cutoff）——若信号值比截点值大，就是被试选择了行动 A，否则为行动 B。只有被试选定了截点后，他才会被告知自己的私人信号，然后记录相应的行动选择。

除了信息结构外，此次实验设计与杰伦和卡瑞夫在文献中（Çelen，Kariv，2004a）使用的完全一致。也就是说，两个实验使用相同的程序，但被试能观察到的前面行动的历史是不同的。为了比较，本文给出了本次实验的结果，同时也列示了杰伦和卡瑞夫文献（Çelen，Kariv，2004a）中的结果。本文在方法上有两处贡献：第一，给出了如何处理被试只观察其紧前者决策的情况——这种信息结构至今在实验研究中还没有探讨过。第二，本文采用了截点诱导技术，就是被试不直接采取行动，而是先选择截点值，而后由截点

---

① Anderson 和 Holt（1997）用实验考察了 Bikhchandani，Hirshleifer 和 Welch（1992）的模型。沿着他们先前的工作，Allsopp 和 Hey（2000），Anderson（2001）、Hung 和 Plott（2001），以及 Kubler 和 Weizsacker（2004），还有其他人分析了完美信息条件下的观察学习行为。

决定自己如何行动。

在不完美信息情况下，被试的模仿行为很少发生，甚至比理论预测的还要少。为了更好地理解被试的决策机制，我们考察个体水平（未进行加总平均）的数据。我们发现，在遵循前者行动的被试中，实际行动和理论预测高度一致，但在加总数据中却没有观察到这一点。

不完美信息下的决策当然更复杂，因此，错误也更有可能发生。缘此，我们通过抓住现有理论的理性共同知识这一核心假设，转而考察现有理论的稳健性。引入将被试行为解释为一种广义贝叶斯行为的模型，该广义贝叶斯行为形式结合了其他有限理性的条件。我们有足够的证据表明这种形式的广义贝叶斯行为充分解释了完全信息下实验室中被试的行为，而在不完美信息条件下，被试的行为与这种广义贝叶斯行为不一致。

本文构成如下：第 2 部分描述了实验设计和程序；第 3 部分略述基础理论；第 4 部分总结结论，并给出计量经济分析；第 5 部分讨论结果；第 6 部分是结束语。

2 实验设计

除了被试可观察的行动的历史不同外，下面介绍的实验程序与杰伦和卡瑞夫（Çelen，Kariv，2004a）一样。该实验在纽约大学的社会科学实验中心（C. E. S. S.）的经济学实验室进行。实验中的 40 个被试从纽约大学经济学本科学生中招募，之前他们没有观察学习方面的实验经历。每组（session）实验由 8 个被试作为决策者。被试阅读实验说明之后，实验主持者也要宣读实验说明①。实验大约持续一个半小时。实验结束后，每个被试将得到 5 美元的参与费用，

---

① 可致函作者以获得实验说明。

同时由于决策正确还可获得报酬，因决策正确获得的平均报酬为 19 美元。在整个实验过程中，我们保证被试是匿名的。被试间相互影响有可能激发他们行为的一致性，实验中采取有效隔离以减少任何相互影响。

每组实验独立地进行 15 轮（rounds），每轮分为 8 个决策顺序（decision-turns），各轮中 8 个被试的决策顺序随机安排。每轮的第一步，由计算机在均匀分布区间 ［－10，10］ 中抽取 8 个随机数。8 个随机数相互独立，且各轮间的抽取也是相互独立的。每个被试仅被告知与其行动次序相对应的那个随机数。该随机数就是他的私人信号（private signal）。实际操作中，被试的私人信号保留到小数点后两位。

被试临近决策前，首先观察该轮中紧前被试的行动；然后在暂不告知其私人信号的情况下，要在 ［－10，10］ 之间选择数值（截点值）；提交选择的截点值后计算机向被试显示私人信号，若信号值大于所选的截点值，计算机把他的行动记作 A；否则，行动记为 B。当且仅当 8 个随机数之和为正时，行动 A 是可获利的；当且仅当和为负时，行动 B 是可获利的。

一轮的所有被试均做出决策后，计算机告诉每个被试这 8 个随机数之和。如果总和为正或者为 0，选择行动 A 的被试可以获得 2 美元，否则，什么也得不到。同样地，如果总和是负的，选择行动 B 的被试可得 2 美元，而选 A 则行动者没有报酬。每一轮均重复该过程，15 轮完成后，一组实验也就结束了。

3 理 论

3.1 贝叶斯解

本小节将花些时间讨论实验室中待检验模型的理论预测值。杰伦和卡瑞夫（Çelen，Kariv，2004b）给出了该模型一般形式的拓展分析。

为了导出实验设计中决策问题的贝叶斯解，假设 8 个人接收到在 $[-1, 1]$ 区间①内均匀独立分布的私人信号为 θ_1，θ_2，$\cdots$，θ_8。顺序地，每个个体 $n \in \{1, 2, \cdots, 8\}$ 都要做出一个不可撤销的（irreversible）二元决策 $x_n \in \{A, B\}$，当且仅当 $\sum_{i=1}^{8} \theta_i \geq 0$ 时，行动 A 可获利；当且仅当 $\sum_{i=1}^{8} \theta_i < 0$ 时，B 可获利。此外，除第一个决策者外，每个人只能观察到其紧前者的行动。

在给定这些可获信息（私人信息和紧前者行动）的条件下，个体 n 的最佳决策规则为：

$$x_n = A,\ 当且仅当,\ E\big[\sum_{i=1}^{8} \theta_i \,\big|\, \theta_n,\ x_{n-1}\big] \geq 0$$

因为个体不知道后继者行动的任何信息，所以（只能就前面已发生的情况考虑自己的行动），

$$x_n = A,\ 当且仅当,\ \theta_n \geq -E\big[\sum_{i=1}^{n-1} \theta_i \,\big|\, x_{n-1}\big]$$

(已采取行动的前人的私人信息自己不知道，所以要用累加期望，自己的私人信息是确定的，所以直至当下 $\theta_n + E\big[\sum_{i=1}^{n-1} \theta_i \,\big|\, x_{n-1}\big] \geq 0$ 就是要选 A 行动的最佳条件——译者注）容易得出，最佳决策应依如下形式的截点策略进行选择：

$$x_n = \begin{cases} A & 如果,\ \theta_n \geq \hat{\theta}_n \\ B & 如果,\ \theta_n < \hat{\theta}_n \end{cases} \tag{1}$$

其中，

$$\hat{\theta}_n = -E\big[\sum_{i=1}^{n-1} \theta_i \,\big|\, x_{n-1}\big] \tag{2}$$

是最佳截点，它积累了由前人行动显露给个体 n 的所有信息。因为 $\hat{\theta}_n$ 能够充分刻画个体 n 的行为特征，那么，截点序列 $\{\hat{\theta}_n\}$ 就能够

---

① 为了容易说明，我们将信号区间标准化为 $[-1, 1]$。

刻画社会学习的特征。我们把这些作为实验设计和分析的基本思想（primitives）。

接下来我们将阐明决策问题的基本情况。第一个个体仅基于其私人信号进行决策。因此，其最佳截点是 $\hat{\theta}_1 = 0$，这意味着当且仅当 $\theta_1 \geq 0$ 时，对他来说采取行动 A 是最优的，否则采取行动 B 为最优（因为依（2）式，$E\left[\sum_{i=1}^{n-1}\theta_i \mid x_{n-1}\right] = E[\theta_1] = 0$——译者注）。然后第二个人决策，因为第二个人看到第一个人的行动，所以决策以 $x_1 = A$ 或 $x_1 = B$ 为条件。例如，若 $x_1 = A$，则依（2）式 $E[\theta_1 \mid x_1 = A] = E[\theta_1 \mid \theta_1 \geq \hat{\theta}_1 = 0] = 1/2$，因而，对于第二个人，当且仅当 $\theta_2 \geq -1/2$ 时采取行动 A 是最佳的。同理，若 $x_1 = B$，则 $E[\theta_1 \mid x_1 = B] = E[\theta_1 \mid \theta_1 < \hat{\theta}_1 = 0] = -1/2$，故当且仅当 $\theta_2 \geq 1/2$ 时，第二个人选 A 才是最佳行动。因此，由（2）式，第二个人的截点规则（最佳截点选择）是：

$$\hat{\theta}_2 = \begin{cases} -1/2 & \text{如果，} x_1 = A \\ 1/2 & \text{如果，} x_1 = B \end{cases} \tag{3}$$

注意，对任何 $\theta_2 \in [-1/2, 1/2)$，即使第二个人想通过自己的私人信号做出与前者不同的决策，实际上他都会模仿第一位决策者。[①]

轮到第三个人做决策。第一个人行动的内在信息被隐蔽了，但他仍可以通过贝叶斯法则（Bayes' rule）做一个概率推断。即，通过观察第二个人的行动，第三个人对第一个人可能采取的行动赋予概

---

① 若已看到 $x_1 = A$，且 $\theta_2 \in [-1/2, 1/2)$，故意选 $c_2 \geq \theta_2 \geq -1/2$ 为 B 是否可能呢？因为 x_1 的最佳截点选在 $c_1 = 0$，看到 $x_1 = A$ 就意味 θ_1 之期望值为 $1/2$，所以由 $\theta_2 + E[\theta_1 \mid x_1 = A] \geq 0$ 可见故意选 $c_2 \geq \theta_2$ 为 B 就要输掉这一轮，即不得不选 $x_2 = A$。这说明在该区间内采取与紧前者相同行动最佳。其次可顺便说明，若已看到 $x_1 = A$，且 $\theta_2 \geq 1/2$，则仍有 $\theta_2 + E[\theta_1 \mid x_1 = A] \geq 0$，那么也应选 $x_2 = A$，综之 θ_2 在 $\geq -1/2$ 的整个均匀分布的 3/4 范围内对应选择行动都是 $x_2 = A$，前提是看到了 $x_1 = A$，所以 $P(x_2 = A \mid x_1 = A) = 3/4$。若已看到 $x_1 = B$，且 $\theta_2 \in [-1/2, 1/2)$，则最佳选择只能是 $x_2 = B$。——译者注

率值。例如，通过观察 $x_2 = A$，他可以对 $x_1 = A$ 的概率赋值为 3/4，[①] 对 $x_1 = B$ 的概率赋值为 1/4。计算表明，$E[\theta_1 + \theta_2 \mid x_2 = A] = 5/8$，也就意味着如果 $x_2 = A$，对于任何信号 $\theta_3 \geqslant -5/8$，第三个人采取行动 A 是最佳的。类似分析表明，若 $x_2 = B$，对于任何信号 $\theta_3 \geqslant 5/8$，第三个人采取行动 A 是最佳的。因此，根据（2）式，第三个人的截点规则为：

$$\hat{\theta}_3 = \begin{cases} -5/8 & \text{如果，} x_2 = A \\ 5/8 & \text{如果，} x_2 = B \end{cases} \tag{4}$$

注意，第二个人的行动反映了第一个人的部分信息，这样对第一个人行动的更多信息，是通过第二个人的行动显露的。出于上述原因，第三个人比第二个人更有可能模仿前人的行动。例如，如果第一人采取行动 A，根据（3）式，对于任何私人信号 $\theta_2 \in [-1/2, 1]$，表现的都是第二人模仿前者。接下来，如果第二人采取行动 A，根据（4）式，对于任何私人信号 $\theta_3 \in [-5/8, 1]$，表现的都是第三个人模仿紧前者。

增加决策者继续该例，这些后续决策者看到紧前者行动的私人信号，且仅据此学习。任一个体 n 以（$n-1$）采取行动 A 或 B 为条件的截点选择，为两个不同的值，分别表示如下：

$$\bar{\theta}_n = -E\left[\sum_{i=1}^{n-1} \theta_i \mid x_{n-1} = A\right]$$

$$\underline{\theta}_n = -E\left[\sum_{i=1}^{n-1} \theta_i \mid x_{n-1} = B\right]$$

注意，如果个体 n 观察到 $x_{n-1} = A$，他可以在该信息条件下确定 $x_{n-2} = A$ 或 $x_{n-2} = B$ 的概率。若 $x_{n-2} = A$，则（$n-1$）实际的截点是 $\bar{\theta}_{n-1}$。

---

① 已知 $P(x_2 = A \mid x_1 = A) = 3/4$，现须依贝叶斯法则推断 $P(x_1 = A \mid x_2 = A) = ?$ 因为 $P(x_1 = A \mid x_2 = A) = P(x_1 = A, x_2 = A) / \{P(x_2 = A \mid x_1 = A)P(x_1 = A) + P(x_2 = A \mid x_1 = B) P(x_1 = B)\}$，所以由 $P(x_1 = A, x_2 = A) = P(x_2 = A \mid x_1 = A)P(x_1 = A)$；及估计的 $P(x_2 = A \mid x_1 = A) = 3/4$，$P(x_1 = A) = P(x_1 = B) = 1/2$，$P(x_2 = A \mid x_1 = B) = 1/4$，可得 $P(x_1 = A \mid x_2 = A) = (3/4 \cdot 1/2) / \{(3/4 \cdot 1/2) + (1/4 \cdot 1/2)\} = 3/4$。——译者注

进一步，私人信号 θ_{n-1} 的期望值可以以 $\bar{\theta}_{n-1}$，$x_{n-1} = A$ 为条件计算出来。运用这些观察结果，杰伦和卡瑞夫（Çelen，Kariv，2004b）给出 $\bar{\theta}_n$ 的变动过程规则是：

$$\bar{\theta}_n = P(x_{n-2} = A \mid x_{n-1} = A)\{\bar{\theta}_{n-1} - E[\theta_{n-1} \mid x_{n-2} = A]\} +$$
$$P(x_{n-2} = B \mid x_{n-1} = B)\{\underline{\theta}_{n-1} - E[\theta_{n-1} \mid x_{n-2} = A]\}$$

简化为：

$$\bar{\theta}_n = \frac{1 - \bar{\theta}_{n-1}}{2}\left[\bar{\theta}_{n-1} - \frac{1 + \bar{\theta}_{n-1}}{2}\right] + \frac{1 - \underline{\theta}_{n-1}}{2}\left[\underline{\theta}_{n-1} - \frac{1 + \underline{\theta}_{n-1}}{2}\right] \quad (5)$$

类似的推导也可以适用于 $\underline{\theta}_n$ 的变动过程。运用对称性，$\bar{\theta}_n = -\underline{\theta}_n$，截点规则 $\hat{\theta}_n$ 的动态过程，可以以一种简洁的递推式表述为：

$$\hat{\theta}_n = \begin{cases} -\dfrac{1 + \hat{\theta}_{n-1}^2}{2} & \text{如果，} x_{n-1} = A \\[4mm] \dfrac{1 + \hat{\theta}_{n-1}^2}{2} & \text{如果，} x_{n-1} = B \end{cases} \quad (6)$$

其中 $\hat{\theta}_1 = 0$。

从（6）式可以很容易得出，因为对每个 n 都要算自己的信息截点 $-1 < \hat{\theta}_n < 1$，所以不可能信息追随。也就是说，每个人在做决策时都不会轻视他的私人信号。然而，正如图 1 表明，根据（6）式，截点规则将信号区间分成 3 个子集：$[-1, \bar{\theta}_n)$，$[\bar{\theta}_n, \underline{\theta}_n)$ 和 $[\underline{\theta}_n, 1]$。对于高值信号 $\theta_n \in [\underline{\theta}_n, 1]$ 和低值信号 $\theta_n \in [-1, \bar{\theta}_n)$，个体 n 会根据私人信号并各自采取行动 A 或 B。在被称为模仿集的中间子集 $[\bar{\theta}_n, \underline{\theta}_n)$ 中，个体做决策时会"忽略"私人信号而模仿其紧前者的行动。此外，由于 $\{\bar{\theta}_n\}$ 和 $\{\underline{\theta}_n\}$ 分别收敛于 -1 和 1，随着 n 的增大，模仿集单调递增，而不管行动的实际历史如何。因此，随着时间推移，模仿行为发生的可能性增加。

事实上，在杰伦和卡瑞夫（Çelen，Kariv，2004b）文献中，我们发现当人数趋于无穷多的时候，模仿集会收敛为整个信号区间。然而，注意这并不意味着截点过程（6）是收敛的。仔细分析表明，

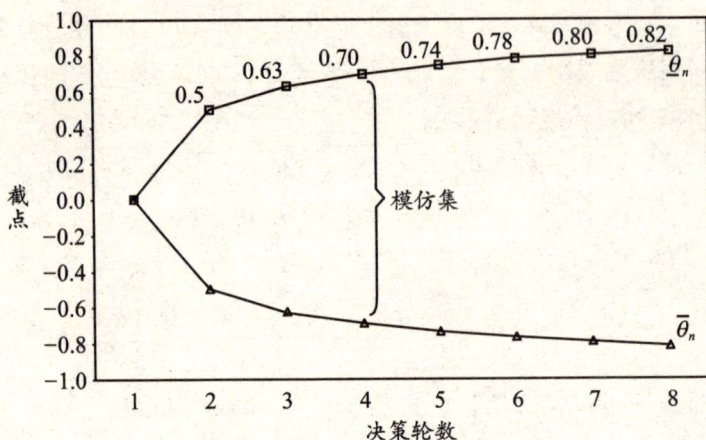

图 1　截点过程和模仿集

截点过程在 -1 或 1 处是不稳定的（两点间可能跳跃——译者注）。这意味着总会有个体因为相反的信号而表现为"二元选择行动"和紧前者不一样（因为均匀分布的 θ_n 总要依概率落在模仿集区间外，例如当紧前者显示 A 使截点选在小于零的下方，那么 θ_n 落在低值区间就会表现为与紧前者相反的 B——译者注）。因此，这时就不会出现羊群行为[①]。然而，尽管行为不收敛于标准的羊群行为方式，但是个体行动相似的时间越来越长，穿插其间的翻转行为越来越少。

3.2　完美和不完美信息的对比

接下来我们研究在完美和不完美信息下决策问题的区别。在完美信息下，最佳决策也是如（1）式所示的截点策略，这里的截点决策规则是所有已实现的行动历史的函数：

$$\hat{\theta}_n = -E\big[\sum_{i=1}^{n-1}\theta_i \mid (x_i)_{i=1}^{n-1}\big]$$

因为在完美信息下，历史作为公共信息是被共享的，个体 n 的截点

---

① 当无限多的被试在做决策时忽略其私人信号，我们就说发生了信息追随。当无限多的被试做出相同决策时，没有忽略其私人信号，则发生了羊群行为。

$\hat{\theta}_n$ 可以被其后继者完全推断出来。换句话说，每个个体可以推出在其之前的任一个体所掌握的东西。结果，在完美信息下，截点规则呈现出如下的递推结构，

$$\hat{\theta}_n = \hat{\theta}_{n-1} - E[\theta_{n-1} \mid \hat{\theta}_{n-1}, x_{n-1}]$$

由此导出截点过程：

$$\hat{\theta}_n = \begin{cases} \dfrac{-1 + \hat{\theta}_{n-1}}{2} & \text{如果，} x_{n-1} = A \\[2mm] \dfrac{1 + \hat{\theta}_{n-1}}{2} & \text{如果，} x_{n-1} = B \end{cases} \tag{7}$$

其中 $\hat{\theta}_1 = 0$。

与不完美信息情况相同，对任何 n 都要算自己的 $\hat{\theta}$：$-1 < \hat{\theta}_n < 1$，因此容易知道不可能是信息追随。然而，截点过程具有鞅性质 $E[\hat{\theta}_{n+1} \mid \hat{\theta}_n] = \hat{\theta}_n$，根据鞅收敛定理，在固定点 -1 和 1 附近，截点过程是随机稳定的。进一步，由于截点过程收敛意味着行动收敛，在有限的时间内行为会稳定下来。因此，在完美信息下，信息追随不可能产生，但是羊群行为肯定产生。

下面根据前面的说明整理我们的想法。在完美信息下，因为第一个人的行动是公共信息，为其后的两人所知，所以第三个人观察到的信息包含第二个人据以决策的基础。因此，根据（7），简单的计算便可得到第三个人的截点规则：

$$\hat{\theta}_3 = \begin{cases} -3/4 & \text{如果，} x_1 = A, \ x_2 = A \\ -1/4 & \text{如果，} x_1 = B, \ x_2 = A \\ 1/4 & \text{如果，} x_1 = A, \ x_2 = B \\ 3/4 & \text{如果，} x_1 = B, \ x_2 = B \end{cases}$$

如果增加人数继续同样的分析，我们会发现，若前三个人选择 A，第四人的截点是 $\hat{\theta}_4 = -7/8$；若前四个人选择 A，第五人的截点是 $\hat{\theta}_5 = -15/16$，依此类推。因此，选择同样行动 A 的连续几个人显露出的私人信息更少，这使得跟着做决策的个体很难不选择行动 A。

另一方面，如果在前三个人选择 A 之后第四个人选了行动 B，第四人的决策表明其私人信号 θ 位于区间 $[-1, -7/8)$，第五个人的截点是 $\hat{\theta}_5 = 1/16$。因此，连续选择相同行动的人越多，模仿和偏离所揭示的信息之间非对称性越大。注意一致行动的首个偏离者（deviator）导致其后继者轻微地倾向于继续偏离，这一现象在文献中被称为翻转原理（overturning principle）。

相反，在不完美信息下，翻转原理具有更加极端的性质。为了说明这一性质，假设前三个人采取行动 A。这样，根据（6）式第四个人的截点是 $\hat{\theta}_4 = -0.695$。现在，如果第四个人有相反的信号 $\theta_4 \in (-0.695, -1]$，选择表现为 B 从而发生偏离。而且，由于这一偏离没有被第五个人观察到，此时他设置的截点会靠近 1，具体为 $\hat{\theta}_5 = 0.743$，从而剧烈地翻转。因此，第四个人的偏离导致第五个人很难不跟从这种偏离。

总之，根据翻转原理，无论是在完美信息还是在不完美信息情况下，偏离者都会重新引领后继者的行动。不过这两种情况有本质的区别。在完美信息下，由于之前所有行动都是公开的，所以谁采取偏离行动都可以被后继者认出来。结果，偏离很清楚地显示出与偏离者私人信号有关的信息，此信息与之前累积的公共信息相比略微占优（meagerly dominate）。因此，后继者将轻微地倾向于加入偏离。然而在不完美信息下，个体并不知道其紧前者是模仿还是偏离行动。因此，偏离者的行动是其紧后者唯一可用来推断整个行动历史的统计信息。从而，跟从偏离者的个体会踊跃地加入这种偏离。

4 实验结果

4.1 描述性统计

4.1.1 群体行为

如果被试的截点就定在 -10 或 10，那么不管自己的私人信号是多少行动都一定是 A 或 B，这时就称其为追随行为（cascade behavior）。如果不是端点，而是在（-10，10）之内选截点，这意味着存在一部分信号使他的行动是 A，另一部分信号使他的行动是 B，而若最终的私人信号使得他与紧前者的行动相同，那么该被试就参与了羊群但未发生追随行为（joins a herd but does not engage in cascade behavior）。最后，在实验室中从某一被试开始，其后其他人连着发生追随行为，则称为信息追随（自某人开始其后连续几人均选端点——译者注），而从某一被试开始，随后其他人接连都采取相同行动，我们就说发生了羊群行为。

整个实验共包含 75 轮，其中我们观察到，出现至少包含 5 个被试的羊群有 8 轮（10.7%）。正如表 1 所示，在这 8 轮中，有 2 轮 8 个被试全部都采取了相同的行动，有 1 轮后面 6 个被试行动相同，5 轮的后面 5 个被试行动相同。除了一个之外的所有羊群行动和（2）所给的最佳截点规则是一致的。此外，即使被试拥有的决策历史信息不完美，所有羊群却都选择了正确的行动。相反，理论预测是：即使信息不完美，羊群行为的轮数也应该超过一半（理论预测应有 63.4%），而羊群行为中的 19.8% 将不满足贝叶斯推断下的最佳决策[①]。最后，既然

----

① 我们借助于仿真计算出了概率，这里私人信号与具体的真实状况是负相关的。这种情况使得问题难以分析解决。仿真由 MatLab 软件进行。实验开始时从 [-10，10] 均匀分布上抽取 1 个有 10 个信号的向量。然后我们依截点过程汇集由该向量产生的行动。实验不断重复，直到再增加第 10^7 次实验的正确行动平均个数上的边际变化小于 10^{-5}。

羊群行为很少发生，很明显，翻转就很频繁。除了决策顺序的第一个人以外，整个实验共包括 525 个决策点（decision point，525 = 7 × 15 × 5），这样的翻转发生了 234 次（39.0%），而理论预测发生翻转的比重只占总决策点的 19.0%。

表 1　有羊群行为发生的决策轮数据

组·轮[*]	行动长度	各决策顺序上的行动与截点选择值								8 个私人信号随机数之和
		1	2	3	4	5	6	7	8	
1.7	B	B	B	B	B	B	B	B	B	-46.6
	8	5	-4	10	0	0	2	0	-2	
2.7	A	A	B	A	A	A	A	A	A	23.2
	6	-10	2	-5	2.4	-10	-10	0	-4	
3.10	A	B	B	B	A	A	A	A	A	12.6
	5	0	4	8	-10	-10	0	-8	0	
3.12	A	B	A	B	A	A	A	A	A	39.5
	5	10	-10	6.9	-8	0		-4	0	
4.5	B	A	B	A	B	B	B	B	B	-5.5
	5	0	2.5	5.6	7	-1	10	10	9	
4.10	B	A	B	A	B	B	B	B	B	-16.7
	5	-10		-8	1.7		0	10	10	
4.11	A	A	A	A	A	A	A	A	A	28.3
	8	-7.5	1	3	-10	-3	0	3.3	-5.2	
5.8	A	A	B	B	A	A	A	A	A	35.3
	5	0	7	5	5	1.4	2	-6.7	-1.2	

*：例如，1.7 表示第 1 组的第 7 轮。

表 1 说明存在不是由信息追随引起的羊群行为。例如，在轮 1.7 和轮 4.11 中，信息追随没有发生，然而所有的被试都发生了羊群行为。同时，尽管理论预测信息追随不会发生，但实验中仍然观察到了信息追随（自某人开始其后的每人均选端点）。共有 18 轮发生了信息追随（24.0%），18 轮中有 2 轮最后的两个被试发生了追随行为（选端点），在另外的 16 轮中只有最后一个被试发生追随行为。

表 2 归纳了第二组的几轮数据，这些轮中出现了追随行为。此

外，还有85个决策点发生了不属于信息追随的追随行为（按前面定义，追随行为是指截点取极端；信息追随是指连续出现截点取极端）。总体上，600个决策点中观察到105次追随行为（17.5%）。然而，在这105个决策点中有65个是由这样一些少数被试引起的，这些被试在他们参与的大多数决策轮中都采取了追随行为[①]。

表2 选自第二组的决策轮数据

组.轮*	行动截点								8个私人信号随机数之和
	1	2	3	4	5	6	7	8	
	A	A	A	A	B	A	B	A	
2.3	0	−6	−2	−4	−1	6	10	−5.5	35.1
	1.19	4.88	9.16	7.9	−9.83	7.97	7.46	6.34	
	B	B	B	B	A	A	A		
2.4	0	−1	10	4	0	−5	−8	−10	−19.7
	−0.13	−7.21	5.12	1.33	−4.45	−4.25	−0.42	−9.66	
	A	A	A	B	B	B	A	A	
2.10	1	−5	−5	0	10	4	−3	−10	13.7
	7.09	−2.41	−4.58	−3.14	4.68	1.74	2.56	7.77	
	B	B	B	B	B	B	A	B	
2.11	0	−6	1	−5	10	10	−5	0.6	−6.9
	−8.03	−8.49	−2.02	−6.23	4.84	8.78	3.77	0.45	
	A	A	A	A	A	B	B	B	
2.12	0	−6	−5	−10	0	−4	5	8	31.2
	9.42	4.63	−3.43	6.06	8.15	0.58	3.72	2.1	
	B	B	A	A	A	A	B	B	
2.13	−1	3	−5	−4	5	−10	2	10	25.7
	3.06	−4.18	7.32	8.38	8.3	0.14	−0.72	9.51	
	B	B	A	A	A	B	B	A	
2.14	0	−5	−5	−6	−4	6	10	4	−7.0
	−3.4	−9.13	−1.9	−2.05	2.44	−5.55	5.53	7.06	

说明：标阴影部分为追随行为。

*：例如，2.3表示第2组的第3轮。

[①] 40个被试中有2人在所有轮中发生追随行为，1人在11轮中发生追随行为，1人在9轮中发生追随行为，1个在8轮中发生追随行为，1个在7轮中发生追随行为。

表 3 总结了实验结果，并且与杰伦和卡瑞夫（Çelen，Kariv，2004a）中的结果进行了比较。在完美信息下，75 轮中共观察到 27 次羊群行为（36.0%），在一半的羊群行为中，所有的被试行动相同。此外，除一个之外的其他羊群都采取了正确的决策。在完美信息下有 26 轮观察到信息追随（34.7%），而这至少从理论上来看是最意想不到的。因此，我们做出这样的结论：尽管从理论观点来看，追随行为是个错误，但它确实是一种行为现象。相反，在不完美信息下，羊群行为和追随行为发生频率都要小得多。最后，所有被试因正确决策而获得的平均所得在不完美信息下为 18.8 美元，在完美信息下为 22.0 美元，完美信息比不完美信息高出 17%。二元 Wilcoxon 检验表明，在 5% 的显著性水平上，被试报酬的样本在完美和不完美信息下有明显区别。

表 3　实验结果总结

	不完美信息	完美信息
被试平均所得报酬（美元）	18.8	22.0
出现羊群 *	8	27
出现羊群占百分比 **	10.7	36.0
出错的羊群	0	1
出现追随	18	26
出现追随占百分比 **	24.0	34.7
翻转的决策点	234	173
翻转决策点占百分比 ***	44.6	32.9

＊：至少 5 个被试一致认为出现羊群。
＊＊：在整个 75 轮中的比例。
＊＊＊：除决策顺序的第 1 人以外，共 525 个决策顺序点中的比例。

相对于完美信息而言，不完美信息下报酬的减少主要原因在于羊群行为的减少。注意，不完美信息下羊群的数目比完美信息下少了 71.4%。很明显，在完美和不完美信息这两种情况下，除去一个之外的其他羊群行为都是正确决策（correct decision，符合理论模型）。然而尤为有趣的是，理论预测的一致行为也可能出错（符合理论模型只是期望值正确，实际还是应该有输掉的出错比例），这一点在很多实验中得到了证实。我们认为报酬差异的可能原因是连续的信号区间的增大，被试不是直接采取行动而是可以通过选择截点策略来微调他们的决策。（Çelen，Kariv，2004a）不过，仿真模拟意味着理论上羊群行为正确（即可获利的）的概率在完美和不完美信息下分别是 62.9% 和 50.8%，羊群行为错误的概率在完美信息下为 20.0%，在不完美信息下为 12.5%。

4.1.2　个体行为

为了整理截点数据并对其进行深入考察，我们首先对决策进行定义。如果被试选择的截点符号与紧前者的行动一致，则被试所做的决策被定义为一致决策（concurring decision）。比如，被试观察到紧前者采取行动 $A(B)$ 然后选择了负的（正的）截点，那么他将倾向于与之一致的行动，因为选择负的（正的）截点意味着采取行动 $A(B)$ 的概率就更高。同理，若被试观察到行动 $A(B)$，而选择正的（负的）截点，那么他便和紧前者不一致，我们称这样的决策是相反决策（contrary decision）。最后，若被试选 0 作为截点，则称为中性决策（neutral decision）。中性决策表明被试与紧前者的行动既非赞同，也非否定，只是简单地基于个人信息进行选择。

在所有决策顺序中，把第一决策点剔出，剩下的所有决策点中有 44.2% 为一致决策，39.2% 为相反决策，还有 16.6% 为中性决策。因此，倾向于跟从紧前者行动的被试远少于理论预测。除了对一致、相反、中性决策点总数目进行统计外，我们还对被试在选择截点时与紧前者的行动一致或相反的频数分布进行了考察。图 2 统计截点设置与观察到的行动不一致少于 2 轮，以及 3 轮到 5 轮等的被试的百分数。注意，被试行动往往倾向于不一致。事实上，只有20% 的被试设置的截点和他们观察到的行动不一致少于 2 次，40%的被试设置的截点有一半的次数和他们观察到的行动不一致。这一迹象强烈表明，被试行动的方式和理论预测不一致。

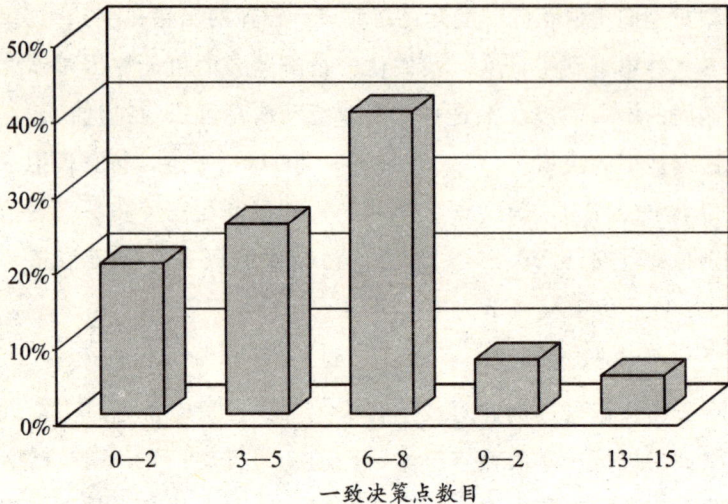

图 2　一致被试的分布

截点符号表明一致或不一致，这只说明了部分情况，因为它没有体现出一致或相反的强度，这个强度可以通过截点集的大小加以衡量。例如，如果被试观察到行动 A，而设置了一个接近 -10 的截点，这就意味着被试不但在方向上赞同他所观察到的行动，而且他在意愿上会较为强烈地偏好这么做，因为此时他几乎肯定采取行动 A。相反，如果他选择接近 0 的负截点，则很明显地表明被试在赞同前人的程度上较弱。

因为截点策略关于 0 对称，我们把被试给出的数据按照如下方式进行变换处理。对于一致决策点取截点的绝对值，对于相反决策点取截点绝对值的相反数。例如，如果被试观察到行动 A，而且选择了 -5 为截点，由于他与前人决策一致，所以我们把该截点取为 5。另一方面，如果他选择 5 为截点，我们就取 -5，因为他与前人决策相反。

图 3 依决策轮次给出了理论的截点以及一致决策截点的平均值。注意，如果被试的截点设置和观察的行为一致，此时截点值的大小与理论预测值具有显著的一致性。换句话说，一旦被试决定模仿前者的行动，他们就以正确的强度按照贝叶斯理性行事，因为此时被

试选择的截点和理论预测值非常接近。然而，从图 3 我们可以清楚地看到，如果我们把中性决策放入观测样本，截点走势发生逆转，尤其是在最后的决策点中更是如此。

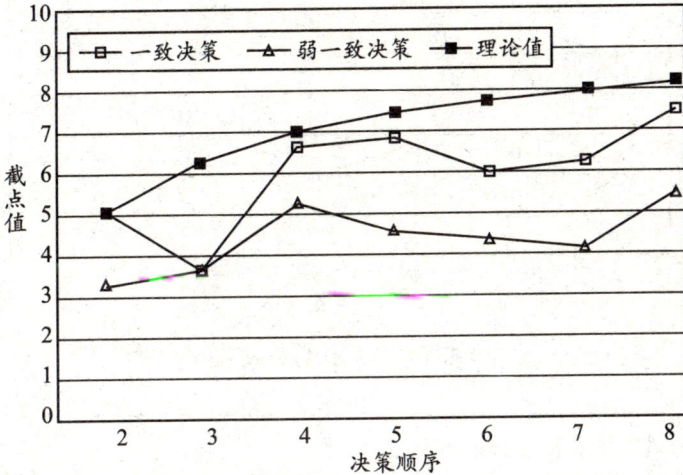

图 3　按决策顺序点排列的一致和弱一致决策的平均截点

目前为止，我们都在关注一致决策。然而决策集中还有一个补集，即相反决策。一旦被试决定不跟从前者行动，此时不一致的强度也可以通过一些途径测量出来。图 4 用两种方法表明了不一致的强度：首先，我们把被试实际选择的截点和根据理论截点规则得到的截点之间的绝对差额表示为不一致强度 1（Disagreement 1）；其次，把被试选择的截点和 0 的绝对差额表示为不一致强度 2（Disagreement 2）。注意到，当被试不同意他的前者时，他们会以一种非常极端的方式这么做，所以不一致的强度非常之大。

以上列出的所有结果都是把数据分为一致决策或相反决策进行考察的。图 5 表明了如果我们不以一致或不一致为区分条件分别考察数据，那么整体数据与理论预测就有显著差异。事实上，被试根据自己的私人信号获得的启发胜过实验中作为预测的贝叶斯行为。然而，与理论预测的差异实际上是由一致决策和相反决策的分布的

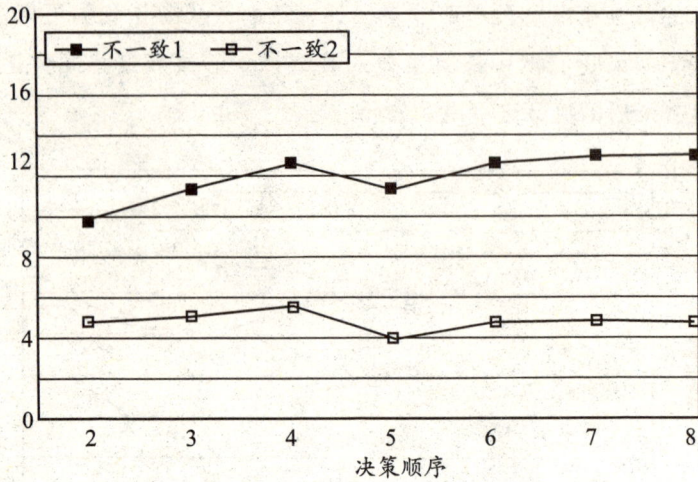

图 4　不一致的强度

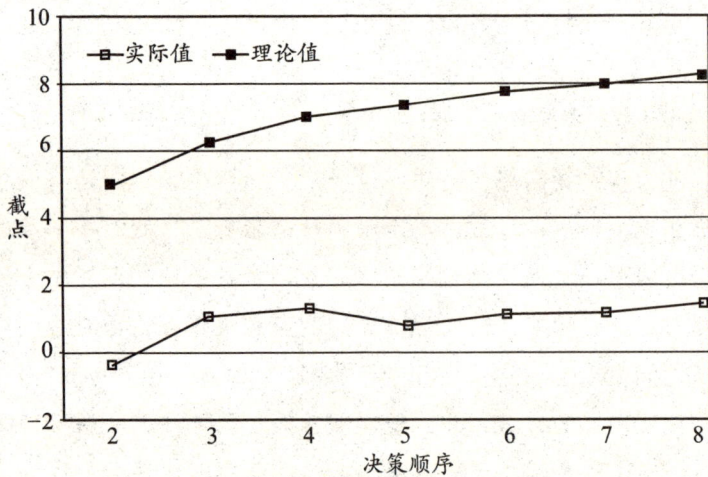

图 5　按决策顺序排列的总体截点的均值

合成差异，而非被跟从的前人行动的说服力存在差异。

　　表 4 中的回归分析总结了我们目前为止的所有讨论。首先设置两个虚变量，当决策轮为每组实验中的前 5 个或后 5 个时这两个虚变量分别取值为 1，并且对被试的截点进行前文所述的转换，然后我

们把转换后的截点值对截点所在决策轮次和两个虚变量进行回归①。注意到由于每个系数都不是显著不为 0，所以截点值并没有如预想的在后面的决策轮中会增大。因此，回归结果清楚地表明了，当决策轮不断重复时，前人行动对被试的说服力并没有随之增加。

表 4   回归结果

	Coef.	Std. err.	t
决策顺序点	0.19	0.126	1.522
FR	−0.48	0.617	−0.775
LR	−0.19	0.617	−0.312
常数项	0.18	0.765	0.239

（1）把转换后的截点对其所在的决策顺序点和两个虚变量 FR 和 LR 做回归分析，FR 和 LR 分别在决策轮为前五个和后五个时取值为 1。
（2）GLS 随机作用（混合的）估计量与对独立数据和群数据（clustered data，在同个被试中不独立但在不同被试间独立的数据）所做的稳健变化估计量产生了相似的结果。

与杰伦和卡瑞夫（Çelen，Kariv，2004a）中描述的个体行为进行比较可以看出，完美信息表现为理性的增强。为了论证这一点，在每种信息结构下，对每个被试而言，我们计算出被试报告的截点和理论给出的截点之间的均方差（MSD）。在任何一种信息结构下，MSD 的平均值越小，被试行为也就越接近理论预测。图 6 中的柱状图表明，当使用完美信息数据计算 MSD 值时，MSD 的分布较大地向左移动了，因此在完美信息下被试的行为与理论预测有更高的一致性。Kolmogorov-Smirnov 检验在 5% 的显著性水平上证实了这个观察结果。

---

①   被试的私人信号是不受控制的，因为被试在观察了前者行动后和获得自身的私人信号前，他要选择一个截点。

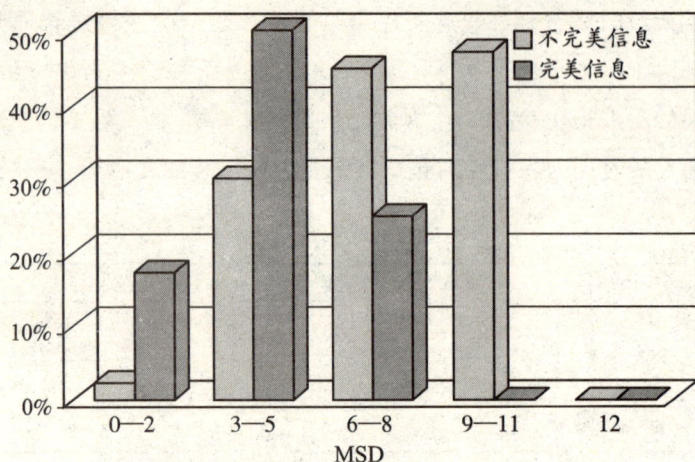

图 6　被试的 MSD 得分分布

4.2　计量经济学分析

为了解释实验室中的行为，在杰伦和卡瑞夫（Çelen, Kariv, 2004a）的文献中，我们检验了一个模型，该模型把被试行为描述成结合了对他人理性限制的一种形式的广义贝叶斯行为。有力证据表明，这种类型的贝叶斯理性解释了实验中的行为。为了进行比较，我们在此重复推导过程。

假设被试可以估计其他人的错误，并且在处理前者行动所揭示的信息时考虑到这一点。我们试图用式子表示这一点，所以在此估计了一种递归模型，这个模型将早期决策的出错概率考虑在内。这种方法使得我们可以计算出贝叶斯理性能够在多大程度上解释实验室中的行为。安德烈斯和霍尔特（Anders, Holt, 1997）也使用了这种方法，但是他们使用了被试的预期报酬，而截点诱导技术使我们能够递归地估计出截点的决定过程，这一过程可以根据决策错误和独立震荡进行调整。

为此我们假设在每个决策顺序点 n 中，个体符合贝叶斯理性并能理性地计算其截点的概率是 p_n，而他是噪声的概率是 $(1-p_n)$，也就是说他的截点是从位于 $[-1, 1]$（为了说明的方便，我们再一次对信号区间进行标准化）且平均值为 $\tilde{\theta}_n$ 的分布函数 G_n 中随机抽取的。假设其他人不能观察到个体行为是否存在噪声，但是序列 $\{p_n\}$ 和 $\{G_n\}$ 是为所有人知道的。此外，我们假设理性个体可以在理性截点上下摆动，也就是说他们的截点可以包含不相关的少许计算或报告错误。为了精确计算，我们把理性个体在决策顺序 n 中报告截点表示为 $\hat{\theta}_n + \phi_n$，其中 ϕ_n 服从均值为 0、方差为 σ_n^2 的正态分布。注意，理性个体的错误是由围绕理性截点的上下摆动引起的，即他们的截点值以 $\hat{\theta}_n$ 为均值，然而噪声个体则随机做出决策。

在模型中加入噪声个体后，$\bar{\theta}_n$ 的运动法则变为：

$$\bar{\theta}_n = -\left\{p_{n-1}E\left[\sum_{i=1}^{n-1}\theta_i \mid x_{n-1}=A\right] + (1-p_{n-1})\right.$$
$$\left. E\left[\theta_{n-1} \mid G_{n-1}, x_{n-1}=A\right]\right\}$$

其中，

$$E\left[\theta_{n-1} \mid G_{n-1}, x_{n-1}=A\right] = \int_{-1}^{1} \frac{1+x}{2} \mathrm{d}G_{n-1}(x) = \frac{1+\tilde{\theta}_{n-1}}{2}$$

根据（5）式，我们得到：

$$\bar{\theta}_n = p_{n-1}\left\{\frac{1-\bar{\theta}_{n-1}}{2}\left[\bar{\theta}_{n-1} - \frac{1+\bar{\theta}_{n-1}}{2}\right] + \frac{1-\underline{\theta}_{n-1}}{2}\left[\underline{\theta}_{n-1} - \frac{1+\underline{\theta}_{n-1}}{2}\right]\right\} -$$
$$(1-p_{n-1})\frac{1+\tilde{\theta}_n}{2}$$

类似的分析同样适用于 $\underline{\theta}_n$ 的运动规律。

在这些假设下，任一决策顺序 n 和轮次 i 的预期截点是：

$$y_n^i = (1-p_n)\tilde{\theta}_n + p_n\hat{\theta}_n^i + p_n\phi_n^i$$

其矩阵形式为，

$$\mathbf{y_n} = (1-p_n)\tilde{\theta}_n\mathbf{1} + p_n\hat{\boldsymbol{\theta}}_\mathbf{n} + p_n\boldsymbol{\phi_n}$$

其中 $\mathbf{y_n}$, $\mathbf{1}$, $\hat{\boldsymbol{\theta}}_\mathbf{n}$ 和 $\boldsymbol{\phi_n}$ 依次是分量为 y_n^i, 1, $\hat{\theta}_n^i$ 和 ϕ_n^i 的向量，由此导出如下的计量经济学表达式：

$$\mathbf{y_n} = \alpha_n\mathbf{1} + \beta_n\mathbf{z_n} + \boldsymbol{\varepsilon_n} \tag{8}$$

其中，

$$\alpha_n = (1 - p_n)\tilde{\theta}_n, \quad \beta_n = p_n, \quad \varepsilon_n = p_n\phi_n$$

对于任何一轮 i，$\mathbf{z}_1 = 0$，任何顺序 $n > 1$，向量 z_n 的第 i 个分量是：

$$z_n^i = \begin{cases} \bar{z}_n^i & \text{如果，} x_{n-1}^i = A \\ \underline{z}_n^i & \text{如果，} x_{n-1}^i = B \end{cases} \tag{9}$$

其中，

$$\bar{z}_n^i = \hat{\beta}_{n-1}\left\{\frac{1 - \bar{z}_{n-1}^i}{2}\left[\bar{z}_{n-1}^i - \frac{1 + \bar{z}_{n-1}^i}{2}\right] + \frac{1 - \underline{z}_{n-1}^i}{2}\left[\underline{z}_{n-1}^i - \frac{1 + \underline{z}_{n-1}^i}{2}\right]\right\} -$$

$$\frac{1 - \hat{\beta}_{n-1} + \hat{\alpha}_{n-1}}{2}$$

类似的分析也适用于 $\underline{z}_n$ [①]。

注意，参数是递归地估计出来的。也就是说，第一个决策顺序中估计的参数 $\hat{\alpha}_1$ 和 $\hat{\beta}_1$ 会在估计第二个顺序中参数 α_2 和 β_2 时被用到，依次类推。这样，在每一个顺序 n 中，计算最佳截点 $\bar{\theta}_n^i$ 或者 $\underline{\theta}_n^i$ 的估计值时要用到前一决策顺序中 $\hat{\alpha}_{n-1}$ 和 $\hat{\beta}_{n-1}$ 的估计值，$\bar{\theta}_n^i$ 和 $\underline{\theta}_n^i$ 分别用 $\bar{z}_n^i$ 和 $\underline{z}_n^i$ 表示出来，$\bar{z}_n^i$ 和 $\underline{z}_n^i$ 和依次组成了估计式（8）中该决策轮的独立变量。

系数 β 是被试在决策顺序 n 中理性的概率，β 可以看做是描述被试赋予行动历史所揭示信息的平均权重的参数。同时，系数 α 可以看做是描述信息过程偏差的参数，比如对某一特定行动的盲目倾向。例如，因为当 $\beta_n < 1$ 时，$\tilde{\theta}_n = \alpha_n/(1 - \beta_n)$，任何 $\alpha_n < 0 (\alpha_n > 0)$ 都意味着顺序 n 的被试是倾向于行动 $A(B)$ 的。

---

① 在完全信息条件下，Çelen 和 Kariv（2004a）也使用了类似的计量规则（8）。但是对于任何一顺序 $n > 1$，试错调整规则（error-adjustment updating rule）（9）建立了下面的递归结构：

$$z_n^i = z_{n-1}^i - \begin{cases} \frac{1 + (\hat{\alpha}_{n-1} + \beta_{n-1}z_{n-1}^i)}{2} & \text{如果，} x_{n-1}^i = A \\ \frac{-1 + (\hat{\alpha}_{n-1} + \beta_{n-1}z_{n-1}^i)}{2} & \text{如果，} x_{n-1}^i = B \end{cases}$$

当信息过程偏差递减，即 $\alpha_n \to 0$，$\beta_n \to 1$（$\sigma_n^2 \to 0$）时，行为趋向于贝叶斯理性。也就是说对于所有 n，当 $\alpha_n = 0$，$\beta_n = 1$ 时，根据（8），实验室中的决策完全符合由（6）给出的最佳历史可能截点过程。类似地，当 $\alpha_n \to 0$，$\beta_n \to 0$ 时，行为趋向于随机。注意，当 $\alpha_n = \beta_n = 0$（且 $\sigma_n^2 \to 0$）时，方程（8）要求预期截点为 0，这是仅仅基于私人信息的一个选择。一般的，任何 $\beta_n < 1$ 表明相对个体的私人信息而言，在顺序 n 内个体人数越多，他人的行动历史所揭示信息的价值就越少。对于其他人的决策可能产生错误的信念，这似乎是有道理的回应。图 7 描绘了 $\bar{z}_n$ 样本图，对所有 n 有 $\alpha_n = 0$ 且 $\beta_n = \beta$ 以及 $\beta \in [0，1]$ 取不同值时的情况。

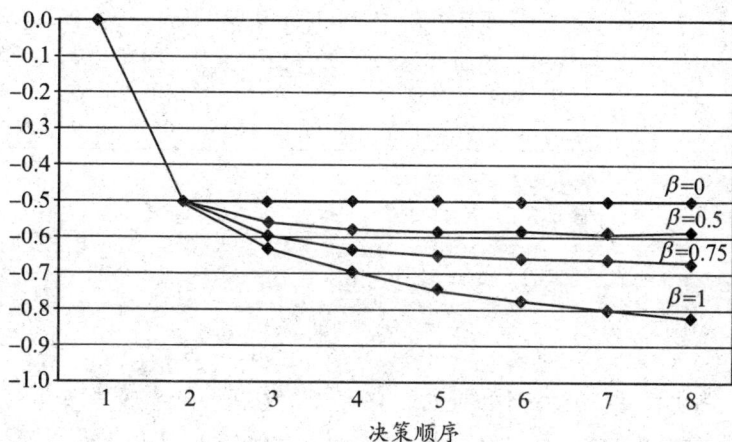

图 7　错误调整更新规则的几种情况

表 5 总结了计量经济学估计结果，并与杰伦和卡瑞夫（Çelen，Kariv，2004a）的结果进行比较[①]。注意在不完美信息下，$\hat{\alpha}_n$ 和 $\hat{\beta}_n$ 系数在所有顺序中都不是显著地不为 0。因此，我们推断在不完美信息下，完全跟从自己的信号所获得的启发胜过作为预测的贝叶斯规

---

① 广义最小二乘（GLS）随机效应估计［random-effects（mixed）estimators］和对于独立数据和群组数据的强方差估计（robust variance estimators）产生了类似的结论。

则。相反，在完美信息下，尽管按照贝叶斯条件，被试赋予自己的信息权重过多，赋予公共信息的权重过少，但是他们却越来越相信其之前的行动历史所揭示出的信息，这是因为 β_n 表现为上升趋势，即随着时间的推移，被试倾向于更加接近贝叶斯更新。

表5　各决策顺序点的计量经济学估计结果

决策顺序点		2	3	4	5	6	7	8
样本观测轮数		75	75	75	75	75	75	75
不完美信息	$\hat{\alpha}$	−0.09	−0.10	−0.12	−0.57	−0.42	0.36	−0.56
		(0.06)	(0.66)	(0.72)	(0.65)	(0.67)	(0.67)	(0.73)
	$\hat{\beta}$	−0.06	0.21	0.22	0.15	0.21	0.25	0.29
		(0.12)	(0.13)	(0.14)	(0.13)	(0.13)	(0.13)	(0.15)
完美信息	$\hat{\alpha}$	0.96	0.02	0.16	−0.02	0.39	−0.05	0.27
		(0.46)	(0.56)	(0.56)	(0.48)	(0.59)	(0.63)	(0.67)
	$\hat{\beta}$	0.22	0.48	0.49	0.59	0.60	0.59	0.62
		(0.09)	(0.07)	(0.07)	(0.06)	(0.07)	(0.08)	(0.08)

注：表中括号内的数据为标准差。

（1）不完美和完美信息下的计量经济学估计结果；（Çelen, Kariv, 2004a）

（2）不完美信息下，所有决策顺序点中的两个系数都非显著地不为零，而在完美信息下 β 系数有潜在的上升趋势，所以经过一段时间后被试将趋向更加坚持贝叶斯更新；

（3）GLS 随机作用（混合的）估计量与对独立数据和群数据所做的稳健变化估计量产生了相似的结果。

　　总而言之，随着时间推移，在完美信息下，被试更加依赖于行动历史所揭示的信息，并且越来越有可能模仿他们的前者，而在不完美信息下，被试并没有倾向于越来越依赖前人行动所揭示的信息。

5　讨　论

　　完美和不完美信息下的决策问题在根本上是不同的，这种不同来源于两点：

　　首先，在完美信息下，行动历史作为公共信息被所有后继者共享，因此，每个人可以完全地推断出其任一前者所观察到的信息。

相反，在不完美信息下，所有人只能从其紧前者的行动中获知信息。结果，任何行动历史的子集都没有作为公共信息被共享，因此，每个人都会对其前者观察到的信息作出不同的推断。

其次，在完美信息下，被试可以根据两种行动的已发生频率获得有价值的信息，而在不完美信息下，没有人能够分辨出其紧前者是偏离者还是模仿者。因此，贝叶斯推论归纳出一个以紧前者的行动为条件所有可能历史的概率值，也就是说行动历史所包含的信息以下面的这种方式被隐蔽了——即被试对之前所有人均与紧前者行为相同的可能事件给予相当大的权重。换句话说，由于贝叶斯个体试图通过利用紧前者的行动来获取所有前者的信号内容，所以他们越来越有可能模仿。

我们实验结果的模式表明了两个重要的结论。第一个涉及群体行为，不完美信息下的羊群行为的发生频率比完美信息下的低了很多，甚至低于理论预测。第二个结论和个体行为有关，这也就从较小层面上给出了第一个观察结果的可能解释。群体行为的差异实际上是个体行为差异的组合，表现了决策在一致和相反两种类型上的分布情况，这种差异并不是由被试希望跟从的前人行动的说服力不同引起的。

不完美信息下的实验结果表明个体行为甚至也很少符合广义贝叶斯行为。从这些结论来看，有人可能提出这样的疑问，即我们如何把上述的这些结论与杰伦和卡瑞夫（Çelen，Kariv，2004a）在完美信息下得到的结论整合起来。很明显，在信息受到限制的环境中，被试不太可能理性行动也是能被理解的。为了从理论上组织实验数据，并深入考察我们所观察到的行为，我们建立了一个改进的贝叶斯模型，这个模型提供了一个框架，可以使我们理解完美和不完美信息下个体行为的差异。

在标题相同的 CESS 工作论文中，我们对原始模型进行了改进，修正后的模型舍弃了共同知识的理性假设（assumption of common knowledge）。我们假设部分个体是噪声，并且别人无法观察到个体行为是否带有噪声，而噪声在所有被试中是独立分布的。为了能够精确计算，我们假设噪声有两种形式，它们处于两个相反的极端，一种噪声个体以相等的概率在 -1 和 1 处选择截点从而随机地采取行动，另一种噪声个体只是简单地把截点设置为 0 从而完全忽略了历史只是根据私人信号来决策。正是因为如此，第一种类型的噪声个体的行动并不能给后继者以任何信息，而第二种类型的噪声个体的行动则能揭示出更多的关于其私人信号的信息。

我们可以看出，带有这两种极端形式噪声的不完美信息模型带有更加偶发的不稳定性，这是因为单个行动的信息量一定更少。换句话说，由于积累的信息大大减少，理性个体不大可能像在无噪声模型中那样模仿他们的前者。所以，我们观察到一致行为的时间长度变短，而翻转的发生频率却比理论预测的更加频繁。相反的，如果加入这两种形式的噪声，我们发现，在完美信息下个体将越来越相信他人行动所揭示出的信息。

总结一下，明显地，某些有限理性的多重综合和对他人理性的限制能够很好地刻画这种行为的性质。然而，从整体考虑，如果把这些特性都加入到广义贝叶斯行为，这样修正后的广义贝叶斯行为能够成功地预测完美信息下被试的行为。相反，在不完美信息下，被试行为甚至与这种修正后的广义贝叶斯行为也不一致。

6 结束语

本文检验了一个不完美信息下的观察学习模型，该模型从理论上得到的行为和在完美信息模型中的行为有很大不同，并且在某些方面比完美信息下的行为更极端。我们使用了连续信号和离散行动设置，以及截点诱导技术，这使得我们能够检验出贝叶斯理性能够在多大程度上模拟实验室中观察到的实际行动。

　　我们的结论可以归纳为如下几点：首先，不完美信息下羊群行为的发生频率远远低于完美信息，甚至低于理论预测值。其次，理论预测的差异实际上是把一致决策和相反决策这两种类型合并后的合成差异，而非被跟从的前人行动的说服力存在差异。实际上，在一致决策这个子集中，实际结果和理论预测有显著的一致性。

　　这个实验检验了完美信息条件下观察学习实验所得到结果的稳健性，并且可以得到明确的、富有启发的（suggestive）预测。当被试能够观察到的最近的行动个数不止一个时，我们很自然地就会想到这些结果是否依然具有稳健性。我们的分析没有完全阐明这一点，因为如果个体观察到的行动个数超过　个时，决策规则的结构将会相当的复杂。所观察到的前人行动数目的增加是否会导致截然不同的结果，这一点尚不清楚，因为不同的信息结构可能导致不同的结果。这有待于进一步的研究。

参考文献

Allsopp, L. , & Hey, J. (2000): "Two experiments to test a model of herd behavior," *Experimental Economics*, 3, 121 – 136.

Anderson, L. (2001): "Payoff effects in information cascade experiments," *Economic Inquiry*, 39, 609 – 615.

Anderson, L. , & Holt, C. (1997): "Information cascades in the laboratory," *American Economic Review*, 87, 847 – 862.

Banerjee, A. (1992): "A simple model of herd behavior," *Quarterly Journal of Economics*, 107, 797 – 817.

Bikhchandani, S. , Hirshleifer, D. , & Welch, I. (1992): "A theory of fads, fashion, custom, and cultural change as informational cascade," *Journal of Political Economy*, 100, 992 – 1026.

Bikhchandani, S. , Hirshleifer, D. , & Welch, I. (1998): "Learning from the behavior of others: conformity, fads, and informational cascades," *Journal of Economic Perspective*, 12, 151 – 170.

Chamley, C. (2003): *Rational Herds: Economic Models of Social Learning*, New-York: Cambridge University Press, 2003.

Chamley, C., & Gale, D. (1994): "Information revelation and strategic delay in a model of investment," *Econometrica*, 62, 1065 – 1085.

Çelen, B., & Kariv, S. (2004): "Distinguishing informational cascades from herd behavior in the laboratory," *American Economic Review*, 94, 484 – 498.

Çelen, B., Kariv, S. (2004): "Observational learning under imperfect information," *Games and Economic Behavior*, 47, 72 – 86.

Gale, D. (1996): "What have we learned from social learning?" *European Economic Review*, 40, 617 – 628.

Gul, F., & Lundholm R. (1995): "Endogenous timing and the clustering of agents'decisions," *Journal of Political Economy*, 103, 1039 – 1066.

Hung, A., & Plott, C. (2001): "Information cascades: replication and an extension to majority rule and conformity-rewarding institutions," *American Economic Review*, 91, 1508 – 1520.

Kübler, D., & Weizsäcker, G. (2004): "Limited depth of reasoning and failure of cascade formation in the laboratory," *Review of Economic Studies*, 71, 425 – 441.

Lee, I. H. (1993): "On the convergence of informational cascades," *Journal of Economic Theory*, 61, 396 – 411.

Smith, L., & Sørensen, P. (2000): "Pathological outcomes of observational learning," *Econometrica*, 68, 371 – 398.

关于建议和社会学习的实验检验①

博阿奇汗·杰伦，沙克尔·卡瑞夫，安德鲁·肖特

摘　要：社会学习是个人通过观察他人行动而不断学习的过程。但具有讽刺意味的是，关于社会学习的文献有一个很奇怪的现象，即这里的"学习"并不具有明显的社会性。因为在真实的世界里，人们不仅通过观察他人行动来学习，同时也通过听取他人建议来学习。本文将把建议引入到标准社会学习问题中。我们设计的实验使得这两种信息——行为和建议——在均衡中发挥相同的信息作用（informative，实际上是完全相同的）。但相反的是，在实验室里被试更愿意听从前人所给的建议，而不是模仿他们的行动，这样做的结果使得被试行为更加符合理论预期。所以，建议比行动信息性更强，也更能够提高福利。

关键词：建议，社会学习，实验，信息追随，羊群行为

1　绪　论

信息经过整个社会的分配后，个体通常只能知道其中的一小部

① 博阿奇汗·杰伦，哥伦比亚大学商学院；沙克尔·卡瑞夫，加州大学伯克利经济系；安德鲁·肖特，纽约大学。这项研究获得了实验社会科学中心（CESS）和纽约大学 C. V. Starr 应用经济学中心的支持，同时还得到了 Colin Camerer, Gary Charness, Jeff Dominitz, Dan Friedman, Jacob Goree, Teck Ho, Charles Holt, Barry Sopher 和 Georg Weizacker 的有价值的建议。本文亦从 2003 年匹兹堡国际 ESA 会议的与会者、SITE2004 夏季工作组，以及几所大学的研究小组的建议中获益。一篇早期的论文为《建议谜团：关于社会学习中话语的力量大于行动的实验研究》（*The Advice Puzzle：An Experimental Study of Social Learning Where Words Speak Louder than Actions*）。（Paper was provided by New York University, Center for Experimental Social Science in its series Working Papers with number 0021, http：// cess. nyu. edu/0021：2007 – 02. pdf. ——译者注）

分。所以他们在做决策之前有很强的意愿试图通过他人的知识获益。在社会环境中，当个人所需信息无法从公共资源中获得，但他们能够观察到彼此的行动时，理性个体就会设法向他人学习，这一过程被称为社会学习。社会学习方面的文献给出的大量的社会现象的案例，都是这样被解释的。特别地，这种解释说明了社会行为显著的一致性是社会学习导致的一个结果。

许多社会学习的文献都在关注低效的信息积累案例。巴克钦丹尼、赫施莱弗尔和韦尔奇（Bikhchandani, Hirshleifer, Welch, 1992），以及班杰尼（Banerjee, 1992）所做的开创性研究就指出社会学习很容易导致羊群行为（herd behavior）和信息追随（information cascades）的发生。羊群行为或信息追随可以由少数选择相同行为的个体创造。随后，尽管私人信息不对称，剩下的所有个体理性地忽略自己的信息而跟从羊群。最重要的是，由于行为积累信息的能力很弱，羊群往往在现有信息的条件下采取非最优行动。这些结果将有助于我们理解（也许是低效的）社会行为一致性的基本原则，因此它们很重要。同时，这类标准社会学习模型有几个限制性很强的特点。

也许最重要的是，这类文献一个奇怪的方面是在社会学习方面，反而不是很社会化。在真实的世界里，个体不仅通过观察他人的行动学习，同时也可以从他人的建议中学习。例如，我们去某家餐馆吃饭不仅因为那里顾客多，而且也有人建议我们这么做；我们找某个医生看病并不仅因为找他看病的人多，同时也是听从了其他病友的建议；如此等等。另外，在许多情况下，个体决策时仅仅依赖于非专家的所谓幼稚建议（naïve advice），这些非专家可以是朋友、邻居、同事，等等，社会学习往往比我们这些经济学家所描述的更具有社会性。因此为了更加贴近现实社会，在本文中我们将把幼稚建议引入到标准社会学习问题中来。

几乎所有社会学习模型都有一个中心假定，即每个人都做一个"一次性决策"（once-in-a-lifetime decision），并且这些决定由各人顺次做出。另外同时假定每个人都对其之前所有人采取的行动历史具有完全信息。杰伦和卡瑞夫（Çelen，Kariv，2004a）说明了一个完全信息和连续信号的社会学习模型是如何在实验室中被检验的，与安德森和霍尔特（Anderson，Holt，1997）通过检验简单二元信号模型得到的结果相比，他们得到的行为在理论上更加丰富。接下来杰伦和卡瑞夫（Çelen，Kariv，2004b，2005）的工作放弃了完全信息假定，探索了另一种情况，在这种情况下，每一个被试只能够观察到他的紧前者的决定。而本文旨在研究这种情况下有建议可参考时的行为。

与本文有关联的是克劳福德和索贝尔（Crawford，Sobel，1992）的战略沟通文献。他们研究这样一种环境——在这种环境中由一位专家"战略性地"（strategically）给决策者传达信息，以试图操纵决策者的决策。他们甚至还讨论了在专家和决策者兴趣不完全一致时是否存在着信息均衡（informative equilibria）。而在我们的实验里参与者（agent）的兴趣完全一致，也就不存在对信息的战略操纵。事实上，对于同一个参与者而言，他建议中包含的信息和他行动所包含的信息是完全相同的。这也就使得我们从单个个体行为中解脱出来，转而研究在建议与建议自身的对比中所传达的信息。

我们如此设计实验：被试顺次从 -10 到 $+10$ 的均匀分布中得到私人信号。这时决策问题变为预测所有被试的信号总和是正还是负，从而选择合适的行动，即 A 或 B。当总和为正时，A 为可获利行动，而当总和为负时，B 是可获利行动。但被试并非直接选择行动 A 或 B——在被告其紧前被试的决策的有关信息，行动或建议之后，观察自己的私人信号之前——而是被要求选择一个截点（cutoff），如果被试接收到的信号比截点大，他们将选择行动 A，反之则选 B。只有当被试报告其截点之后才能被告知私人信号，而他的行动也才被相应的记录下来。在含有建议的实验中，当信号被给出后，我们将要求被试给他的下一个被试以建议，告诉他的下一个被试正确的行动是 A 或 B 中的哪一个。

关于含有建议的实验设计，我们采取了两种做法：一种是只有建议实验（advice-only experiments），在这种实验中，每个被试只能收到他紧前被试的建议；另一种是行动加建议实验（action-plus-advice experiment），在这种实验中，每个被试既可以观察他紧前被试所选择的行为，也会得到其紧前被试的建议。在这两种实验中，被试的报酬是他们的后继者所取得报酬的函数。为了比较，我们把杰伦和卡瑞夫（Çelen，Kariv，2004a，2005）得到的结果和我们得到的新结果列在一起，这里我们把之前的实验分别叫做完全信息实验（perfect-information）和只有行动实验（action-only experiments）。除了信息结构，新实验的设计与杰伦和卡瑞夫（Çelen，Kariv，2004a，2005）的都完全相同，即所有的实验都使用了相同的实验程序，只是信息结构不同。

所以，这种设置有两项新的贡献：首先，它表明了如何处理所给建议，这是以往实验研究中从未涉及的信息结构。其次，与杰伦和卡瑞夫（Çelen，Kariv，2004a，2005）一样，我们使用了截点诱导技术（cutoff elicitation technique）。所以我们要求被试给出决定他们行动的截点，而非直接采取某个行动。使用这种连续信号、离散行动或建议的设置，我们能够测试出建议对社会学习动力和信息汇总的有效性（efficiency of information aggregation）。

最重要的是，我们如此设计实验是为了使两种形式的信息——行动和建议——在均衡中可以有相同的信息性（事实上完全相同）。尽管我们力使信息等价，但通过比较实验室里有建议和没有建议的社会学习情形，我们发现被试更愿意接受他们紧前被试给的建议，而不是模仿他们的行动。并且因此，被试的行为与理论预期更加一致，从而建议也比行动更有信息性，也更能够促进福利。因此，实验数据表明是建议导致了显著而又有趣的行为差异——更值得注意的是，建议还提高了羊群行为的发生趋势和信息汇总的有效性。

更加准确地说，我们的实验结果表明了以下重要的结论：被试只能收到紧前被试的一条建议时（只有建议型）——与只能观察到紧前者的行动（只有行动型）相比，羊群行为更经常发生，与能够观察前面所有被试的行动（完全信息型）的羊群行为的发生频率差不多。最重要的是，当被试只能收到一条建议时，所有羊群行为都是正确的。建议之所以能够增强理性和效率，是因为有建议的行为比没有建议的行为更符合理论预期。与不愿意模仿他人行动不同，被试更愿意听从建议，从而使得建议提高了效率。一旦被试决定跟从行动或建议，他们倾向于设置相同的截点；这意味着无论是建议还是行动对这一部分被试而言具有同样的说服力。

本文对有关社会学习的文献做了拓展：班杰尼（Banerjee，1992），巴克钦丹尼、赫施莱弗尔和韦尔奇（Bikhchandani，Hirshleifer，Welch，1992）介绍了基础概念，随后史密斯和索伦森（Smith，Sørensen，2000）扩展了他们的工作。埃利森和弗登伯格（Ellison，Fudenberg，1993，1995），班杰尼和弗登伯格（Banerjee，Fudenberg，2004），他们把社会学习的某些特点写成了通俗的学习文献。安德鲁和霍尔特（Anderson，Holt，1997）通过实验研究了巴克钦丹尼、赫施莱弗尔和韦尔奇（1992）的社会学习模型，并且在实验室里展现了信息追随。洪和普罗度（Hung，Plott，2001），库布勒和魏茨泽克（Kubler，Weizsacker，2003），胡雷、麦克基维、帕尔弗里和罗杰斯（Goeree，McKelvey，Palfrey，Rogers，2005）等人拓展了安德森和霍尔特（Anderson，Holt，1997）的工作，寻求信息追随的其他可能解释。

在实验博弈论中，幼稚建议对行为的影响是分量很大的研究内容，并且越来越重要，本文对这个问题的研究也作出了贡献。在一系列的论文中，梅洛和肖特（Merlo，Schotter，2003），尼亚柯、肖特和索弗（Nyarko，Schotter，Sopher，2006），肖特和索弗（Schotter，Sopher，2003，2005，2006）研究了给出建议和跟从建议的不同方面。肖特（Schotter, 2003）在论文中概述了实验结果的趋势，有建议参与的博弈行为更符合理论预期，他的论文还清楚明确地界定了给出好的建议并遵从建议的被试。也许这些论文中最值得注意的模式就是起中心作用的建议，建议在不同的完善的模型中能够提高效率。

本文下面内容是按以下方式组织的：第 2 部分，简单陈述了我们的研究问题；第 3 部分，分析了基础理论；第 4 部分，描述了实验设计和过程；第 5 部分对结果进行了总结；第 6 部分是对全文的概括。

2 研究问题

在研究建议对社会学习的影响时，我们提出了几个问题。在这一部分中，我们把问题一一列举出来，并在文章接下来的部分试着解答它们。首先要问在完全相同的环境中，与跟从他人行动相比为什么被试更倾向于听从建议？例如，假设有两个进行对比的被试，一个处于只有行动实验中（观察紧前被试的行动），而另一个处于只有建议实验中（接收紧前被试的建议）。如果只有行动实验组的被试的紧前者采取了行动 A，同时只有建议实验组被试的紧前者也建议被试采取行动 A，只有建议实验组的被试是不是更有可能选择行动 A？这就提出了下面的问题：

问题 1　当每个被试都处于完全相同的环境中时，他们是不是更愿意听从他人建议而非跟从他人行动？

被试能否理性地处理可用信息——行动或建议——将最终成为一个经验问题（empirical question）。所以，下一个问题就是，被试能够接收到的建议是否会使他们的行动更符合我们实验的基础理论。由于我们检验的是连续信号社会学习模型（continuous-signal social-learning model），并且使用截点诱导技术（cutoff elicitation technique）

来诱导被试的信念，所以这些实验提供了一种能够表现我们检验的自然的度量：被试设置的实际截点（在可用信息的条件下）与理论预期的差值。这些想法使我们又提出了下面的问题：

问题2 只有建议实验和只有行动实验这两个实验中的哪一个，使被试的行动更符合博弈论中的贝叶斯行为？换句话说，在以上哪种实验情形下被试的行为更符合理论预期？

在行动加建议的实验中，被试既能收到紧前被试的建议也能观察到紧前被试采取的行为。这自然又引出了另一个问题，这种实验与只有建议实验相比较，被试是否会改变其行动。事实上，行动加建议实验能够使我们观察到，建议是不是比行动更受到被试的重视，因为在有些情形中，被试采取的行动与他们所给出的建议并不相同。在这种情形下，前面的人也许会说，"听我说的，别学我做的"，此时问题就是，哪种信息更具有信息性，为什么。这就引出了我们下一个问题：

问题3 被试在行动加建议实验中的行为是否与只有建议实验中的行为不同？被试更看重哪种信息，行动还是建议？并且，在什么情况下被试所给出的建议与他们自己采取的行动不一样？

我们最后一个问题也许是最重要的，因为社会学习文献的目的不仅在于解释为什么社会行为会呈现单一模式，也要解释为什么大众行为容易犯错误。更重要的是，由于建议对大多数决策具有关键作用，那么了解建议是增强还是削弱了羊群行为的推动力将是有趣的。另外，从福利的观点来看，当羊群行为发生时，了解羊群行为是否正确是重要的。如果不正确，建议对羊群行为的增强能力将导致福利的降低。这就引出了我们最后一个问题：

问题4 在带有建议的实验中羊群行为和信息追随的发生次数是增加了还是减少了？当被试能够得到建议时，他们的福利会不会提高？

3 实验设计

我们的数据来自于我们在纽约大学社会科学实验中心（CESS）所作的实验，为了有所比较，我们也对杰伦和卡瑞夫（Çelen，Kariv，2004a，2005）早先做的两个实验进行了讨论。我们将把我们的这两个新实验叫做只有建议和行动加建议实验，把杰伦和卡瑞夫先前的两个实验叫做完全信息实验和只有行动实验。所有的实验都使用了相同的基本程序，区别在于被试接收的信息。下面，我们对这些信息结构做简要的说明。

每种类型的实验都有40名被试，他们都是从纽约大学经济学本科班中招募的，并且先前都没有参加过社会学习实验。每个被试仅参加一种类型的实验；在任何一组都有8名被试参与。被试不仅自己阅读实验说明，主试在他们读完之后还要再大声朗读一遍。[①] 每个实验持续一个半小时。每组实验结束后，每名被试将获得5美元的参与费，如果在实验中做出了正确决策，他们将获得额外奖金。整个实验过程中，我们确保了匿名制以及被试的有效隔离，以此使得那些可能导致行为一致的人际关系因素最小化。[②]

每组实验有15个独立的决策轮（round），每个决策轮包括8个决策顺序（decision-turn）。在每个决策轮中，所有8个被试按照随机顺序依次做出决策。每个决策轮开始时都由计算机从 [−10，10] 中提取8个数字。每个决策轮所提取的数字都是相互独立的，在其他决策轮中提取的数字也是独立的。我们只会告诉被试与他决策顺序相对应的数字。这个数字的值是一个私人信号（private signal）。

---

① 实验说明见 http：//socrates. berkeley. edu/~kariv/Research. htm/。
② 参与者的实验区域为单间，这样使得他们不可能看到他人的屏幕显示页并且不能交流。我们在每个实验阶段都确保了周围的安静。在每一阶段结束时，我们按照参与者的实验区域私下付给他们报酬。

实际实验中，被试观察到的私人信号保留到小数点后两位。

在此描述的每个实验中，被试在开始实验之后首先都得到一些与决策相关的信息（也就是，或是前面被试的行动，或是他的建议，或是他的行动加建议，这取决于实验类型），然后被告知私人信号。在得到决策相关信息后，我们要求每个被试从 [−10，10] 中选择一个数字（截点），如果所得的信号大于截点，被试将采取行动 A，否则采取行动 B。当且仅当被试的私人信号的总和为正时，行动 A 可获利。只有在被试提交决策之后，计算机才会告诉他私人信号的值。如果信号比截点大，计算机将把他的行动记为 A；否则记为 B。

当所有被试都做完决策之后，计算机将告诉每个人 8 个数字的总和是多少。如果私人信号值的总和大于等于零，每个采取 A 行动的人将获得 2 美元，采取 B 行动的人什么也得不到；相反，如果总合是负的，每个采取 B 行动的人将获得 2 美元，采取 A 行动则什么也得不到。这一过程在所有决策轮中重复。当所有的 15 个决策轮都完成时，每组实验就结束了。

如上面所提及的，这些实验的程序是相同的，但是信息结构不同。在完全信息实验（Çelen，Kariv，2004a）中，每个被试的行动都被公布，为所有后继者所知。例如，第五个被试知道第一、第二、第三、第四个被试所采取的行动。在只有行动实验（Çelen，Kariv，2005）中，被试仅能够观察他的紧前者的行动，也就是第五个被试只知道第四个人的行动。

我们做了两个带有建议的实验。我们把其中一个称为只有建议实验，当被试做决策时并不能观察他前面任何人采取的行动，但可以收到紧前者的建议，建议告诉他们哪个行动是正确的。我们把另一个被称为行动加建议实验，在这个实验中被试不仅能够收到紧前者建议，同样能够观察紧前者的行动。在这两种情况下，前面的被试都要在计算机记录他们截点相对应的行动之后——即观察他们的私人信号之后，给出建议。另外，在这两个带有建议的实验中，如果被试给他的后继者正确的建议时他将得到 1 美元——这是为了保证他们所给的建议是他们对正确行动的最佳估计。我们的实验设计和程序在图 1 中得到了体现：

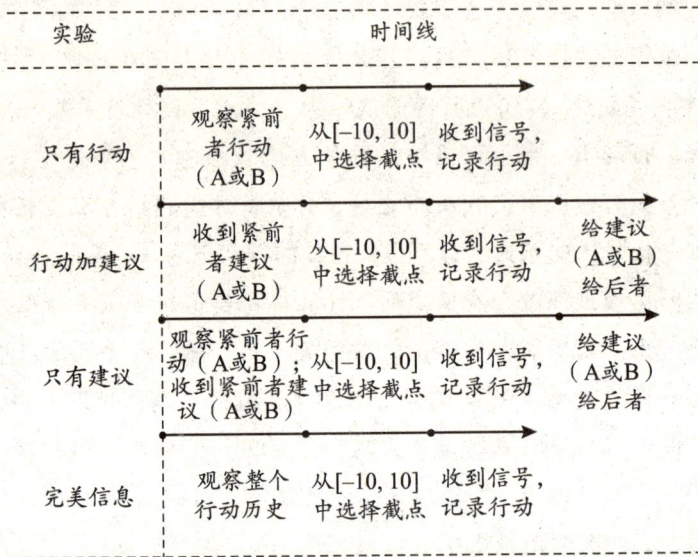

实验	时间线			
只有行动	观察紧前者行动（A或B）	从[-10, 10]中选择截点	收到信号，记录行动	
行动加建议	收到紧前者建议（A或B）	从[-10, 10]中选择截点	收到信号，记录行动	给建议（A或B）给后者
只有建议	观察紧前者行动（A或B）；收到紧前者建议（A或B）	从[-10, 10]中选择截点	收到信号，记录行动	给建议（A或B）给后者
完美信息	观察整个行动历史	从[-10, 10]中选择截点	收到信号，记录行动	

图 1　各实验的时间线

4　理　论

在这一部分，我们将讨论实验室中待检验模型的理论预期。杰伦和卡瑞夫（Çelen，Kariv，2004b）为只有行动的一般情形做了大量分析。笔者在这一部分主要是为了论证在只有建议情形中，对决策者而言，给出和他行动相同的建议通常是最优的。所以，在我们的实验中用建议替代行动不会传达更多的信息——这意味着在只有建议的实验环境中并不能比只有行动的实验环境传达更丰富的信息。

4.1　序　言

假设 8 名参与者收到的私人信号分别为 θ_1，θ_2，…，θ_8，这 8 个

数字相互独立并且均匀分布在紧致凸包 [-1, 1] 中。每名参与者 $n \in \{1, \cdots, 8\}$ 都必须要依次做一个二元不可逆决定 $x_n \in \{A, B\}$，此时当且仅当 $\sum_{i=1}^{8} \theta_i \geq 0$ 时行动 A 可获利，反之行动 B 可获利。[①]

显然 $\sum_{i=1}^{8} \theta_i$ 定义了决策相关事件的两种情况，即 $\sum_{i=1}^{8} \theta_i \geq 0$ 和 $\sum_{i=1}^{8} \theta_i < 0$。另外还需注意的是，关于决策问题的信息不完全且不对称。也就是参与者不确定 $\sum_{i=1}^{8} \theta_i \geq 0$ 与 $\sum_{i=1}^{8} \theta_i < 0$ 哪个是本次的基础决策相关事件，并且关于此基础决策相关事件的信息在所有人中都是不对称的。更进一步，私人信号不能够增强参与者单独解决不确定性的能力。这作为限制性信念（bounded beliefs）的一种情形在理论文献中已得到阐明。

接下来，我们将首先讨论只有行动型的理论，这是构成所有三个实验的主干。然后，我们将讨论只有建议实验和行动加建议实验以证明它们之间的联系。

4.2 只有行动形

决策问题 在只有行动情形中，除了第一个参与者，其他每个人都只能观察到自己紧前者的行动。在这种情况下，受到可用信息的限制，第 n 个参与者的最优决策法为：

$$x_n = A, \text{ 当且仅当, } E\left[\sum_{i=1}^{8} \theta_i \mid \theta_n, x_{n-1}\right] \geq 0$$

而由于参与者不知道任何后继者的行动，

$$x_n = A, \text{ 当且仅当, } \theta_n \geq -E\left[\sum_{i=1}^{n-1} \theta_i \mid x_{n-1}\right]$$

最优决策表现为下面这种截点策略，

---

① 为了讲解的方便，我们把信号区间标准化为 [-1, 1]。这种设置与标准模型不同，标准模型中私人信号是条件依赖的（即以 $\sum_{i=1}^{8} \theta_i$ 为条件，信号成负相关）。我们的结果不依赖条件而依赖假定（conditional dependence assumption）。

$$x_n = \begin{cases} A & \text{如果，} \theta_n \geqslant \hat{\theta}_n \\ B & \text{如果，} \theta_n < \hat{\theta}_n \end{cases} \tag{1}$$

这里，

$$\hat{\theta}_n(x_{n-1}) = -E\Big[\sum_{i=1}^{n-1} \theta_i \mid x_{n-1}\Big] \tag{2}$$

为最优截点，它是参与者 n 从他前面的人那得到的所有信息的累积。所以 $\hat{\theta}_n$ 能显著刻画参与者 n 的行为，截点序列 $\{\hat{\theta}_n\}$ 则刻画了社会行为。这也就是为什么我们把截点均衡［即所有人都遵守的截点策略（1）和（2）所达到的均衡］作为实验设计和分析的先决条件。

说明 我们从说明决策问题的基本特点着手。第一个参与者仅仅独立依靠他的私人信号决策。所以，他的最优截点 $\hat{\theta}_n = 0$，这就决定了当且仅当 $\theta_1 \geqslant 0$ 时他采取行动 A 是最优的，否则 B 为最优。第二个参与者观察第一个参与者的行动，所以他的决定取决于 $x_1 = A$ 或 $x_1 = B$。例如，如果 $x_1 = A$，那么 $E[\theta_1 \mid x_1 = A] = 1/2$，所以当且仅当 $\theta_2 \geqslant -1/2$ 时第二人采取行动 A 最优。相反，如果 $x_1 = B$，当且仅当 $\theta_2 \geqslant 1/2$ 时第二人采取行动 A 最优。所以，根据式（2）第二人的截点选择式为：

$$\hat{\theta}_2(x_1) = \begin{cases} -1/2 & \text{如果，} x_1 = A \\ 1/2 & \text{如果，} x_1 = B \end{cases} \tag{3}$$

第三个参与者做决定时，尽管他不知道第一个参与者采取的行动，但是他仍然可以根据贝叶斯规则（Bayes' rule）得到自己的概率总结。也就是，通过观察第二人的行动 x_2，第三人可以得到第一人采取各种行动的概率。例如，他得知 $x_2 = A$，他就能得到 $x_1 = A$ 的概率为 3/4，$x_1 = B$ 的概率为 1/4。通过简单的计算就能得到 $E[\theta_1 + \theta_2 \mid x_2 = A] = 5/8$，这就意味着如果 $x_2 = A$，对于第三人来说，任何 $\theta_3 \geqslant -5/8$ 的信号采取行动 A 是最优的。通过类似的分析，如果 $x_2 = B$，那么任何 $\theta_3 \geqslant -5/8$ 的信号采取行动 A 是最优的，所以，根据式

（2）第三人的截点选择式为：

$$\hat{\theta}_3(x_2) = \begin{cases} -5/8 & \text{如果，} x_2 = A \\ 5/8 & \text{如果，} x_2 = B \end{cases} \qquad (4)$$

截点的处理 我们增加参与者个数来接着讨论上面的例子。由于在这个实验中参与者接收私人信号，并且通过观察紧前者的行动学习，所以第 n 个参与者的截点选择法 $\hat{\theta}_n$ 就会根据第 $n-1$ 个参与者的行动是 A 还是 B 而采取不同的值。我们把 $\hat{\theta}_n$ 定义为：

$$\hat{\theta}_n(x_{n-1}) = \begin{cases} \bar{\theta}_n & \text{如果，} x_{n-1} = A \\ \underline{\theta}_n & \text{如果，} x_{n-1} = B \end{cases}$$

其中，

$$\bar{\theta}_n = -E\left[\sum_{i=1}^{n-1} \theta_i \mid x_{n-1} = A\right]$$

$$\underline{\theta}_n = -E\left[\sum_{i=1}^{n-1} \theta_i \mid x_{n-1} = B\right]$$

杰伦和卡瑞夫的研究（Çelen，Kariv，2004b）说明，根据对称性 $\bar{\theta}_n = -\underline{\theta}_n$，截点选择 $\hat{\theta}_n$ 的动态调整过程可以递归地以闭合形式解（closed-form solusion）描述如下：

$$\hat{\theta}_n(x_{n-1}) = \begin{cases} -\dfrac{1 + \hat{\theta}_{n-1}^2}{2} & \text{如果，} x_{n-1} = A \\ \dfrac{1 + \hat{\theta}_{n-1}^2}{2} & \text{如果，} x_{n-1} = B \end{cases} \qquad (5)$$

其中，$\hat{\theta}_1 = 0$。

从式（5）可以立刻得出，截点选择法可以把信号区间分为三个子集：$[-1, \bar{\theta}_n)$，$[\bar{\theta}_n, \underline{\theta}_n)$ 和 $[\underline{\theta}_n, 1]$。对于高值信号 $\theta_n \in [\underline{\theta}_n, 1]$ 以及对应的低值信号 $\theta_n \in [-1, \bar{\theta}_n]$，第 n 个参与者根据他的私人信号分别采取行动 A 或行动 B。如图 2 所示，在中间部分 $[\bar{\theta}_n, \underline{\theta}_n)$，我们称之为模仿集（imitation set），在做决策时参与者忽略了私人信号而模仿紧前者的行动。更进一步，由于 $\{\bar{\theta}_n\}$ 和 $\{\underline{\theta}_n\}$ 分别是升序和降序，不管实际的行动如何，模仿集合是随 n 单调递增

的。所以，随着时间的推移，被试决策时更依赖于紧前者行动所包含的信息，而非他们自己的私人信号。

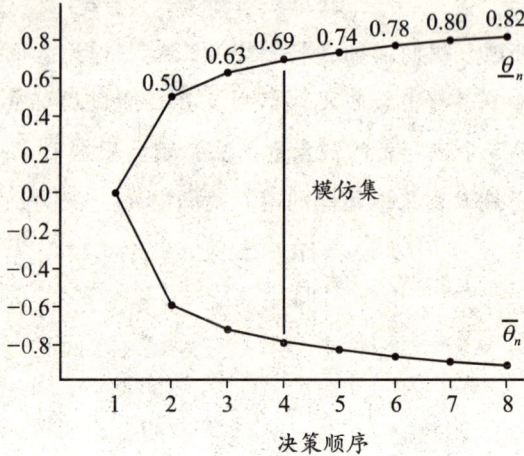

图 2　截点过程

4.3　只有建议形

下面，我们将研究只有行动实验和只有建议实验中决策问题的区别。前面提到过，当且仅当后继者因为听从建议而采取了正确行动时，建议才是可获利的。在这个部分，我们将论证在只有建议情形中，建议并不能比行动传达更多的信息。由于只有建议情形下相应的均衡只有一种，所以给出与所采取行动一致的建议才是最优的。

决策问题　在只有建议情况下，除了首位参与者，每个人都从他的紧前者中那儿得到二元建议，记为 $a_n \in \{A, B\}$。在这种情况下，根据可利用信息，第 n 个参与者的最优决策法为：

$$x_n = A，当且仅当，\bar{\theta}_n \geqslant -E\big[\sum_{i=1}^{n-1} \theta_i \,\big|\, a_{n-1}\big]$$

最优决策法取决于由式（1）给出的截点选择策略：

$$\hat{\theta}_n(a_{n-1}) = -E\big[\sum_{i=1}^{n-1} \theta_i \,\big|\, a_{n-1}\big] \tag{6}$$

238

此时，最优截点 $\hat{\theta}_n(a_{n-1})$ 包含了参与者从他的紧前者的建议中得到的所有信息。考虑到这种结构，我们为只有建议情形定义了三种均衡，分别为诚实均衡（truthful equilibria）、相反均衡（mirror equilibria）和杂乱均衡（babbling equilibria）。这里我们将定义并描述这三种均衡，证明只有建议情形只包括了这三种均衡。

诚实均衡　当所有参与者都相信紧前者给他们的建议与其实际行动一致时（即 $a_n = x_n$，他们的信念是言行一致），同时只有行动情形中的唯一均衡也是只有建议情形中的一种均衡，我们把这种均衡叫做诚实均衡。也就是说，在言行一致的信念下，由（6）式给出的第 n 个参与者的最优截点 $\hat{\theta}_n(a_{n-1})$ 与（2）式给出的 $\hat{\theta}(x_{n-1})$ 相同，最优建议法就是给出与行动相同的建议，$a_n = x_n$。在本文中，无论在什么地方提到截点的理论顺序，我们指的都是在只有行动情形下的唯一均衡，即由（2）式给出的 $\hat{\theta}(x_{n-1})$，它与诚实均衡中的 $\hat{\theta}_n(a_{n-1})$ 完全相同。

相反和杂乱均衡　在只有建议情形中，诚实均衡并不是唯一的均衡，但是它却很简单，可用来证明剩下的其他两个均衡：相反均衡和杂乱均衡。在这里我们讨论它们的特点，并证明在只有建议情形中除了这三个均衡之外再没有其他均衡。

在相反均衡中，参与者建议他们的后继者采取与他们自己不同的行动，即 $a_n \neq x_n$；同时参与者也相信紧前者给的建议与他们的实际行动不同；并且他们根据自己的信念（即这种均衡与诚实均衡正好相反）由（6）式设置自己的最优截点。在这种均衡中，当紧前者建议采取行动 $A(B)$ 时，参与者就会认为紧前者的实际行动是 $B(A)$，所以，他设置最优截点时用 $\underline{\theta}_n(\bar{\theta}_n)$ 替代了 $\bar{\theta}_n(\underline{\theta}_n)$。然后，如果他采取了行动 $B(A)$ 又会建议他的后继者采取行动 $A(B)$。很明显，这种均衡与诚实均衡定义了相同的截点过程 $\{\hat{\theta}_n\}$。

在杂乱均衡中，参与者给出噪音建议，也就是建议与他们的行动不相关，所以建议与可用信息独立（例如，参与者随机地给出建

议 A 或 B）；同时，参与者相信自己收到的建议是杂乱的，因此他们忽略了建议并根据自己的信念在零点设置最优截点。所以，在杂乱均衡中，建议并不能为后继者提供任何信息，即没有信息被累积，这样参与者在零点设置他们的最优截点，仅仅是根据私人信息做出决策。

再没有其他的均衡 在这部分我们将证明在只有建议情形中除了上述三种均衡就再没有其他均衡了。如果有任何其他均衡存在，它将有 $0 < p_n < 1$ 的概率表现为建议者言行一致，有 $1 - p_n$ 的概率表现为言行相反。在诚实均衡中，$p_n = 1$，相应的，在相反均衡 $p_n = 0$，杂乱均衡中 $p_n = 1/2$。在言行一致信念下（即第 $n + 1$ 个参与者相信第 n 个参与者给他的建议与其实际行动形同的概率是 p_n），显然如果 $p_n > 1/2$，对第 n 个参与者而言，建议与他行动相同的行动是最优的，如果 $p_n < 1/2$ 则应建议相反的行动。我们要记得只有他的后继者采取了正确的行动，参与人才会得到报酬。

我们可以证明这个结果的矛盾所在。假设存在这样一种均衡，第一个参与者的最优截点设置为 $\hat{\theta}_1 = 0$，但是有 $1/2 < p_1 < 1$ 的概率建议第二个人采取与他相同的行动，有 $1 - p_1$ 的概率建议第二人采取与他相反的行动。在言行一致信念下，第二个人做决定取决于 p_1 以及接收的建议 $a_1 = A$ 或 $a_1 = B$。如果收到的建议 $a_1 = A$，简单的计算可以得到 $E[\theta_1 \mid p_1, a_1 = A] = p - 1/2$。所以对第二个人而言，当且仅当 $\theta_2 \geq 1/2 - p$ 时，采取行动 A 是最优的。同样的，如果收到的建议为 $a_1 = B$，对第二人而言，当且仅当 $\theta_2 \geq p - 1/2$ 时，采取行动 A 最优。所以，在模型中增加了噪音建议后，第二个人的截点选择法为：

$$\hat{\theta}_2(p_1, a_1) = \begin{cases} -\dfrac{1}{2} + p & \text{如果，} a_1 = A \\ \dfrac{1}{2} - p & \text{如果，} a_1 = B \end{cases}$$

由于 $\bar{\theta}_2 < 0$ 且 $\underline{\theta}_2 > 0$（与只有行动情形一样 $\bar{\theta}_2 = -\underline{\theta}_2$），所以，

甚至尽管第二个参与者仅仅根据自己的信号想要做出一个相反的决策，而实际的结果是他仍然听从了给他的建议。但是，第一个人并没有给出与他行动不同的建议。如果 $0 < p_1 < 1/2$，则类似的解释同样适用。这是个反证。

4.4 行动加建议形

我们分析行动加建议情况，是为了考察在紧前者的行动和建议同时给出时，对参与者而言建议是否比行动更具有影响力，而不是为了检验出这种情形下或许存在的更复杂的均衡。事实上，我们的数据表明这些均衡在行为上和经验上可以不予考虑。

决策问题 在行动加建议情况下，参与者既能收到他们紧前者的建议，也能观察到紧前者的行动，这就获得了较多的信号内容（signaling possibility）。在这种情形下，第 n 个参与者根据可用信息得到的最优决策规则为：

$$x_n = A，当且仅当，E\Big[\sum_{i=1}^{8}\theta_i\,\big|\,\theta_n,\,x_{n-1},\,a_{n-1}\Big]\geq 0$$

同样地，（1）式给出了根据截点选择策略得到的最优决策，这里：

$$\hat{\theta}_n(a_{n-1}) = -E\Big[\sum_{i=1}^{n-1}\theta_i\,\big|\,x_{n-1},\,a_{n-1}\Big] \tag{7}$$

第 n 个参与者把从紧前者那里得到的建议和行动的所有相关信息积累在一起得到了最优截点。

观察行动并得到建议，使得参与者参加到了一个更复杂从而信息更全面的决策中。他们可以把所有四种可能的行动—建议组合（x_{n-1}, a_{n-1}）联合起来，并将自己的信号空间分为四块，这样就把更多的信息传达给自己的后继者。因此，在这种情形下信息传递途径的约束性减小，会出现比只有行动或只有建议情形更复杂的均衡，我们称之为信号均衡（signaling equilibria）。

信号均衡 为了说明信号均衡可能的形式，我们考虑有这样一种均衡：其中参与者的信号比他的截点更接近 1（ -1 ），这会导致他

选择行动 $A(B)$，这时他就会建议他的后继者选择 $A(B)$；否则他会建议选择 $B(A)$。假定信念为言行一致，这样一种策略显然比我们在只有建议和只有行动情形中所讨论的均衡更具有信息性，这是因为参与者使用了更丰富的方式来传达有关他们信号的信息。或者，设想另外一种均衡，所有参与者除了第一个人，都给出了与他的紧前者行动相一致的建议，$a_n = x_{n-1}$。这就等于参与者能够观察到他前面两个人的行动，也就是后继者可以直接观察他们的行动，前人的行动以建议的形式被给出。

总而言之，在只有行动和只有建议情形下，观察到的行动或者所给的建议把信号空间分割两次；在行动加建议情形中，由行动分割出来的每一部分又被建议再次分割。所以，在行动加建议情形下，阻碍信息传递途径的交流障碍变小了，参与者从而能做出更好的决策。但是，在只有建议情形下的诚实均衡中，参与者简单地建议紧后者按照自己做的去做，$a_n = x_n$，这也是行动加建议情形下的一种均衡。特别地，当参与者忽视与行动相矛盾的建议，仅仅根据观察到的行动做出决定时，诚实均衡也会出现。

5 结 果

我们的结果就是第 2 部分列举的四个问题的答案。

5.1 问题 1

当每个被试都处于完全相同的环境中时，他们是不是更愿意听从他人建议而非跟从他人行动？

简单地说，答案是肯定的。与杰伦和卡瑞夫的研究（Çelen，Kariv，2005）一样，被试所做的决策被如此定义：如果被试选择的截点的符号与紧前者的行动一致，这时被试所做的决策被定义为一致决策（concurring decision）。比如，当被试观察到紧前者采取行动 $A(B)$ 然后选择了负的（正的）截点，他将倾向于采取相同的行动，因为选择负的（正的）截点意味着采取行动 $A(B)$ 的概率就更高。同样地，如果被试观察到行动 $A(B)$，而选择正的（负的）截点，那么他便和紧前者不一致，我们称这样的决策是相反决策（contrary decision）。最后，如果被试选择 0 作为截点，这时他的决策称为中性决策（neutral decision）。中性决策表明被试对紧前者的行动既非赞同，也非否定。表 1 列举了在只有行动和只有建议实验中一致、相反和中性决策的概率。

表 1　只有行动和只有建议实验中的赞同和反对

	一致截点	中立截点	相反截点
只有行动	44.2%	16.6%	39.2%
只有建议	74.1%	9.1%	16.8%

表 1 中最值得注意的就是，建议往往比行动更容易被跟从。在只有建议实验中，除第一个外的所有决策顺序，有 74.1% 的被试设置了与他们接收的建议相一致的截点，但是在只有行动实验中，这个比例只有 44.2%。尽管被试采取了中间截点，但是他们仍然轻微地同意紧前者的建议（即设置一致或中间截点），在只有建议实验中这个概率为 83.2%，在只有行动实验中这个概率仅为 60.8%。如果进行 Kolmogorov-Smirnov 检验（p 值为 0.000）这两个概率会显著不同。

表 1 中的决策类型数据潜在遮蔽了个人影响的存在。所以，表 1 列举了一致、相反或中间决定的数量方面的数据，而图 3 是根据被试类型列举了一致、中间或相反决策的概率分布。水平轴表示的是各个不同的区间（即采取与观察到的行动相反的决策轮数小于 2 轮、3—5 轮，等等），垂直轴表示对应于各个区间的被试的百分比。注意到，在只有建议实验中，有 67.5% 的被试少于 2 次不同意他们接收的建议。在只有行动实验中，不同意的次数增多，只有 20% 的被

试少于 2 次不同意，40% 的被试有 6—8 次不同意——而在只有建议实验中，这个概率只有 7.5%。如果进行 Kolmogorov-Smirnov 检验（p 值为 0.000）这两个概率显著不同。

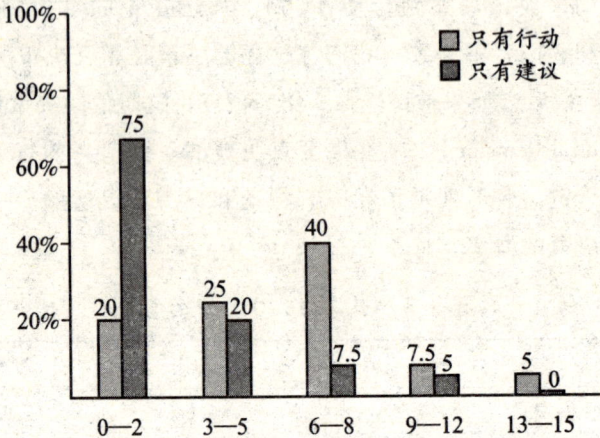

最多 2 轮、3—5 轮等不赞同观察到的行动/建议的被试的百分比

图 3　选择相反截点的被试分布

　　截点作为同意或不同意紧前者的暗示只说明了事情的一部分，因为他们没有表明同意或不一致的强度，这种强度可以由截点集的大小所度量。例如，如果被试观察到行动（接收到建议）A，并且设置了一个接近 –10 的截点，这表明他不仅仅只是同意紧前者的行动或建议，同时他强烈地愿意这么做，因为这样的截点设置使他几乎一定会采取行动 A。相比较，选择一个接近 0 的负的截点则表明了一个相对较轻微的同意。

　　由于截点策略关于零对称，而同意或不一致的强度独立于实际观察到的行动；因此，我们把被试给出的数据做如下转换：在一致决策点处取截点值的绝对值，而在相反决策点处取截点绝对值的相反数。例如，如果一个被试观察到（收到建议）行动 A 并选择了一个 –5 的截点，由于他采取了一致的行动，我们取 5。相反，如果他选择了 5 作为截点，由于他采取了相反的行动，我们则把其值取为

－5。在本文的其他部分我们将把这称为相反映象转换（mirror image transformation）。① 图 4 按轮次给出了只有建议和只有行动实验中诚实均衡的理论截点以及每一轮中一致决策的实际截点的平均值（在相反转换后）。

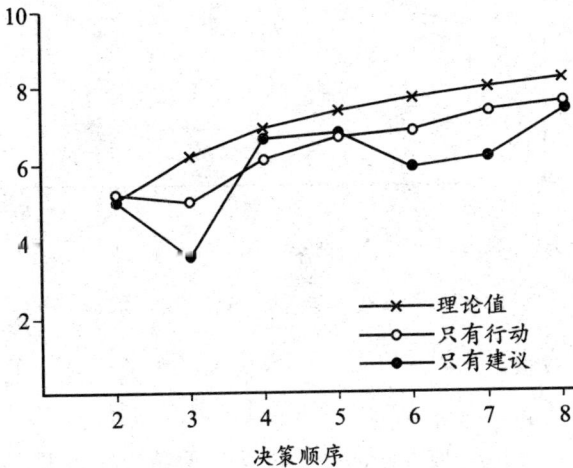

图 4　一致决策中的截点平均值

从图 4 中很容易看出，当被试严格同意紧前者建议或行动时，截点集的大小几乎没有差别。换句话说，一旦被试决定听从建议或是模仿行动，他就会以相同的强度这么做。② 同时注意到，当被试决定听从建议或是模仿行动时，他们选择的截点值会与理论值显著一致。但是图 5 表明了，如果我们把中间决策加入到观测样本中时，在只有行动实验中尤其在后面的决策轮里这种情况会发生逆转。③

---

① 为了确保没有对于行动 A 或 B 的倾向统计值，我们定义 $y = \alpha D_A + \beta D_B + \varepsilon$，这里 y 是所报告截点的矢量值，D_x（x 为 A 或 B——译者注）是虚变量，即当观察到的行动（收到的建议）是 x 时取 1。我们不能够拒绝假设 $\alpha + \beta = 0$。

② 通过一系列双样本 Wilcoxon rank-sum（Mann-Whitney）检验对决策轮进行顺次比较，我们发现只有建议和只有行动实验在任何决策轮的强烈一致截点设置没有显著差异。

③ 通过 Wilcoxon 检验对决策轮进行顺次检验，我们发现在只有建议和只有行动实验中的第六和第七决策轮中轻微一致截点设置有显著差异（p 值分别为 0.009 和 0.002）。

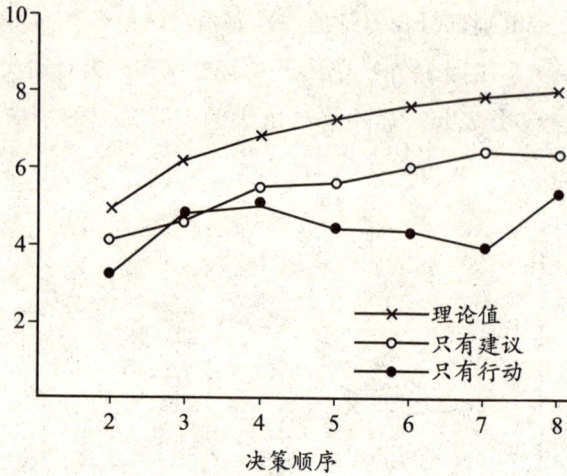

图 5 弱一致决策中截点平均值

　　到目前为止，我们一直关注一致决定。但是还有一个补集，即相反决策。注意如果被试决定不跟从他紧前者的行动（建议），他不一致的强度可以用几种方法测量。图6用两种方法表明了不一致的强度。首先，我们取根据（1）式理论截点选择法选择的理论值与实际值之间差额的绝对值；然后，我们取选择截点与0之间差额的绝

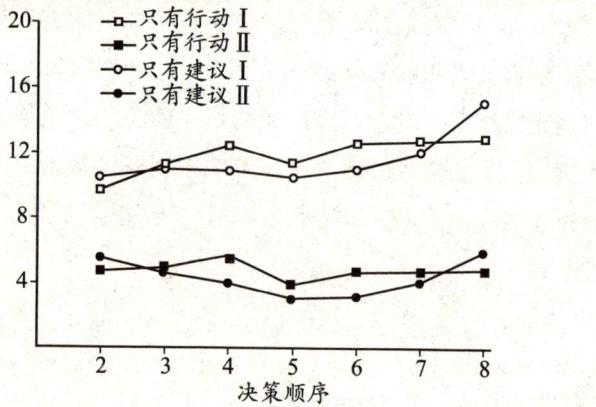

被试截点和理论截点差额绝对值的平均值（I），被试截点和0差额绝对值的平均值（II）

图 6 不一致的强度

对值。我们注意到不一致的强度相当大，这是因为当被试不同意紧前者时他们会用一种极端的方法这么做。①

以上所有的结果都是把数据分为一致或相反加以考虑的。图7表明了如果没有把数据按照一致或不一致区分，那么只有行动和只有建议的截点之间有显著的差别。最有趣的是，这种差异是把一致和相反决策合并而形成的，并非被跟从的紧前者建议和行动的说服力存在差异。行为上的差异实际上来源于被试更经常地听从建议，一旦被试决定听从建议或跟从行动，他们就会以相同的强度这么做。

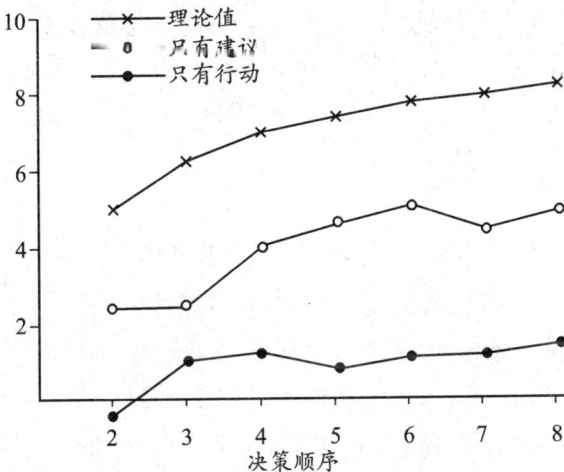

图7　按决策顺序无条件的截点平均值

表2中的回归分析总结了我们目前讨论的所有决策。我们把被试设置的截点进行转换后对其所在决策顺序和一个虚变量进行回归，当该虚变量取1时表示为只有建议实验。在表2中，我们注意到这个实验虚变量高度显著并且为正，这表明：在只有建议实验中被试设置的截点比在相同环境中只有行动实验的截点值高出 3.05 个单位。这也意味着建议比行动更让人信服。回归分析中虚变量的显著

① 只有在第四和第八决策轮中 Wilcoxon 检验表现出显著差异（p 值分别为 0.095 和 0.046）。

性清楚地表明了只有建议和只有行动实验的截点设置过程是不同的，而这种不同与我们上面的观察相一致，也就是给出的建议比观察到的行动更具有说服力。[①]

表2　只有建议和只有行动实验中的截点行动

	系数	标准差	t	p 值
Constant	-0.51	0.475	-1.064	0.288
D（只有建议）	3.05	0.336	9.903	0.000
Turn 3	0.74	0.628	1.183	0.237
Turn 4	1.62	0.628	2.573	0.010
Turn 5	1.67	0.628	2.661	0.008
Turn 6	2.02	0.628	3.218	0.001
Turn 7	1.75	0.628	2.835	0.005
Turn 8	2.12	0.628	3.387	0.001

Obs. $= 1050$，$R^2 = 0.088$

人们倾向于听从建议的现象不需要解释，这是理论所能预测到的。需要解释的是为什么被试不跟从紧前者的行动，这与理论是相反的。例如，一个被试在只有行动实验中的第 n 决策轮设置截点为 θ_n 而行动为 A。如果在这一点被试可以给出建议，他就会简单地建议他的后继者选择行动 A。所以，如果被试愿意听从建议，他们应该也愿意模仿行动，因为这两者是等价的。但事实并不是这样。一个可能的解释就是，我们要求被试设置一个截点来决定他们的行动，而非直接采取行动 A 或 B；相比之下，建议则是一种明确的指示。所以，被试在给出建议时，与自己采取行动时相比，会换一种思考方式。根据这种解释，建议被认为更有道理从而更容易被听从。如果这解释了只有行动和只有建议实验中行为的不同，那么这对只有行动实验组的被试非常不利：不可否认，给出的建议事实上与采取的行动是完全等价的。所以，假如被试模仿紧前者的行动，他们也会达到与只有建议实验相同的效率水平。

---

① GLS 随机作用估计量和强方差估计量在独立数据和群集数据中产生相似的结果。

更进一步，被试也许相信紧前者得知自己的私人信号后所给的建议一定包含更多的信息，而被试的行为是按被试的截点记录的。但是，在第4部分中，我们已经解释了理论的一个重要特点——即建议不能传达更多的信息。由于建议并不会比行动汇集更多的信息，所以在只有建议实验中，效率的提高只是源于模仿更经常发生而已。然而这并不能解释为什么所有羊群行为都是正确的。

如果这些解释中有正确的，那么这就只能解释我们的理论已经预测的：被试应该听从建议。没有解释的是，为什么在只有行动实验中模仿行为的发生频率没有理论预测的高。但当被试跟从了他们紧前者的行动时，实际与理论的吻合程度就会比较好，这是我们在总体数据里所没有观察到的。

5.2 问题2

只有建议实验和只有行动实验这两个实验中的哪一个，使被试的行动更符合博弈论中的贝叶斯行为？换句话说，在以上哪种实验情形下被试的行为更符合理论预期？

肖特（Schotter，2003）的研究发现建议表现为理性的增强。也就是，带有建议的博弈比只能观察过去的（某部分）行动却不能接受建议的博弈更符合理论预期。在社会学习中情况也一样。为了解释这些，我们注意到每个被试在每一决策轮中都被随机分配一个决策顺序。对于任何一个被试，我们记载了他如何根据决策顺序和收到的建议或观察到的行动所设置的截点。对于每种情形，我们也知道其理论截点。所以，数据为我们提供了一个矢量，表明了每个被试在每个决策轮中选择的截点。我们的理论提供了各种情形下的均衡截点。

比较只有行动和只有建议实验中的行为，我们发现建议表现为理性增强。为了论证这一点，我们做拟合优度分析，首先为每个被试计算了实际截点值与诚实均衡预测的理论值之间的差额（MD）。MD越小，被试的行为就越接近理论预测。图8表示了在只有建议实验中被试的行为更符合理论预测的证据，因为 MD 值的分布向左移了很大部分。横轴为 MD 值的区间，竖轴为各区间对应的被试的百分比。Kolmogorov-Smirnov 检测表明这两个分布有显著差异（p 值为 0.000）。

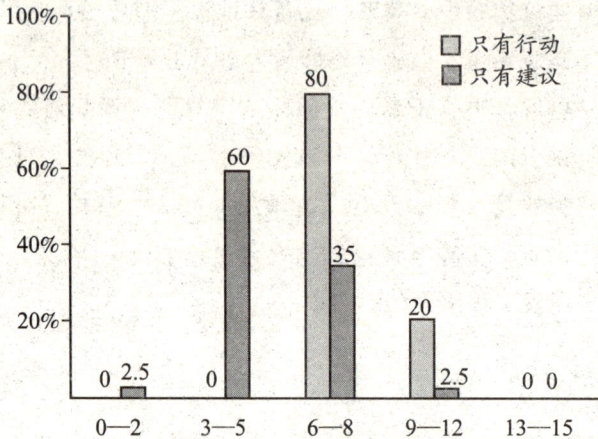

图 8　被试 MD 值的分布

5.3　问题 3

被试在行动加建议实验中的行为与只有建议实验中的相比是否改变了？被试更看重哪种信息，行动还是建议？并且，在什么情况下被试所给出的建议与他们自己采取的行动不一样？

行动加建议实验为我们试图区分建议和行动对行为的影响提供了很好的机会。如果紧前者的行动和建议不同，那么这两种情形可以被观察到——他选择 A 建议 B 或选择 B 建议 A。后继者根据这两种情况的一种设置负的截点（与观察到的行动相同，行动 A 更容易发生）或正的截点（与接受的建议相同，行动 B 更容易发生）。这就定义了表 3 中列举的四种可能性。最有趣的是，当紧前者的建议和行动不同时，后继者的行动更可能与建议一致，而不是观察到的行动一致。事实上，在 60.2% 的建议与行动不同的情况下，被试选择听从建议而非跟从行为；24.1%的案例中选择模仿行为，而15.7%的案例中选择中立，设置0为截点。

表3 行动加建议实验中的建议采纳情况

后者 前者	选择 A 截点（-）	选择 B 截点（+）	截点＝0
行动 A/建议 B	13（15.66%）	33（39.76%）	6（7.23%）
行动 B/建议 A	17（20.48%）	7（8.43%）	7（8.43%）

表3列举了当接收到的建议和观察到的行动不同时的行为选择情况。但是我们也许会问当建议和行动相同时会不会使被试设置更极端的截点来跟从前者。实验前我们预期出现这种情况，因为我们认为当建议与行为相一致时它们更容易被跟从。我们把结果混合列举出来：首先，如表4所示，当行动与建议不同时，被试确实更愿意听从建议（如他们的截点信号所表明的）。其次，如果紧前者的建议与行动相同，84.2%的概率被试听从建议，而在只有建议实验中听从建议的概率为74.1%，当只有行动可以观察时模仿行为的概率为44.2%。所以，很明显言行一致的紧前者的建议比言行不一的人的建议更容易被听从。

表4 决策与建议和行动的一致情况

	采取的行动		
	一致	中立	相反
只有行动	44.2%	16.6%	39.2%
只有建议	74.1%	9.1%	16.8%
行动加建议	84.2%	7.0%	8.8%

另外，图9（原文为图10，事实上是图9——译者注）表明了在行动加建议实验中当被试收到的建议与观察的行动相同时，与只有行动和只有建议实验相比，他们更容易做出一致决策。事实上，如我们在图9中所看到的，在80%的情况下，如果他们做出的相反决策只

有 0—2 个。这意味着大多数的被试在绝大多数情况下听从与行动相同的建议。

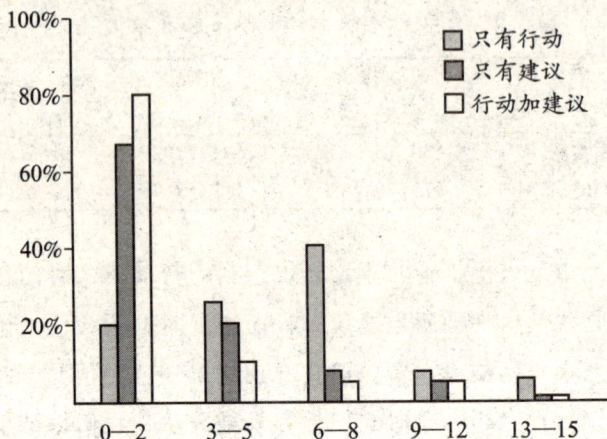

最多 2 轮、3—5 轮等不赞同观察到的行动/建议的被试的百分比

图 9　选择相反截点的被试分布

同时，如图 10 所示，当被试收到的建议与观察到的行动相同时，他们设置的截点值与只有建议实验的相差不大（只有建议实验中被试观察不到建议与紧前者行动究竟是否相同）。[①] 又一次，我们注意到建议与行动相同时，建议将增加决策被跟从的时间长度，但是一旦建议被跟从，其对决策的影响强度实际上将完全一样。

回顾一下我们的初始假设，在行动加建议实验中：被试在任何决策顺序得到言行一致的建议时设置的截点值是最高的，只有建议实验中被试接受建议之后设置的截点是第二高的，只有行动实验中被试观察行动后设置的截点第三高，最低点出现在行动加建议实验中被试得到紧前者给出言行不一的建议时。为了检验这个假设，我

---

① Wilcoxon 检验显示出，只有建议和只有行动实验的任何决策轮的截点设置分布都没有显著差异。

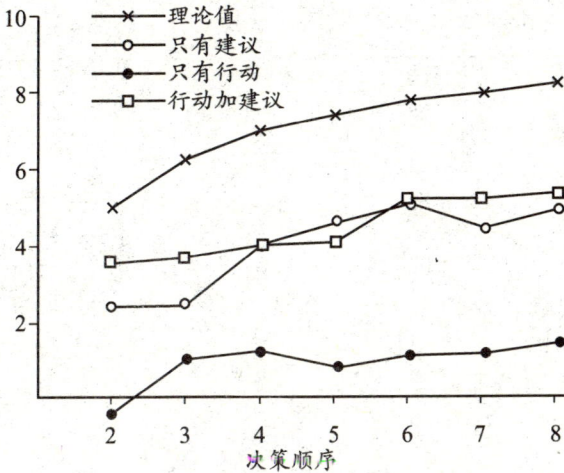

图 10　按决策顺序截点的无条件平均值

们做如下两个回归分析：我们把数据汇集并分为两个集合，其中的一个集合囊括了只有行动实验和行动加建议实验的数据，另一个集合包括了只有建议和行动加建议实验的数据。

在第一种情形下，我们用被试设置的截点对三个虚变量作回归分析，虚变量分别描述了数据是否来自于只有行动实验，或来自于言行一致的行动加建议实验，或来自于言行不一的行动加建议实验。我们把只有行动实验中的虚变量作为基准，因此只需要两个虚变量。在第二种情形下，我们作了同样的回归，并把只有建议实验作为基准。右边剩下的变量表征决策顺序的虚变量。

这些回归分析的结果证实了我们的假设。简而言之，我们认为在任何决策顺序上：当被试处于行动加建议实验中并接受到言行一致的建议时，他们将设置最高的截点值；第二高的截点出现在只有建议实验中；第三高的截点出现在只有行动实验中；最后，他们将在接收到言行不一的建议时设置最低的截点值。表 5A 和表 5B 表示了这些结果。[①]

----

① GLS 随机作用估计量和强方差估计量在独立数据和群集数据中产生出相似的结果。

表 5A　只有行动和行动加建议实验中的截点行动

	系数	标准差	t	p 值
Constant	0.042	0.048	0.870	0.384
D_1(AA 或 BB)	0.347	0.042	8.157	0.000
D_2(AB 或 BA)	− 0.370	0.065	− 5.611	0.000
Turn 3	0.045	0.058	0.773	0.440
Turn 4	0.023	0.059	0.391	0.696
Turn 5	0.058	0.059	0.994	0.320
Turn 6	0.100	0.059	1.707	0.088
Turn 7	0.118	0.059	1.996	0.046
Turn 8	0.033	0.059	0.561	0.575

Obs. = 1050，R^2 = 0.151

表 5B　只有建议和行动加建议实验中的截点行动

	系数	标准差	t	p 值
Constant（建议）	0.257	0.056	4.526	0.000
D_1(AA 或 BB)	0.045	0.067	0.670	0.503
D_2(AB 或 BA)	− 0.214	0.079	− 2.707	0.007
Turn 3	0.060	0.050	1.234	0.217
Turn 4	0.097	0.049	1.965	0.049
Turn 5	0.161	0.049	3.293	0.001
Turn 6	0.218	0.049	4.481	0.000
Turn 7	0.240	0.049	4.860	0.000
Turn 8	0.228	0.049	4.653	0.000

Obs. = 1050，R^2 = 0.030

在这两个表中，虚变量 D_1 表征建议—行动为 AA 或 BB 的情况，D_2 表征了建议—行动为 AB 或 BA 的情况。表 5A 中，常数项描述了只有行动的情况，而在表 5B 中，常数项则描述了只有建议实验。表 5A 和表 5B 为我们的假设提供了支持。例如，我们观察表 5A 会注意到当被试接收到言行一致的建议时，截点值会提高；如果接收到言行不一致的建议，截点值会降低。但是，我们注意到截点值并没有随决策顺序的增加而提高，因为每个决策顺序的回归系数都是不显著的。

表 5B 使用了只有建议实验作为基准，表 5B 中回归分析的结果差异不大。最值得注意的是，只有建议情况下被试对他们的截点选

择如此自信，所以即便能够在行动加建议实验中观察到与建议一致的行动对他们的截点也没有显著影响（D_1 并非显著不为 0）。但是，在只有建议型增加观察后降低了他们的截点。另外，从第 4 轮决策开始，决策轮对截点水平有了显著影响。最后，观察绝对水平，注意到回归揭示了行动加建议型中言行一致时截点最高，只有建议第二，只有行动型第三，而最低的是行动加建议言行不一时。

接下来，我们注意另一个问题：被试什么时候会给出与他们行动不一样的建议呢？我们推测当他们设置了相对接近 −10 或 10 的截点后，观察到信号虽然与他们的信念一致但却与其截点非常接近时，他们就会言行不一（即给出于行动不一样的建议）。

设有一个被试比较确定信号总和为负，所以 B 就是正确决策。在这种假设下，他设置了值为 8.5 的截点——这就意味着对于任何低于 8.5 的信号他都将选择行动 B。如此高的截点值表明参与者强烈相信所有信号总和为负，则 B 为有利的行动。如果他接受的信号低于 8.5 并且为负，比如 −5，他会对他的信念相当有安全感，并很高兴采取行动 B，这是因为他的信号是对他先验信念的强有力的验证。出于同样的原因，他也非常乐意把 B 作为建议。我们把低于正截点或大于负截点的信号称为一致信号，因为一致信号符合被试的对真实情况的信念。也就是，这验证了被试对最可能情况的预测。

如果这时他的信号是 8.49 呢？这里，这个信号仍然与他的信念相一致，而他也仍将选择行动 B，但是这个值动摇了他的先验信念。在这种情况下我们预计被试将给出与他们所采取行动相反的建议。如果他们的截点并不极端，我们则预计没有这种转变，因为非极端的截点减少了被试对真实情况预测的信任强度。所以，任何信号的出现都不大可能导致被试更改他们的建议。总结起来，我们预计当信号使得二元结果与先验信念一致，但该信号非常靠近截点，这时被试就会会给出与行动相反的建议。如果信号使得二元结果与先验信念不一致，但该信号非常接近截点，如在前例中为 8.53，那么我们预测被试仍然不会给出与他所选行动 A 相反的建议。

我们的数据对我们的假设是较强有力的支持。首先，给出与行动不一的建议很少发生，在只有建议实验中其发生概率为 17.5%，在行动加建议实验中则为 15.8%。另外，如图 11 所示，对于每个被试而言，即便发生言行不一，次数也很少。例如，在只有建议和行动加建议实验中，分别有 65% 和 67.5% 的被试在 15 个决策轮中只有两次或更少的言行不一，只有 10% 和 5% 的被试 6 次或以上言行不一。简而言之，言行不一对任何被试而言都极少发生。[①]（此段中的"言行不一"对应于原文均为 overturn——译者注）

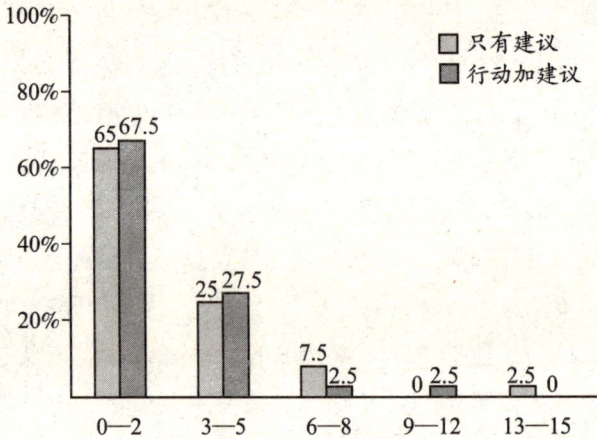

图 11　言行不一的被试分布

为了检验这个推测，我们将建立一个 Logit 模型，在这个模型中，方程左边的变量是一个二元变量，当建议与行动相同时取 1、不同时取 0。右边的变量包括决策顺序 Turn；被试设置截点的绝对值 Abs；截点的绝对值和信号的相反数之间的距离 Dst（distance between the absolute value of the cutoff and the mirror of the signal re-

---

① 另外，在行动加建议实验和只有建议实验中对言行不一的次数进行回归，可以发现言行不一的次数在任何决策轮都是不敏感的。

ceived）；我们还引入一个随机扰动项 Product，它包含误差；一个虚变量，当信号和截点有相同的符号即同为正或同为负时取值为 1；我们另外引入一个虚变量，AcAd，实验为行动加建议时取 1，为只有建议时取 0。结果如表 6 所示：

表 6　言行不一的行为

	Odds Ratio	标准差	Z	p 值
AcAd	0.973	0.169	− 0.156	0.876
Turn	0.990	0.044	− 0.216	0.829
Abs	1.093	0.034	2.912	0.004
Dst	0.834	0.019	− 7.957	0.000
Product	1.070	0.049	1.487	0.137

Log likelihood = − 429.34084，Pseudo R^2 = 0.0925

这个模型证实了我们的推测。被试设置的截点（Abs）越极端，截点与信号之间的距离（Dst）越小，言行不一的概率就越大。同时，言行不一的行为不论是来自只有建议实验还是行动加建议实验，实验结论不变。最后，随机干扰项（Product）不显著。当截点值很高并且接近于信号时，言行不一发生。

5.4　问题 4

在带有建议的实验中羊群行为和信息追随的发生次数是增加了还是减少了？当被试能够得到建议时他们的福利会不会提高？

5.4.1　报酬与效率

或许我们要问的最重要的问题是，建议对社会学习的影响能不能增加被试的福利。为了回答这个问题，我们必须检验建议对羊群行为和信息追随的影响，因为建议影响行为的一种途径就是增加羊群行为的发生次数。表 7 是对我们四个实验的总结。

表7　各实验总结

	只有行动	只有建议	行动加建议	完美信息
报酬（美元）	18.8	21.8	23.0	22.0
羊群 *	8	25	36	27
羊群百分比 **	10.7	33.3	48.0	36.0
错误羊群	0	0	0	1
追随	18	24	21	26
追随百分比 **	24.0	32.0	28.0	34.7
翻转	234	167	142	173
翻转百分比 ***	44.6	31.8	27.0	32.9

＊：至少有5个被试的羊群；

＊＊：占75轮次的比例；

＊＊＊：占除第一决策顺序外525决策点的比例。

如果采取了正确的行动，在只有行动实验中，他们平均可以获得18.8美元，行动加建议实验为23.3美元，只有建议实验则为21.8美元。只有行动实验中的收益分别比其他两个实验的收益高出24.3%和16.4%。在杰伦和卡瑞夫研究（Çelen，Kariv，2004b）的完全信息实验中被试可以得知在他之前所有人采取的行动，他们平均获得了22美元。这表明了不完全信息但带有建议的实验的效率与完全信息没有建议的实验的效率大致相同。一组二元 Wilcoxon 检验表明了，在5%的显著性水平下，只有行动实验的参与者的报酬与前他所有实验都有显著差异。另外，完全信息实验的中参与者的报酬与其他带有建议实验的没有显著性差异。这证实了我们的结论，完全信息实验中包含的额外信息似乎可以被建议所替代。

5.4.2　羊群行为和信息追随

为什么建议提高了被试的报酬进而提高了福利呢？其中一个主要原因就是建议对被试发生羊群行为有很大影响。在我们的设置中，如果被试无论个人的私人信号如何，极端地报告截点为10或－10从而采取行动 A 或 B，我们把他看成参与了追随行为。在实验室里，从某个被试开始，所有人都极端地设置－10或10为截点，我们就认为信息追随发生了。若从某个被试开始，所有人采取了相同的行动，则羊群行为发生。所以，一个参与了羊群行为但没有参与追随行为的被试将在区间（-10，10）中报告一个截点。这就表明了，存在某些信号导致他选择行动 A，另一些信号导致选择行动 B，但是他实际得到的私人信号使得他采取了与紧前者相同的行动。

表 8 表明了只有建议和行动加建议实验中羊群中至少包括 5 个被试的决策轮。注意到建议对羊群行为的发生倾向有很大影响。在总共的 75 个决策轮中，至少包括 5 人的羊群行为发生的决策轮数，在只有行动实验中为 8（10.7%），在只有建议和行动加建议实验中分别为 25（33.3%）和 36（48%）。另外，在行动加建议实验中羊群行为发生频率比完全信息实验更高，完全信息实验中为 27（36%）。最后，行动加建议实验中羊群行为发生频率较为接近理论预测的 47%。

表 8　只有建议和行动加建议实验中的羊群

组．轮*	羊群的行动	各顺序的截点和建议							
		1	2	3	4	5	6	7	8
		只有建议							
1. 15	A	0	-5	-4	-3	-9	-10	-4.8	0
		A	A	A	A	A	A	A	
2. 10	A	0	2	-5	2	0	-10	-9	-10
		A	A	A	A	A	A	A	
4. 14	B	0	1.25	4.3	5	7	5	10	8
		B	B	B	B	B	B	B	
4. 15	A	0	-7	0	-2	-10	-7	2.3	-9.9
		A	B	A	A	A	A	A	A
5. 8	B	0	5	1.57	5	5	10	5	8
		B	B	B	B	B	B	B	
5. 12	A	0	0	-3.3	-2	-2.56	-3	-9	-7
		A	B	A	A	A	A	A	
平均值**		0	3.4	3	3.2	5.6	7.5	6.7	7.2

续表 8

组.轮*	羊群的行动	各顺序的截点和建议							
		1	2	3	4	5	6	7	8
		行动加建议							
6.4	A	0	−5.4	−10	5	−2	−10	−2	−7
		A	A	A	A	A	A	A	
7.8	A	0	−4	0	−12	2	−9	−5	−2
		A	A	A	A	A	A	B	
7.12	B	0	4	2	7	10	7.5	10	8
		B	B	B	B	B	B	B	
8.13	A	−3	−6	0	−9.9	−2	−6	−4	0
		A	A	A	A	A	B	B	
9.1	A	0	0	1	−1	1	−1.3	−7	−5
		A	A	A	A	A	A	A	
9.4	B	0	7	7	−4	2.5	−0.1	2	8
		B	B	B	B	B	B	B	
9.8	A	−7	−8	1	−1	−9	−10	−8	1
		A	A	A	A	A	A	B	
9.14	B	0	0	10	2	5	8	7	−0.1
		B	B	B	B	B	B	B	
10.11	A	0	−8	−6	−4.5	−10	−10	−4	−3
		A	A	A	A	A	A	A	
10.15	A	−10	0	−10	−9	−4.5	−9	−3	−7
		B	A	A	A	A	A		
平均值**	2	4.2	4.7	5.3	4.8	7.1	5.2	4.1	

*：组.轮，比如 1.11 是第 1 组的第 11 轮；

**：截点进行镜像转换时的平均值。

显然地，如果建议可以增加福利，下面两种情况必然出现：首先，建议必须是正确的；其次，建议必须被听从。不可思议地是，在这些实验中，这两种情况似乎都出现了。在只有建议实验中，无论什么时候发生羊群行为，所有的建议都与羊群行为的行动一致。在行动加建议实验中，36 个羊群中只有 5 个没有出现上述情况

（7.8，7.11，8.13，8.15和9.8决策轮）。换句话说，羊群出现时，羊群中的人们愿意听从建议。更值得注意的是，在所有实验中，所有羊群行为都是正确的。这种结果十分有趣，因为早先社会学习文献关注的一个问题就是羊群和追随可能支持或增强错误的选择。接下来安德森和霍尔特（Anderson，Holt，1997）指出，这些担忧被实验室里的实验结果所证实。

建议出现使得羊群行为蔓延，所以没有使得被试跟从紧前者的交流必然更少地发生。这当然是正确的。例如，在只有行动实验中，如果我们排除第一个决策顺序，525个决策点中有234（39%）个没有发生羊群行为，这个数字在只有建议实验中为167（31.8%），在行动加建议实验中为142（27%）。理论预测这种非羊群行为有19%的发生频率（考虑到信号和最优截点的分布）。所以，没有跟从紧前者的行为的发生频率比预测值大的多。总结起来，我们关于羊群行为的结果表明了，建议是导致一致社会行为发生的重要推动力，建议提高了福利。

信息追随 所有的信息追随必定都是羊群行为，而反命题不一定为真。我们设计的实验区分了羊群行为和信息追随。这是因为我们能够观察到被试的截点。令人惊奇的是，建议对信息追随的发生并没有显著的影响。在只有行动实验中，追随——也就是，从某个被试起，剩下的被试不管他们私人信号而设置 – 10 或 10 为截点——发生了18个决策轮（18%）。在只有建议实验中发生了24个决策轮（32%），在行动加建议实验中发生了21个决策轮（28%）。表9总结了只有建议实验和行动加建议实验中最长的信息追随。

表9　最长的信息追随

组·轮	行动：建议/截点/私人信号								信号总和
	1	2	3	4	5	6	7	8	
	只有建议								
	$A:B$	$B:B$	$B:B$	$B:B$	$B:B$	$B:B$	$B:B$	$B:$	
2.2	-9	6	-1	0	7	10	10	10	-32.2
	-8.01	-5.43	-2.11	-1.59	-7.67	0.21	0.55	-8.19	
	行动加建议								
	$A:A$	$A:A$	$B:A$	$A:A$	$A:A$	$A:A$	$A:A$	$A:$	
6.14	0	-10	-4	-5.5	-10	-10	-10	-10	33.0
	3.71	0.87	-4.39	8.76	0.67	8.36	9.06	5.94	
	$B:B$	$A:A$	$A:A$	$A:A$	$A:A$	$A:A$	$A:A$	$A:$	
6.15	9.8	5	-10	-2	-10	-10	-10	-10	17.2
	-6.71	8.29	-9.78	4.68	9.12	0.30	6.51	4.76	
	$B:B$	$B:A$	$A:A$	$A:A$	$A:A$	$A:A$	$A:A$	$A:$	
7.15	0	4	2	-6	-7.5	-10	-10	-10	19.2
	-9.43	3.55	6.91	2.03	4.16	0.35	9.08	2.52	

5.4.3　建议中的信息内容

我们最后的讨论处理了建议到底具有多少信息性的问题。和我们在对羊群行为和信息追随的讨论中所看到的一样，只有建议实验中的羊群行为和效率与杰伦和卡瑞夫（Çelen，Kariv，2004a）的完全信息实验一样。需要注意的是，在完全信息实验中被试可以看到在他之前所有人采取的行动，而在只有建议实验中，被试只能得到建议——没有人能够看到任何决策点的结果。但是，我们预计，如果被试把建议看做是包含了所有决策结果信息的重要统计量，那我们将在这些实验中看到相似的结果。

为了探讨这个问题，我们举一个非常简单的例子。在杰伦和卡瑞夫（Çelen，Kariv，2004a）的完全信息实验中，我们观察决策中的平均截点。由于在完全信息条件下，截点策略也关于零对称，我们取截点的绝对值进行考察。为了比较，我们计算了只有建议和行动加建议实验里相同决策顺序的平均截点。如果一条建议（或一个行动）与行动历史一样可靠，我们将预计只有建议实验中设置的截点的平均值应该与完全信息实验中的相同。图 12 证实了这种情形。事实上，杰伦和卡瑞夫（Çelen，Kariv，2004a）的完全信息实验中，被试设置的截点与我们的只有建议实验中的截点高度相似，也就是这两种截点都比较高，而只有行动实验中的截点不仅低而且接近于 0。① 被试似乎把建议看作与早期行动历史等价。

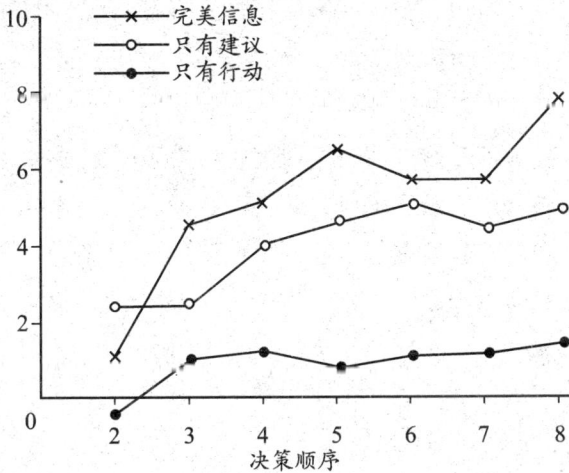

图 12 只有行动、只有建议和完美信息实验中
按决策顺序的截点平均值

6 结 语

社会学习是经济参与者通过观察他人行动学习的一个过程。然而在真实世界里，人们也从建议中学习。本文中，我们把建议引入了标准社会学习模型，并设计了这样一个实验，使得均衡情况下行

---

① 通过一系列的 Wilcoxon 检验对决策轮进行顺次检验，可以发现在只有建议和完全信息实验中截点设置无显著差异，而在只有行动实验中有显著差异。

为和建议这两种信息具有同样的信息性（事实上，完全相同）。

我们的实验揭示的基本规律也许可以这样总结：首先，被试更愿意听从紧前者的建议而非模仿他们的行动。其次，带有建议实验中被试的行为比不带建议的更符合理论预期。最后，也许是最重要的一点，建议的引入提高了被试的福利。

为什么建议或许可以提高福利呢？一个原因就是给出建议要求被试对问题进行不同角度的、或许更准确的思考。但是，在我们设计的只有建议实验中，被试并不能比在只有行动实验中得到更好的信息。

所以我们的发现表明社会学习模型必须调整以适应观察到的选择。在决定各种带有建议的决策因素时，为了确定哪些因素是重要的，非常有必要在实验室里研究更大型的社会学习情形。这也许是未来最重要的研究主题之一。这个领域里的进步需要有新的理论和新的实验数据的支持。

参考文献

Anderson, L., & Holt, C. (1997): "Information Cascades in the Laboratory," *American Economic Review*, 87 (5), 847 – 862.

Banerjee, A. (1992): "A Simple Model of Herd Behavior," *Quarterly Journal of Economics*, 107 (3), 797 – 817.

Banerjee, A., & Fudenberg, D. (2004): "Word-of-Mouth Learning," *Games and Economic Behavior*, 46 (1), 1 – 22.

Bikhchandani, S., Hirshleifer, D., & Welch, I. (1992): "A Theory of Fads, Fashion, Custom, and Cultural Change as Informational Cascade," *Journal of Political Economy*, 100 (5), 992 – 1026.

Çelen, B., & Kariv, S. (2004): "Distinguishing Informational Cascades from Herd Behavior in the Laboratory," *American Economic Review*, 94 (3), 484 – 497.

Çelen, B., & Kariv, S. (2004): "Observational Learning under Imperfect Information," *Games and Economic Behavior*, 47 (1), 72 – 86.

Çelen, B. , & Kariv, S. (2005): "An Experimental Test of Observational Learning under Imperfect Information," *Economic Theory*, 26 (3), 677 – 699.

Crawford, V. , & Sobel, J. (1982): "Strategic Information Transmission," *Econometrica*, 50 (6), 1431 – 1451.

Ellison, G. , & Fudenberg, D. (1993): "Rules of Thumb for Social Learning," *Journal of Political Economy*, 101 (4), 612 – 643.

Ellison, G. , & Fudenberg, D. (1995): "Word of Mouth Communication and Social Learning," *Quarterly Journal of Economics*, 110 (1), 93 – 126.

Goeree, J. , McKelvey, R. , Palfrey, T. , & Rogers, B. (2005): "Self-Correcting Information Cascades," Caltech, mimeo.

Hung, A. , & Plott, C. (2001) · "Information Cascades. Replication and an Extension to Majority Rule and Conformity-Rewarding Institutions," *American Economic Review*, 91 (5), 1508 – 1520.

Kubler, D. , & Weizsacker, G. (2004): "Limited depth of reasoning and failure of cascade formation in the laboratory," *Review of Economic Studies*, 71 (2), 425 – 441.

Merlo, A. , & Schotter, A. (2003): "Learning By Not Doing: An Experimental Investigation of Observational Learning," *Games and Economic Behavior*, 42 (1), 116 – 136.

Nyarko, Y. , Schotter, A. , & Sopher, B. (2006): "On the Informational Content of Advice: A Theoretical and Experimental Study," *Economic Theory*, forthcoming.

Schotter, A. (2003): "Decision Making in the Face of Naive Advice," *American Economic Review Papers & Proceedings*, 93 (2), 196 – 201.

Schotter, A. , & Sopher, B. (2003): "Social Learning and Convention Creation in Inter-Generational Games: An Experimental Study," *Journal of Political Economy*, 111, 498 – 529.

Schotter, A. , & Sopher, B. (2006): "Trust and Trustworthiness in Games: An Experimental Study of Intergenerational Advice," *Experimental Economics*, forthcoming.

Schotter, A. , & Sopher, B. (2005)："Advice and Behavior in Intergenerational Ul-
    timatum Games：An Experimental Approach," New York University, mimeo.

Smith, L. , & Sørensen, P. (2000)："Pathological Outcomes of Observational
    Learning," *Econometrica*, 68 (2), 371 – 398.

代际博弈中的社会学习与习俗调整：一个实验研究[①]

安德鲁·肖特，巴里·披菲尔[②]

摘　要：此篇论文研究的是"代际博弈"中行为习俗的形成与演化。在这些博弈中非交叠（non-overlapping）的代际决策者在一有限次决策期内进行博弈，而后他们被其他决策者所替代，这些决策者在相同的决策期内继续同样的博弈。t代的决策者可获知他们之前所有代的决策者博弈的历史信息，且能与$t+1$代的后继者进行交流，并可告知后继者该如何行动。

我们发现口头传习的社会学习（采取实验室中的"父母"向"孩子"提供建议的形式）可作为促成社会习俗形成的一种重要力量，其促进习俗形成的作用远比任何无口头建议从而只能根据经验教训行事的学习类型更为显著。

1　引　言

此文研究"代际博弈"中习俗的产生与演化。在这些博弈中非交叠的代际决策者在某一有限次决策期内进行一段博弈。然后他们

---

①　原文来自：Schotter, A., and Sopher, B. (2003)："Social Learning and Coordination Conventions in Intergenerational Games: An Experimental Study," *Journal of Political Economy*, 111 (3), 498 – 529.——译者注

②　此项工作是在 N. S. F. 的 SBR – 9709962 和 SBR – 9709070 项目下完成的。实验经费源于 Russell Sage 基金和纽约大学 C. V. Starr 应用经济学中心。在此谨致谢忱。本文受助于 McArthur 基金会和 Russell Sage 基金会，并从哈佛大学、沃顿商学院、华盛顿大学、C. U. N. Y. 研究中心、得拉瓦大学、经济科学协会（Economic Science Association）以及匹兹堡大学的高级研讨会中获益极大。我们要感谢 Steven Levitt 和一位匿名审稿人给出的有价值的建议。最后，我们要感谢 Sangeeta Pratap, Mikhael Shor 和 Judy Goldberg 提供的帮助，以及 Yevgeniy Tovshteyn 在实验进行时对有关实验过程的纪录。

被其他决策者所替代，这些决策者在相同的决策期内继续同样的博弈。t 代的决策者可获知在他们之前的各代决策者博弈的历史信息，且能与 $t+1$ 代的后继者进行交流，并可告知后继者如何行动。因此，当 t 代的决策者开始行动时，他拥有历史的和现时建议的两方面的信息。此外，决策者还关心其后继者，每一代际的决策者所能获得的报酬不仅是他们这代内所获支付的函数，而且是他们退出博弈后其子女在博弈中所获支付的函数。[1][2]

我们研究这些博弈的动机源于这样的理念，即众多研究习俗创生的博弈理论关注的是无限次重复博弈中决策者如何互动，但这一问题并非是易于经验处理的（empirically relevant）。而在观察身边的世界时，我们发现，虽然许多博弈可能是无限次的，但是这些博弈决策者的生命却是有限的，且只能在相对较短的时期内进行这些博弈。当他们退出博弈或死亡后，他们的位置便被其他继续博弈的人所替代。当这些代际转换发生时，每个决策者就把所有业已建立的规则和习俗的有关信息传递给他们的后继者。

正如我们看到的性别战博弈，这种文化传递的后果可能是社会与经济不平等状况的永续存在，抑或是乌尔曼－玛格利特（Edna Ullman-Margalit，1977）所谓的"偏向准则"（norm of partiality）的确立。在这种准则之下，建立起一种非对称的支付均衡，并作为人们

---

① 我们利用一个非交叠的博弈模型和一些非交叠的博弈行动者，因为在这种代际博弈中（见，Salant，1991；Kandori，1989；Gremer，1986），每一代的博弈者都意识到：由于他们有一天也会变老，所以如果他们不善待老人，那么当他们老去时，他们也不会被人善待，故而在他们年轻时他们应该善待老人。这些就促成了代际间的合作。此分析认识到每一代的博弈者都关注其后继者，而且他们对前辈优待有加，因为他们知道，后继者会观察他们的行为，从而他们也会被人以同样的方式来对待。这种大众化的定理在代际足够长的时候是合适的。而在我们的工作中所做的是非交叠代际的相互影响。每一代的博弈者都希望他们行事正确，从而使得他们的后继者能以他们为榜样并且也能恰当行事。因为他们关心后继者，所以紧邻着的两代人之间是通过效用函数而非直接通过策略来互动。因此，我们的模型是一个有限的交叠代际类型，这种代际的交叠要么是极小的，要么就不存在交叠。

② 除了使用建议和代际之间独立的报酬之外，此博弈中还包含了很多 Kalai 和 Jackson（1996）重复博弈中的特征。

的行为标准，且被当作一种身份地位通过社会化过程一代一代地传递下去。例如，具有网络外部性（network externality）的任何社会情境便是这种准则的一个例子（candidate）。其余的例子还有人们通常采用的与 Unix 相对立的 Windows 操作系统，QWERTY 键盘以及 VHS 视频格式等。所有这些都将非对称的利益赐予经济中的行为者并固化了他们的身份地位。其余的例子还有根据性别所作的职业上的区隔，如一些职业主要为男性所占据。更高级的区分规则根据人们的服务年限不同（这一特征可能和当下的绩效联系在一起，也可能没有关联）将特权授予特定的群体，而其他的情境则是将特权或产权武断地授予特定的人群并且这些特权永久固化。

个体间知识的演化模型，其拉马克主义的特征更甚于达尔文主义的特征。原因在于，拉马克相信动物能将其所获特征遗传给后代，尽管这一生物进化模型是错误的，但是该模型可能是一个正确的社会演化模型。在社会演化中，社会行动者将他们一生中所创立的行为习俗传递给他们的后继者。①② 这些习俗可能强化了社会现状中的不平等。

我们发现口头传习的社会学习（采取实验室中的"父母"向"孩子"提供建议的形式）可作为促成社会习俗形成的一种重要力量，其

---

① 我们侧重拉马克主义的演化过程，实际上与演化博弈理论中所有工作正好相反。后者处于主流地位的是达尔文主义的演化理论。[见 Kandori，Malaith and Rob（1993），Samuelson（1997），Vega-Redondo（1996）and Weibull（1995）的论文] 在这些文献中，习俗被当作一种均衡，用于解决社会成员所面临的一些重复出现的问题或博弈。更精确地说，在这些模型中，成员被描述为一种不经思考的程序（基因）而直接按特定的方式去行动。这些成员要么是随机互动，要么是按规矩行事（play the field）。某一策略的流行或是消逝是由一些复制者动态类型（见 Weibull，1995）控制的，那些获得较高报酬的策略比那些获得较低的报酬的策略在人群中扩散地更快。本文所关注的是由此动力机制所获得的长期均衡。它包含有混合的策略或类型吗？存在自身是演化稳定的策略（ESS）吗？某一策略在人群中运用一段时间后消失，仅仅是因为被后来的策略所替代的吗？

使这个工作搁浅的一个例外是由 Jackson and Kalai（1997）所作的重复博弈，该博弈与我们的代际博弈在结构上十分接近，除了代际之间的交流与关怀。

② 很显然，这一点已经被 Boyd and Richerson，（1985），Cavalli Sforza 和 Feldman（1981）以及最近的 Bisin（1998）证明过了，他们提供了一系列的有趣的模型，这些模型中，模仿和社会化而不是单纯的生物的适应性是策略改进的标准。我们把 Young（1996，1998）的工作也包含在这种类型的工作之中。

促进习俗形成的作用远比任何无口头建议从而只能根据经验教训行事的学习类型更为显著。非常不同的是，我们发现就相互调整的（coordinating）被试行为来看，在获得父母的建议和完整的博弈历史信息下，行为的协调相当有效率，而仅仅获得博弈历史信息效果并不明显。（例如，被试在获得建议和历史信息后在一半的时间内成功地调整了他们行为，而未获得建议时仅在三分之一的时间里就调整了他们的行为）被试不能获知历史信息而保留他或她获知建议的机会似乎对他们调整行为的能力并无影响。因此，在我们的代际背景下，建议似乎是社会习俗产生与演化的关键因素，而这一因素在以往的文献中未被注意。

我们的实验数据除了阐明了社会演化中社会学习的角色，而且还显示了社会演化模式化的三个（stylized）情况，即，刻点均衡、社会化及社会惰性。这些情况是指，在实验中社会习俗随着时间推移而出现，并通过建议的社会化影响代代相传，然后在实验中慢慢消逝并出现另一形式的习俗。[在扬（Young，1996，1998）的理论中也可看见这样的刻点均衡。在其理论中，人们通过对先前博弈的人群进行抽样学习，随后人们在对其所学做出最优反应时却又犯错]一些行为尽管具有机能失调的特征，却也经历了相当长的时间才趋于消失。

本文构成如下：第2部分描述实验设计；第3部分展示实验结果，描述我们的结论如何阐明我们所感兴趣的社会演化的三项特征：刻点均衡、社会化和社会惰性；第4部分是关于社会学习的论述，描述了当消除行动者传递建议或获知历史信息的能力后该实验将会发生什么变化；最后，在第5部分我们为以后的工作提供一些结论和推测。

2 实验：设计和程序

2.1 总体特征

代际性别战博弈的总体特征如下：安排所招募的被试进入不同的

世代。每一代进行一次博弈并仅有一个对手。在他们加入博弈后，t 代的被试为下一代即 $t+1$ 代的被试所替代，这一代能够看到在他们之前已消逝的历史的部分或全部信息。t 代的被试能向其后继者提供建议，包括建议有关策略和解释为何提供如此建议。这一特征明显具有社会性。实验中被试的支付等于被试在其一生内所得的报酬加上贴现，而贴现取决于紧随其后的继承者所获的报酬。最终，在博弈中，我们要求被试预测其对手的行动（使用一种策略机制，使说出真相成为占优策略）。这样做将使我们获得对某种信念的深刻洞见，而这一信念存在于我们实验性质的社会演化当中。

实验在纽约大学 C. V. Starr 应用经济学中心的实验经济学实验室和罗格斯大学经济学系的实验室进行。被试是从经济学课程里的本科生中招募的，分成 12 个小组，而后又分为两个大组，每个大组里包括 6 个小组进行整项实验。在实验期间，他们平均每一个半小时挣得约 26.10 美元，一共要参加三个独立的代际博弈：性别战博弈（BOSG），要求被试分配 100 法郎的最后通牒博弈（UG），以及由贝格、迪克霍特、麦凯布（Berg，Dickhaut，McCabe，1995）所定义的信任博弈（TG）。所有博弈的说明都呈现在电脑屏幕上，被试提出的问题均可得到回答。（仅有相当少的问题，所以被试在理解这些十分简单的博弈上并无困难）此外，所有被试均无此博弈实验经历。

在文中我们仅说明了下述性别战博弈的结果：①

---

① 实验分三个时期进行。在不同时期被试都要和不同的对手进行三个不同的博弈。例如，在第一个时期，博弈者 1 和 6 可能进行性别战博弈，而博弈者 5 和 2 则进行最后通牒博弈，博弈者 3 和 4 则进行的信任博弈。当他们进行完各自的博弈后，将进入下一个时期的博弈，所以在第二个时期，博弈者 2 和 4 进行性别战博弈，而博弈者 3 和 6 进行最后通牒博弈，博弈者 1 和 5 则进行信任博弈。同样第三个时期也进行博弈的轮换。最终，每一个博弈者都和以前没有和他进行过博弈的对手进行了博弈。

性别战博弈

	列 被 试	
	1	2
行 被 试　1	150, 50	0, 0
2	0, 0	50, 150

正如性别战博弈中所展现的，这个博弈有两组纯策略均衡。在 (1，1) 组中，被试 1 表现相对较好并赢得 150 的报酬，而被试 2 表现差一些，赢得了 50 的报酬。在另一个均衡 (2，2) 中，情况正好相反。在所有非均衡的组中，全部支付都是 0。这里关于习俗产生的问题便是，哪一个均衡将会被人们坚持下来。因为每种类型的被试支持不同的均衡，所以这里就存在一个平等的问题，且这一问题由于代际结构而变得严重起来。由于过去所建立的习俗并不为新一代的被试所认同，故而他们也许不愿坚持过去的习俗惯例。（这里也存在一个混合策略均衡，而现在我们将暂时予以忽视，同时还存在一个替代性的协调均衡，可是我们尚未发现数据方面的证据）这里，法郎对美元的比率是 1 法郎 = 0.04 美元。

当被试开始进行性别战博弈，阅读了关于博弈的特别说明后，在电脑屏幕上他们可以看到前一代给他们的建议。这些建议包括行动的策略建议 (1 或 2) 以及由前一代被试对为何如此建议所作的说明。被试无法看到给予其对手的建议，但知晓每一方都获得了有关建议。在基线实验中，每一代被试都能够获知前代的历史，每一类型的各代被试所做的选择以及他们所获得的报酬。但他们无法获知其前辈所得到的建议。最终，在他们做出策略选择之前，他们要陈述自己对于其对手策略选择的概率分布的信念。

为了使被试如实报告其信念，我们将根据一个激励他们报告实情的恰当的记分规则对他们的预测给予报酬。在每一轮被试选择策略时，他们要将自己关于其对手策略选择的概率分布向量的信念输入电脑。[①] 根据被试的信念是否正确，我们奖励他们实验积分，这种积分可在实验结束时兑换为美元，其规则如下：

首先，被试输入一个向量 $r = (r_1, r_2)$，表示他们对其他被试使用策略 1 或 2 的概率分布的信念。[②] 事实上由于被试仅实施一个策略，所以当其对手选择策略 1 且被试 i 报告向量 r 时，被试 i 的报酬是：

$$\pi_1 = 20000 - \{(100 - r_1)^2 + r_2^2\} \qquad (1)$$

而当对手选择策略 2 时，类似地，

$$\pi_2 = 20000 - \{(100 - r_2)^2 + r_1^2\} \qquad (2)$$

在实验结束时，被试将获得预测的报酬。

说明一下公式的含义。一个被试开始时有 20000 点的积分，并陈述其信念向量为 $r = (r_1, r_2)$。如果其对手选择策略 1，则若被试在信念向量中把全部概率都赋予策略 1 的话，那么他将获得最优报酬。而若他对策略 1 仅分配了 r_1 的概率，则他就犯了一个错误。为了处罚这一错误，我们从被试的 20000 积分中减去 $(100 - r_1)^2$。同时，被试还要为他分配给另一策略的概率 r_2 而接受处罚，即从其积分中减去 r_2^2。（如果对手选择策略 2 的话，上述方程也同样适用）最坏的猜测是，例如，被试预测了一个特殊的纯策略，而其对手却选择了另一个策略，这样的话就只能获得 0 支付。容易证明，这一报酬函数可以向被试提供激励，以使他们展现其关于对手行动的真实估计。[③] 尽管说明真相是最优选择，但这一结论只有被试是风险中立的才能够成立。风险规避的被试会做出一个"安全"的预测并对每一策略都置以 0.5 的概率。然而我们尚未发现此类行为的证据。

---

① 见本文附录中关于这部分实验的说明。

② 在实验说明中，r_j 用数字 [1, 100] 来表示，所以它通过对 100 的划分来得到概率。

③ Nyarko 和 Schotter（1999）成功地使用过相同的诱导程序。

我们确信，在实验的预测部分可以挣得的钱比起正在进行的博弈部分来说并不算大。（事实上，在整项实验中被试平均挣得 26 美元，而在全部的预测中他们所挣最多为 6 美元）这儿的担忧是，如果预测而不是博弈能挣更多的钱的话，那么，该实验可能变为一个协调博弈。在协调博弈中，被试将有激励去协调他们的策略选择，并重复任何特殊的纯策略选择，以使其所得的预测报酬比博弈报酬更高。然而，在性别战博弈中毫无协调博弈存在的明证。

2.2 参数说明

实验可用四个参数来刻画。第一个参数是 t 代被试允许获知的历史长度；第二个参数是代际贴现率，它表明下一代的报酬中支付给任何特定代的部分收益；第三个参数是每一代活动期的序号（序号代表着他们重复博弈的次数）；而第四个参数则表示建议在代际间是否可获得。在实验中，每一代活动一个时期或者仅重复一次信任博弈，贴现率为 1/2。因此，他们的区别在于被试在博弈前所能获知的历史长度，以及他们是否能从前辈那里获得建议。在基线实验中，被试能够给其后继者传递建议，而且能获知他们前辈的全部历史信息。基线实验共进行 81 代。但在第 52 代时我们要暂停博弈（即基线实验的进程），在此刻开展两项独立的新实验并产生新的历史信息。在仅有建议的实验中（实验Ⅰ），任何代行动之前，他们仅能看到上一代行动的历史信息。这种处理使建议在代际博弈中的效果突现出来。而仅有历史信息的实验（实验Ⅱ）与基线实验相同，但是不能向后继的代传递任何建议。尽管如此，他们可以获知整个博弈历史，以便独立出历史信息在代际博弈中的作用。仅有建议的实验又进行了 80 代，而仅有历史的实验又进行了 66 代。这两种实验均是在基线实验完成 52 代后开始的。因此，基线实验总长度为 81 代，仅有建议的实验为 78 代,[①] 而仅有历史的实验为 66 代。实验设计如图 1 所示：

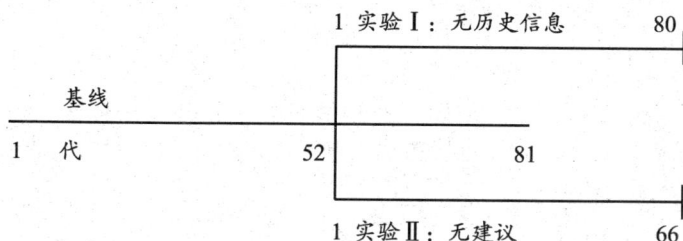

图 1　实验设计

3　结　论

我们的分析结果首先要看如何阐明我们所考虑的三个基本的形式事实（stylized facts）：刻点均衡、社会化和社会惰性。而后我们将仔细观察建议在博弈中的作用，从而考察实验中社会学习的角色。

3.1　社会演化的形式

实验中我们希望研究的社会演化形式如下：

（1）刻点均衡

如果一个被试观察了不同社会的历史之后，他将明白在其发展中的一些特定规律。首先，如佩顿·扬（Peyton Young, 1996）所阐明的，在长时期中，被试将观察到刻点均衡期。在这些时期，特定的行为习俗得以建立，并可能延续较长时期，但最终将让位于暂时

---

① 由于电脑的错误，所以我们丢失了一代的数据，丢失的是第三代的数据。我们可以重建相关的数据表格。

的混乱，随后又稳定于新的均衡。[1]

在我们的实验中，对均衡的偏离有时是由代代相传的建议引起的。如我们所见，在实验中，习俗历经长期而相对稳定，但是代际建议却使其偏离均衡。此外，也有习俗长期稳定的状况，且代际建议也坚守于此，只是为人所忽视。这些现象造成了代代相传的社会学习链条的崩解，而且也能造成看似稳固的社会习俗的自动瓦解。

（2）社会化

我们希望捕捉的另一社会演化的形式是习俗演化由社会化过程维系。在社会化过程中，刻下的代将现行的行为习俗传递给下一代。[2]

（3）社会惰性

因为行为是基于传统或习俗的，所以人类行动中便含有惰性。世界如其所展现般的稳定，其原因便在于人们在某种程度上盲目地遵循父母或师长所教给他们的习俗和规则。社会习俗难以瓦解，在于其被盲目地遵循，而习俗有时难以建立也正在于人们似乎完全遵照过去的行为模式。最终，如果信念坚不可摧或者变化迟缓，那么惰性也必将越难克服，因为人们将发现从他们过去的错讹中学习是多么困难。

3.2　基线实验的结果

由于我们设计实验是为了使我们不仅能观察到被试的行为，而

---

① 有很多的破坏这些规则的原因。在达尔文主义的演化模型中，可能出现随机变异，如果这种变异持续下去，可能会破坏当前的均衡并促进新均衡产生（参见，Kandori, Mailath, Rob, 1996；Young, 1991；Fudenberg, Maskin, 1990；Samuelson, Zhang, 1992；Samuelson, 1991）。在扬的模型中，破坏均衡的原因不是来自变异，而是噪音。虽然不同的均衡或多或少具有抵御冲击的能力，但是至少暂时噪音或变异会导致现存的行为惯例趋于消失。

② 复制者动态以一种特别的和非人类行为的方式尝试这种代际间的传递，但是作为一种对社会现实的描述，这种理论是贫乏的。其他的社会演化理论（参见，Boyd, Richerson, 1985；Cavalli Sforza, Feldman, 1981；Bisin, Verdier, 1998）都是用模仿来作为社会进化的机制，而且在此意义上其与我们在这里使用的模型很相近，除了我们在此是模型化垂直的社会化过程，而非水平的社会化过程。在真实世界中，我们所看到的是仍是基于传统和惯例的行为，这些行为代代相传。这正是我们期望在实验中获得的过程。

且能观察到他们关于博弈如何进行的信念以及他们相互给予的建议，故而我们在此展现基线实验的全貌。我们将继续考察实验 1 和实验 2 中的行为。

3.2.1 基线实验中的行为：刻点均衡

图 2 展现了 81 代基线实验中产生的行为的时间序列：

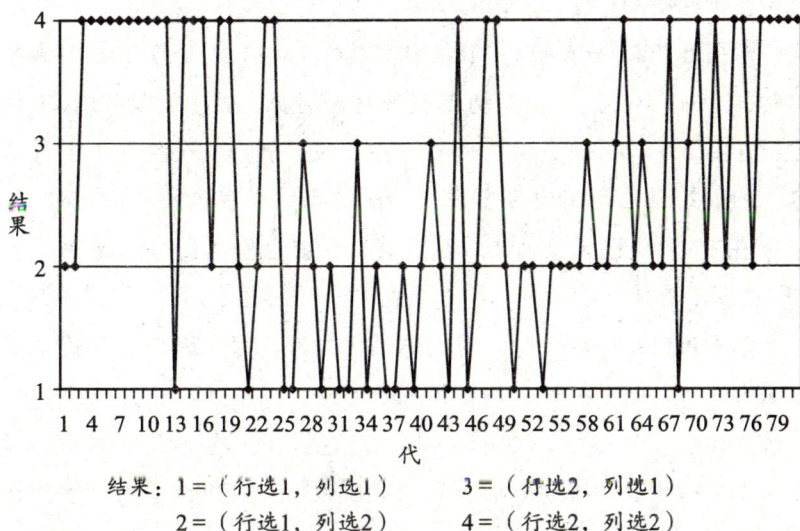

结果：1 = （行选 1，列选 1）　　　3 = （行选 2，列选 1）
　　　2 = （行选 1，列选 2）　　　4 = （行选 2，列选 2）

图 2　基线实验结果

图 2 中横轴表示时间，纵轴表示被试选择的行为。因此，我们能观察到四对行为，o_{11} = （ row_1，$column_1$ ），o_{12} = （ row_1，$column_2$ ），o_{21}（ row_2，$column_1$ ），o_{22} = （ row_2，$column_2$ ），行被试选择行动 i，列被试选择行动 j，而 o_{ij} 表示一个结果。（我们用 1，2，3，4 分别表示这些状态）

为了深入分析数据，我们将 81 代划分为不同的阶段（regimes），这些阶段是依据对结果的简单考察来进行划分的。阶段 1 由 1—25 代的博弈组成；阶段 2，26—45 代；阶段 3，46—66 代；阶段 4，67—81 代。为支持这种划分，我们估计了一个多项式 Logit 模型，用以描述各种状态的概率。该模型表明，当模型的拟合值越过所设定的阶段边界时，各状态的概率值剧烈变动，与我们对阶段的划分一致。我们仔细观察图 2，并进行详尽分析：

阶段 I （1—25 代） 我们称其为 （2，2）习俗阶段，因为在这段时间里，我们观察到有 17 代的被试选择了 （2，2），且在这段时期内观察到 9 个连续的代选择 （2，2），从而此阶段是基线实验 81 代中持续时间最长的阶段博弈均衡。

阶段 II （25—46 代） 我们称其为 （1，1）习俗阶段，因为在最初的 25 代中 （1，1）均衡仅被观察到两次，而在阶段 II 的 21 代中就选择了 11 次 （1，1）。此外，在这段时间内，在阶段 I 占统治地位的 （2，2）均衡仅仅出现了一次。我们观察阶段 II 的行被试，21 代中有 17 代选择策略 1，表明至少在脑海里他们坚持博弈中的 （1，1）习俗。

阶段 III （46—66 代） 我们称其为过渡阶段，因为这些代中的被试大多数时间里都处在非均衡的状态中，（1，1）和 （2，2）均衡较少出现 （分别是 2 次和 3 次）。在这段期间，行被试频繁执行策略 2 （21 次中有 6 次选择策略 2，而在阶段 II 的 21 次中仅有 4 次选择策略 2）。

阶段 IV （67—81 代） 均衡 （2，2）在经过约 42 代的消失后又重新建立起来。我们这样说是因为在最后 15 轮中我们发现均衡 （2，2）在 15 代中出现了 10 次，而在此前的 42 代中仅出现了 4 次。更令人惊奇的是，行被试，在抵制策略 2 之后 （例如，在 25 代和 66 代之间 42 代中仅执行了 10 次策略 2），在最后 15 轮中选择了 11 次。总体上，一共出现了 47 代的均衡博弈以及 34 代的非均衡博弈。最后我们注意到在策略选择的次数上出现了明显的非对称现象，即 （2，1）状态出现了 7 次，而状态 （1，2）则出现了 27 次。这些结果列于表 1 中。

表 1　按阶段选择行被试和列被试

按状态和阶段选择				
阶段	(1, 1)	(1, 2)	(2, 1)	(2, 2)	总数
Ⅰ	2	5	0	17	24
Ⅱ	11	6	3	1	21
Ⅲ	2	13	3	3	21
Ⅳ	1	3	1	10	15
总数	16	27	7	31	81

按阶段选择				
阶段	行 1	行 2	列 1	列 2
Ⅰ	7	17	2	22
Ⅱ	17	4	14	7
Ⅲ	15	6	5	16
Ⅳ	4	11	2	13
总数	43	38	23	58

图 2 中的时间序列提供了有关刻点均衡现象的强有力的证据。阶段 Ⅰ 是 (2, 2) 均衡稳定确立的一个时期。事实上，第 13 轮中行被试和列被试同时偏离了均衡，但习俗却并未瓦解，而是在偏离发生之后又延续了三代。令人惊奇的是，在阶段 Ⅱ 中这一习俗完全消失，直至 67—81 代（阶段 Ⅳ）时才又重新建立起来。虽然阶段 Ⅱ 并未呈现出习俗存在的清晰画面 [(1, 1) 的结果虽然频繁出现但并未存续下来]，但 (2, 2) 均衡的缺席，以及 21 代中 10 次 (1, 1) 均衡选择的出现，加上行被试坚持选择策略 1，这强有力地将 (1, 1) 确立为该阶段的习俗。阶段 Ⅳ 中 (2, 2) 习俗得以重新确立，也是展现刻点均衡的一个有趣的证据。

我们在上文假设各阶段中存有不同的习俗。正式检验这一假设建立在计量经济模型的基础上，该计量经济模型用以估计各阶段的状态决定过程。如此检验就要估计一个多项式 Logit 模型，该模型作为有行被试和列被试参与博弈的历史函数。模型反应了在 t 代中状态 h 发生的概率。在此固定模型的背景下，刻点习俗的观念就意味着在模型中发生了一个结构性的变化，即，在行被试和列被试历史选择的估计系数上有一个突变（刻点）。因此，如果我们允许被试历史变量的评估系数在设定的阶段上发生改变，则所导致的"无约束"模型便可与有约束模型进行比对。在有约束模型中，行与列的历史变量系数与其他阶段相等。从经济计量的目的考虑，我们仅定义三个不同的结构阶段：其中一个结构阶段为（2，2）占优的阶段 I 和阶段 IV（标记为 $k=1$），另一个结构阶段为（1，1）占优的阶段 II（标记为 $k=2$），第三个结构阶段即为阶段 III，在此阶段无任何均衡占优（标记为 $k=3$）。有约束和无约束模型之间的标准相似率（standard likelihood ratio）可用于测定结构上的变化。

为了更为正式地具体化阶段内的策略选择，我们首先评估一个多项式逻辑模型，该模型反映行与列被试策略选择的动态平均状态。这种方法就是把在 t 期可观察状态的概率表示为相对频率的函数。行与列被试以此相对频率在最后 m 期使用各种策略。用多项式 Logit 模型考察这一概率便得出：

$$P_h(t) = \frac{\exp(b_o^h + \sum_{k \in K} b_{kr}^h r_{t,k} + \sum_{k \in K} b_{kc}^h c_{t,k})}{1 + \sum_{j \in J} \exp(b_o^j + \sum_{k \in K} b_{kr}^j r_{t,k} + \sum_{k \in K} b_{kc}^j c_{t,k})}$$

$$h \in J = \{(1,1), (1,2), (2,1)\}$$

$$P_{(2,2)} = 1 - \sum_{j \in J} P_j$$

在公式中，$k \in K = \{1, 2, 3\}$ 标识了以上定义的三个结构阶段；**J** 是状态集，用 j 标识；h 标识某一特定状态 [（2，2）为基态]。行的历史变量 $r_{t,k}$ 依如下定义：$f_{t,r}^m$ 表示相对频率，行被试以此频率在 t 期前的 m 期选择行动 1[（$t-m-1$）到（$t-1$）]，d_k 表示虚拟变量，如果 t 期观察状态为 k 结构阶段时则 d_k 等于 1，其他情况则为 0，于是，$r_{t,k} = f_{t,r}^m d_k$。类似地，可定义列历史变量 $c_{t,k}$。当施以如下限制：$b_{1r}^j = b_{2r}^j = b_{3r}^j$，$b_{1c}^j = b_{2c}^j = b_{3c}^j$ 时，我们便称模型为"有约束"，表示并不存在结构阶段。而"无约束"模型则允许系数在结构阶段间变化。

在评估中，我们用 $m = 5$ 来构造行与列被试的历史变量。在拟 R^2 检验（pseudo R squared measure）的基础上[1]，比对有约束模型对于不同 m 值（从 $m = 1$ 到 $m = 10$）的适应度，这样我们便能决定历史变量的构造。然后我们再继续评估无约束模型，使用五期动态平均，并计算约束的相似比率。

由于参数在此并无特别意义，故我们聚焦于适应度检验以及结构变化假设的相似率检验上。在表 2 中，我们摘要地列出了这些结果。[2] 注意这里的模型是显著的：模型的卡方检验拒绝了如下假设，即所有的实例中除了连续变量外的所有系数皆为 0。结构变化假设相似比率的卡方检验也是显著的：在 4% 的显著性水平上，拒绝系数在跨阶段间相等的约束假设。

表 2　结构性变化的检验

	无约束模型	有约束模型
数目	76	76
x^2 值	54.15（18 d.o.f.）	32.26（6 d.o.f.）
p 值	0	0
对数似然比	−70.30	−81.25
拟 R^2 值	0.28	0.17
结构变化的 LR 检验	$x^2 = 21.89$（12 d.o.f.）	
p 值	0.04	

均衡状态（1，1）和（2，2）的估计概率列于图 3 中。此估计概率源于无约束多项式逻辑估计模型。

---

① 在对 5 个时期进行移动平均时，此拟 $R^2 = 0.17$，而且当伸长或缩短移动平均的窗口时，该值会衰减。在此我们允许这个窗口从 $m = 1$ 排列到 $m = 10$。

② 这里有 3 个方程待估计（比总的状态数目少了一个），除了时期常量，非限制模型中共有 18 个 [2(行行行和列历史)×3(方程)×3(时期的部分)] 参数待估计，受限制模型中共有 6 个 [2(行和列的历史)×3（时期的部分)] 参数待估计。在无限制模型中卡方检验的拟合度有 18 个自由度，有限制模型中有 6 个自由度，而结构变迁的卡方检验中有 12 个（18 − 6）自由度。

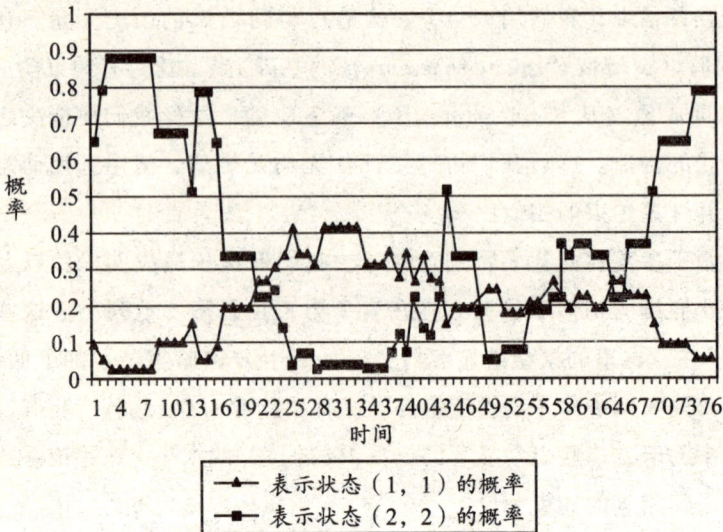

图 3　状态概率估计

图 3 展示了明显的证据，即随着代际跨越我们所设定的阶段时，行为发生了剧烈变化。例如，在阶段 I，状态（2，2）的概率在一具体时段上达到 0.90，而随着实验进入阶段 II，此概率急剧降低。事实上，几乎在整个阶段 II 中，此概率实际上为 0，暗示着（2，2）均衡在阶段 II 的消失。但是，（2，2）状态在阶段 IV 又重新出现。

有关（1，1）均衡的证据较不显著但也令人信服。在阶段 I 中状态（1，1）的概率在最初 25 代中几近为 0，而在阶段 II 中上升至几乎 0.50，且在实验的剩余部分也仅消失了一次。在跨越阶段边界时，（2，2）状态概率的剧烈变化以及（1，1）状态在除阶段 II 以外的阶段内保持低概率的情况可以用我们的"眼球规则"（eyeball metric）将代际划分为几个阶段。

3.2.2　惰性和偏向准则

论及惰性，存在两种类型的社会惰性可以加以讨论。其中之一，我们可称之为均衡惰性，指的是，人们坚持一种习俗惯例仅仅是因为过去这一惯例已长期存在，尽管它对于这一人群来说可能并不是一个最佳的均衡。例如，在我们的实验中，均衡（2，2）对列被试来说明显是一个最好的习俗，因此，当一个行被试进入博弈并观察到（如阶段 I 中的）此惯例已长期存在且也为他方所遵循，则存在一股力量敦促此被试继续遵循此惯例。考虑到这些力量的强大，均衡（2，2）竟在 24 轮之后消失实在令人惊讶。实际上，如果均衡（2，2）确实为一强大的习俗，令每一被试皆认为其对手将百分之百地遵循此惯例，那么偏离这一均衡将毫无益处，因为如果坚守惯例今天你将获得 50 酬报，明日则只获得 25 酬报，而一旦偏离惯例今天你将一无所得，而且如果成功地打破均衡（2，2）并在 $t = 1$ 期转移至均衡（1，1）的话（此例并不像我们所述的强习俗），则被试明日将获得 75 酬报。在任一情况下，报酬都是 75，所以被试并无正向激励去偏离惯例，除非他关心下一代的报酬，这一考虑可由代际效用函数来排除。（稍后论及建议时我们便可解释惯例的消失了）

这种习俗建立起乌尔曼 – 玛格利特（Edna Ullman-Margalit，1977）所谓的"偏向准则"（partiality norm）。在此准则下，看似对称的被试选择一种仅为一类被试所支持的博弈均衡，并将这种准则或我们所谓的习俗传递给后继者。关键在于此刻占据优势的被试与他们的追随者相比并不具有获得优先待遇的凭据，而离奇的历史进程（路径依赖）却给予这种行为模式以特色。我们怀疑，上述讨论导致偏离业已建立的均衡和刻点均衡的压力，正是另一压力的结果。一类个体认识到他们所面临的不平等纯粹是由专断造成，因而并不公平，此时压力便产生了，表为博弈者牺牲自己来使得更长远的博弈结果

按照他们喜欢的方式进行改变。（对达尔文主义进化论的另一种反驳）①

还有一种类型的社会惰性表现为人们顽固地坚持那些明显有害于他们的行为。例如，在阶段Ⅱ和阶段Ⅲ，行被试明显努力使习俗从（2，2）转向对他们更好的（1，1），在25到66共42代间他们有32代坚持选择行策略1。尽管事实上这一行为导致了25代的不均衡结果，但行被试仍然坚持这么做。显然，他们觉得其努力可能建立起于其自身有利的均衡（1，1），即便他们可能不会直接从中获利。

为了给出一幅关于坚守均衡和非均衡状态的不同画面，我们计算一下上述各阶段中四种状态的连续概率。更精确地，假定你处在 t 代的某一状态中，连续概率将定义 $t+1$ 代处于这种状态下的条件概率。

表3列出了这些概率：

表3　分阶段的持续概率

	1，1	1，2	2，1	2，2
阶段Ⅰ	0	0.166	NA*	0.812
阶段Ⅱ	0.3	0	0	0
阶段Ⅲ	0	0.5	0	0.33
阶段Ⅳ	0	0	0	0.555
总　值	0.187	0.259	0	0.633

*：在阶段Ⅰ不存在（2，1）状态。

由于习俗是一种持续的状态，故我们通过表3所表现的意图便是对在各阶段中何种状态将会成为习俗提供指示。例如，在阶段Ⅰ

---

① 代际博弈进行了10次后的结果支持这种推测。被试轻易地确立起一种交替性的习俗惯例，这种惯例是在（1，1）和（2，2）之间进行交替。该惯例在均等化不同类型被试的支付上是有效的，而且在长期内延续此均衡。这种相同的情形表明，在代际过程的仅仅三四个时期内这类习俗是不会确立的，对此我们仍应有所作为。

中（2，2）状态明显得以延续，如果个体到达阶段Ⅰ则均衡（2，2）的概率为 0.81。在阶段Ⅱ，虽然均衡（1，1）在 21 次中观察到了 11 次，但是许多例子都是孤立的，并未重复出现，而且其连续概率仅为 0.30。更显著的事实是，在整个阶段中，并无其他状态得以重复出现。阶段Ⅲ中，非均衡状态得以维持（21 次中有 16 次选择），（2，1）状态没有得以维持，而（1，2）状态的连续概率达到了 0.50。最后，阶段Ⅳ显示了（2，2）状态的回归和维续（9 次中有 5 次选择），其他状态并没有任何延续特征。

3.2.3 基线实验中的社会化

我们所感兴趣的拉马克式的演化类型依赖于一个有特定功能的社会学习过程。实验中允许习俗和文化通过建议进行传播，并且这对我们实验性社区的功能来说极其重要。

为了讨论建议的作用，我们将在表 4 展现一个关于如何表达建议的摘要，表 5 则展现在什么情境下传递建议。

表 4　状态条件下的建议

状态	行 1	行 2	列 1	列 2
1，1	16	0	14	2
1，2	9	18	15	12
2，1	7	0	2	5
2，2	3	28	0	31

表 5　在最后一期状态的建议

最后一期状态：（1，1）

		行被试		列被试	
		遵循	违背	遵循	违背
建议	1	11	5	5	9
	2	0	0	1	1
总数		11	5	6	10

最后一期状态：（1，2）

		行被试		列被试	
		遵循	违背	遵循	违背
建议	1	7	2	10	5
	2	10	8	10	2
总数		17	10	20	7

最后一期状态：（2，1）

		行被试		列被试	
		遵循	违背	遵循	违背
建议	1	5	2	0	2
	2	0	0	4	1
总数		5	2	4	3

最后一期状态：（2，2）

		行被试		列被试	
		遵循	违背	遵循	违背
建议	1	3	0	0	0
	2	19	8	26	4
总数		22	8	26	4

给予什么建议[①]

表 4 列出了建议的类型。建议由被试的紧前者提供给被试，并注意建议的保守性。当达到一个阶段的博弈均衡时，不论是谁，被试都会告诉他们的继任者要坚守惯例。当博弈均衡是（1，1）时，对于行被试这种情况 100% 发生（16 次建议中都要求坚守惯例），因为这种均衡对行被试来说是最优的，而当均衡为（2，2）时，这种情况发生率为 90%（30 次建议中 27 次要求坚守惯例）。列被试也有类似情况存在。当对列被试最优的状态（2，2）发生时，我们看到 100% 的列被试选择了 2（30 次建议中都要求坚守惯例），而当状态

---

① 在 Schotter 和 Sopher（2000a）中，我们通过对建议进行编码考察了给定建议的内容，并且考察了建议是如何根据博弈的不同状态而发生变化的。我们发现建议的细节取决于博弈的状态。当一均衡状态在上一期出现并且对于被试有利，例如被试可获得 150 的报酬，被试就会留下较低水平的支持这种策略的信息。然而，被试得到较低报酬的时候就会留下较多的原因和策略方面的建议。

为（1，1）时，87.5%的被试建议其后继者坚持（1，1）均衡，尽管事实上这也给予其对手最大份额的支付。

当最后一期的状态是非均衡时，被试行为更加捉摸不定且行与列被试的行为各不相同。我们注意到存在两种非均衡状态的类型：一种状态是（2，1），被试选择一种策略，而此策略对其对手来说是最优的。我们称之为恭顺的非均衡（submissive disequilibrium）状态，因为两方被试都向对方屈服并选择使对方获得最优支付的策略。状态（1，2）被称为贪婪的非均衡（greedy disequilibrium），因为此时被试只选择于己有利的策略从而产生非均衡的状态。在恭顺非均衡状态（2，1）中，行与列被试都对其后继者建议转变策略，即在下一期进行贪婪行动。更精确地，在恭顺非均衡状态的7个例子中，行被试在7个例子上都建议转变策略选择策略1，而列被试在7个例子中仅有5例建议转变策略选择策略1。当贪婪非均衡发生时，建议就更加发散了。27次贪婪非均衡中有18次行被试建议转变为恭顺战略而选择策略2，而仅有9次列被试建议坚定立场选择策略1。15次列被试建议转变为恭顺战略（策略1），而12次被试建议坚持惯例选择策略2。

建议何时被遵循

为了坚持均衡惯例，要么是所有被试都建议他们的后继者遵循惯例同时这些建议也得以遵循，要么是被试建议后继者偏离均衡惯例然而建议却被人忽视了。当观察被试的行为时，我们发现被试完全倾向于遵循建议。这些建议并非强有力并足以防止周期性的策略偏离，因此也出现了我们上面讨论的刻点均衡。更为准确地，表5列出了所给予的建议得以遵循的频率。

这些表格展示了一些有趣的事实。首先，建议常得到遵循，但是遵循的程度取决于上一期的状态。平均来说，行被试有68.75%的时间遵守建议，而列被试有70%的时间遵守建议。当上一期的状态是（2，2）时，行被试在73.3%的时间里遵守建议（奇怪的是他们竟然完全听从了 3 次告诉他们转向策略 1 的建议），而列被试在 86.6% 的时间里遵守建议（这儿所有建议都是选择策略 2）。当最后一期状态是（1，1）均衡时，列被试仅有 37.5% 的时间选择遵循，而行被试有 68% 的时间遵循建议。

这儿产生的一个问题是，当与最优反应行为相比较时，建议到底有多么强的作用。例如，被试遵循建议经常是由于他们得到的建议与针对他们信念的最优反应是一致的，因此遵循建议也就简单地等同于作出最优反应。在设计中我们很幸运能够直接检验假设，因为对于每一代我们可诱导出被试对其对手的信念并也因此而获悉他们的最优反应和他们所获得的建议。因此，我们也就容易比较他们，这也便是我们在表 6A 和表 6B 中所做的工作：

表 6A 与最优反应不同时的遵循建议

	行		列	
	遵循	违背	遵循	违背
最后一期状态（1，1）	0	3	3	8
最后一期状态（1，2）	4	5	11	6
最后一期状态（2，1）	0	0	0	2
最后一期状态（2，2）	11	5	3	1
合　计	15	13	17	17

表 6B 与最优反应不同时的遵循建议

	行		列	
	遵循	违背	遵循	违背
最后一期状态（1，1）	11	2	3	2
最后一期状态（1，2）	13	5	9	1
最后一期状态（2，1）	5	2	4	1
最后一期状态（2，2）	11	3	23	2
合　计	40	12	17	7

我们从表 6A 和表 6B 中得出的推论十分引人注目。当建议和最优反应策略有所不同时，被试遵循最优反应策略的支配亦如他们遵

循所获得的建议。例如，对于行被试，存在 28 个实例其最优反应策略与所获建议不同，而在此 28 例当中遵循建议的有 15 次。对于列被试，存在 34 个这样的实例，而共有 17 次被试选择遵循建议而不是最优反应策略。这些结果是引人注目的，因为我们所测度的信念是被试的后置信念（posterior beliefs），这种信念是被试在看清给予他们的建议和他们之前的博弈历史后获得的。因此，我们的信念应该囊括对象所获建议中所有的信息内容，但有一半时间他们仍然坚持作出与其最优反应策略不一致的选择。由于实验中的建议是一种私下交谈的类型，这种交谈的信息量仅比下代已获信息稍多一些（在 t 代与 $t+1$ 代之间唯一的信息差别在于 t 代被试已进行一次博弈且获得了来自其紧前者的建议，而 $t+1$ 代的被试并未直接获知这一建议），令人惊讶的是被试完全听从交谈中获得的建议。

这种提出建议和接受建议的行为，其引人注目的一个方面是它如何把一个随机因素引入宿命论的最优反应过程。如果建议总是被遵循，或者至少当其与被试的最优策略一致时被遵循，并且如果两方被试皆欲采取与（1，1）、（2，2）状态一致的策略，那么，这些状态一旦达到便将是引人关注的。尽管如此，我们的数据并不支持这些假设。虽然在阶段 I 的行被试中观察到 9 次均衡（2，2），而且选择策略 2 是被试信念的最优选择，我们却在第 13 代观察到一个完全无法解释的偏离。此外，在 30 轮中有 3 次出现（2，2）均衡，行被试却没有向其后继者建议坚持惯例，而 16 个实例中有 2 次出现均衡（1，1），列被试却建议选择策略 2。这些行为使得我们正在考察的过程变得更加复杂，并如我们所见，这些行为指引我们将其模型化为一个不可化约的（irreducible）有限的马尔可夫链（Markov chain）。

3.3 信 念

如上所述，各代被试做出选择之前，他们要陈述自己对于对手选择策略 1 或 2 的概率的信念。这些信念向量的时间路径如图 4A 和图 4B 所示，图 4 向我们展示了各代被试相信其对手选择策略 1 的概率。

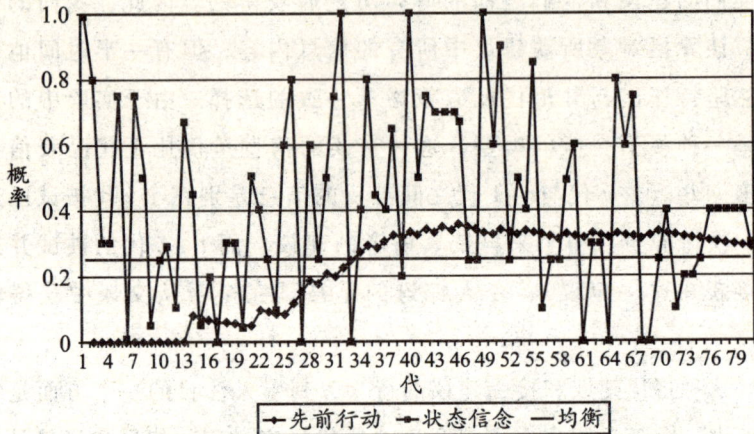

图 4A 关于列被试的行被试信念——列被试选择 1 的概率

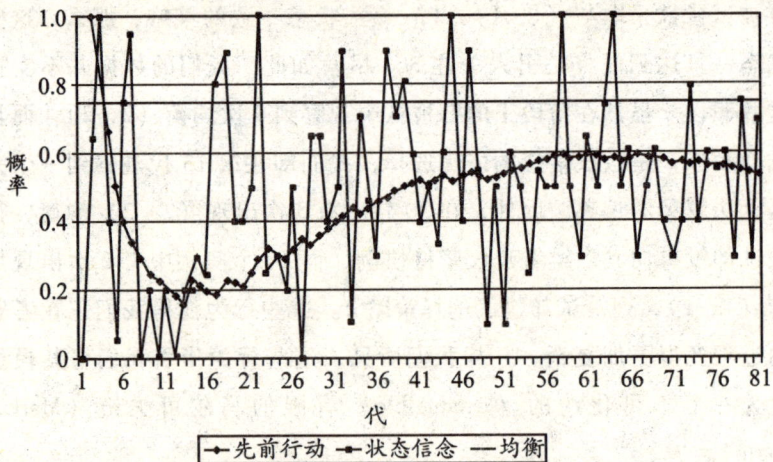

图 4B 关于行被试和基线的列被试信念

请注意，我们在图 4A 和图 4B 中各画了一条直线。这条直线表示此重要信念的概率，如果对手以更高的概率选择策略 1，则被试的最优反应策略也是 1。（我们也画了一条曲线，此刻略去说明，之后我们会简要加以解释）正如我们所看到的，双方被试的信念表现出一种过度的自信，即双方被试都相信对手将选择与某一均衡相一致的策略，而这种均衡对他们是最为有利的。更精确地，在 81 代中仅有 26 代行被试相信他们的对手愿意选择策略 2，从而引导他们也选择策略 2 作为一种最优反应。对于列被试，情况更加糟糕，其信念仅与 15 次最优反应策略 1 保持一致。很明显，如果这些信念是基于博弈的历史，那么谁也不可能正确。

为了证明历史信念如何发生差异，我们计算博弈中被试的经验信念（例如，被试采取某一策略的概率等于该被试过去采取此策略的时间段）并在图上画出来。虽然经验信念是历史信念的一种十分极端的形式，但是对过去的观察赋予相同的权重的话，它们可作为从被试那获得的信念的对立物而发挥作用。如我们所见，在历史（经验）信念与被试的信念之间并无明显联系。[这些结果重复了尼亚柯和肖特（Nyarko，Schotter，1998）早先于重复零和博弈中的相同发现] 我们看到，对于行被试而言，随着时间推移，经验信念在向理论均衡信念收敛过程中发挥了较好作用，而列被试的经验信念收敛于一种较之理论均衡值偏差较大的值上。但在其他案例中，被试对于实现自己所偏好的均衡较数据所显示的更为乐观。

事实上，对于行被试，我们可以拒绝实验中 81 代的经验信念和陈述信念等同分布的假设（$z = 4.93$，p 值为 0.00）。但仍然存在一些收敛过程，因为在阶段 III 和阶段 IV，这些相同的等级信号测试不能拒绝不均等分配的假设（阶段 III，$z = 1.34$，p 值为 0.18；阶段 IV，$z = -0.34$，p 值为 0.73）。对于列被试，等级信号测试也不能拒绝陈述信念与经验信念分布相等的假设，不论这一假设是在 81 代的水平上（$z = 0.39$，p 值为 0.70），还是在任何一个阶段中（阶段

Ⅰ，$z = 0.70$，p 值为 0.48；阶段Ⅱ，$z = 1.55$，p 值为 0.12；阶段Ⅲ，$z = -1.16$，p 值为 0.24；阶段Ⅳ，$z = -1.36$，p 值为 0.17）。

4 建议迷局：实验Ⅰ与Ⅱ中的社会与信念学习

从第 52 代开始我们引入两种新的实验。在实验Ⅰ中，我们移除历史信息，使后继代的被试进行博弈，但不能获知超越其父母那一代的历史，故无法从中获利。这里的意思是被试仅仅知道他们的博弈也许曾经进行过许多次，但他们只能获知在他们之前那代的博弈信息。尽管如此，他们仍然能够像基线实验中那样接受建议。这一实验独立于基线实验和实验Ⅱ，只是从第 52 代普通的起点开始。在实验Ⅱ中，我们则移除建议，允许被试观察在他们之前的整个历史，只要他们愿意，但是不允许他们向后代提供建议。[①]

这两项设计提供了一个受控实验，该实验使得我们能够考察社会学习的影响。这种社会学习的形式是提供建议与遵循建议，而其影响在于博弈中被试获得与维持均衡习俗的能力。这种学习类型与研究得更加频繁的信念学习正好相反，后者指的是被试根据有关对手行动的信念进行最优反应而采取行动。在实验中，我们能够简单测试这两种学习类型，因为我们能在博弈的每一点上获知被试的信念。因此，每一代根据历史形成他们的信念并做出反应。额外的建议对均衡行为的频率和存续并无影响。由于实验中提供建议的人们比接受建议的人们并不拥有更多的信息，故这一论述尤为正确。（信息集上的唯一区别在于建议的提供者从其父辈那儿获得建议，而建议的接受者却无法看见这些建议）

更精确地说，如果所提供的建议对习俗的建立并不重要，那么在我们对比实验Ⅱ（完全历史信息/无建议实验）与基线实验（被

---

① 即使被试想在屏幕上写下任何内容，我们也必须禁止他们这样做。

试获得历史和建议两方面信息）时，将无法观察到被试在达到均衡次数上的任何差异。更进一步，如果不是历史而是建议对协调习俗重要，那么如我们在实验Ⅰ中那样，消除历史信息并允许获得建议将获得基线实验中所观察到的相等的合作数量。

图5A、图5B和图5C标出了这两项实验与原始的基线实验中所产生的时间序列（对图2的重复）：

如我们在图5A、图5B和图5C中所见到的，消除历史信息对博弈路径的影响不同于消除建议信息所造成的影响。与我们在前文中的观察相一致，当建议被提供，即便无法获知历史信息，代际博弈中的被试依然在实现均衡行为（或建立习俗）上获得更大成功。缺少建议信息，单单具备历史信息对于习俗调整提供了较少的帮助。更具体地，如我们所见，实验Ⅰ在80代中的39代里成功地达到了博弈均衡，而当均衡实现时，行被试平均维持了1.95代（连续概率

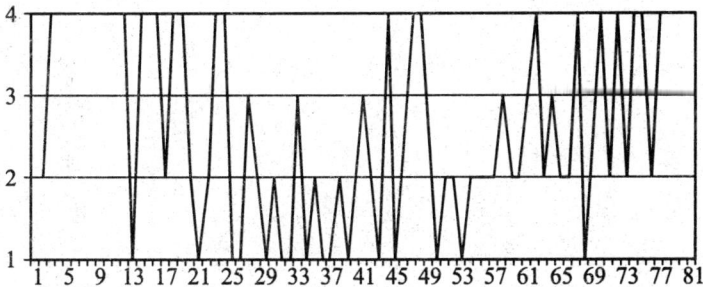

图5A　基线实验结果

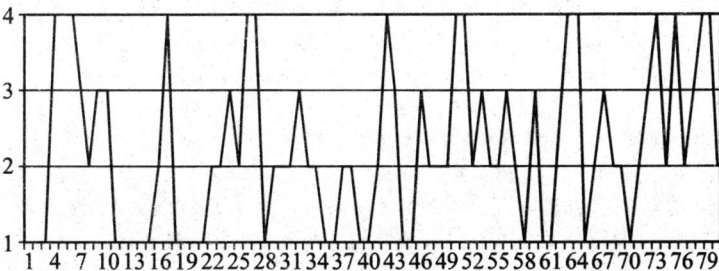

图5B　实验Ⅰ结果

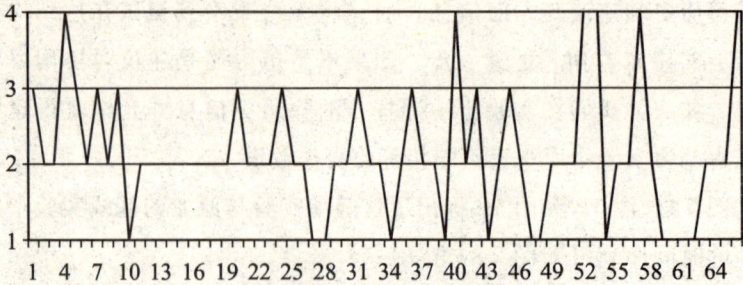

图 5C　实验Ⅱ结果

为 20/39 = 0.512）。在实验Ⅱ中博弈均衡出现并不频繁，在 66 代中仅有 19 代出现均衡，其连续概率为 0.315，且平均维持 1.58 代。因此，当消除建议信息后，协调习俗出现的频率急剧下降了。基线实验中我们在 81 代里观察到 47 代均衡结果，而消除建议信息，正如在实验Ⅱ中所作的那样，我们在 66 代里仅仅观察到 19 代均衡。当允许建议信息而消除历史信息时，即实验Ⅰ，协调习俗得以恢复，在 81 代中发生了 39 代。[①]

这些结果便引发了我们所谓的"建议迷局"，它由两部分组成：

第一部分是一个问题，即为什么被试会遵循某人向他提供的建议，而建议提供者的信息集与他们自己的信息集实际上是相等的。事实上，基线实验中父辈与子辈之间信息集的唯一区别在于父辈的

---

① 一种更正式的比较这些实验对被试的行为影响的方法是，比较基线实验数据所表明的均衡状态的变迁矩阵，并且检验这些状态变迁矩阵是否能在实验 1 和实验 2 中相同随机过程产生的数据中反映出来。更准确地说，这些数据似乎由一种马尔可夫链过程所产生，而处理这些数据，我们可以估计从一种状态 [(1, 1)　(1, 2)　(2, 1)　(2, 2)] 到另外一种状态的概率。一种简单的计算程序可进行这些概率的极大似然估计。而这样做对每个实验都会产生一个 4×4 的矩阵。这些矩阵列于 Schotter 和 Sopher（2000a）论文的附录中。为了测试基线实验数据中的变迁概率是否和实验 1 和实验 2 中数据产生的过程相同，我们使用 χ^2 的适合度检验。更准确地说，称 **T** 为基线实验数据中的变迁矩阵而 $\mathbf{P}^k$ 为另外两个实验中的变迁矩阵。为了估计这些方法的变迁概率是否和基线实验中的相同，我们使用卡方检验。我们发现我们可以否定产生基线实验数据和实验Ⅰ $[\chi^2(12df) = 27.6521,\ p = 0.000]$ 或者实验Ⅱ $[\chi^2(12df) = 59.4262,\ p = 0.000]$ 中的数据的过程相同的假设。因此，假如产生数据的过程可以认为是马尔可夫链式的，那么，对于决策者来说，似乎是利用不同的信息条件改变了他们的行为。

信息是从祖辈那里获得的，而子辈的信息是从父辈那里获得的。除此之外，所有信息都是相同的，只是当建议信息与被试信念的最优反应不同时，几乎在50%的时间里，被试仍然遵从其父辈的建议。①

第二个部分是这样一个困惑，即如库柏、德容、弗西斯和罗斯（Cooper，Dejong，Forsythe，Ross，1989）所论述的，虽然建议信息是私人的，不是谈话中的公共知识，但是它在某种意义上有助于协调习俗的建立，即在基线实验中均衡发生率为58%，实验I中为49%（有建议信息），实验II中为29%（无建议信息）。虽然已知在简单交谈形式下单向交流能促进性别战博弈中的协调均衡发生（见，Cooper et al，1989），且双向交流则能有助于其他博弈中的协调发生（见，Cooper，Dejong，Forsythe，Ross，1992），但是实验中看到的这种私人交流类型是如何发挥作用的对我们来说仍然是一个未解的谜。

最后，注意到被试遵循建议的意愿具有一些信息追随的特征。因为许多实例中，被试并未依赖其自身基于博弈历史信息所得到信念，而是遵循由其前辈博弈者所给予他们的建议。这些前辈实际上与新手也别无二致。

5 结 论

本文采用实验手段来考察习俗形成的过程及其在代际博弈中的传播，并将这一过程模型化为拉马克式的过程。在此过程中，非交叠的代际被试产生了行为习俗并代代相传。这些习俗倾向于固化社会不平等。由于这一过程是随机的，所以尽管它展示了刻点均衡，在这一均衡上，习俗得以创生并代代相传，但是随后又自动消失了。

---

① 在Ottaviani和Sornesen（1999）的模型中，将父母作为所有方面的"专家"是没有意义的。

在这一过程中出现了数个事实。

我们的结论中最显著的特征可能是代代相传的建议在促进代际协调均衡上所发挥的中心作用。依赖历史信息和信念学习的过程并不足以产生性别战博弈中的协调均衡。一个尚未加以解释的原因是，即便在缺乏历史信息的情况下，单单建议信息便足以促成习俗的创生，而在没有建议信息的情况下，单有历史信息却无法催生习俗。这便暗示着，社会学习可能是一种更强有力的学习形式，而信念学习则可能是一种较弱的学习形式，从而与我们早先的认知有所不同。

附录　实验指导

以下文字是性别战博弈中出现在计算机屏幕上的实验指导。之前有一个总体的指导，解释被试将进行的三个博弈的程序。被试完成一个博弈后要进行另一个博弈（除非这是他完成的最后一个博弈）。

由于这是一般的说明，所以类似实验货币对美元的兑换率等细节在此便省略了。

总体说明

说明

您将参加一个决策经济学实验。多个研究基金为进行此项研究提供了资金。如果您遵从实验指导并做出严谨决策，您将赢得一笔可观的收入。

货币

实验中使用的货币是法郎。所有货币量都将以这种货币计量。您所挣得的法郎将以一定的兑换率兑换为美元，兑换率稍后会加以说明。下面将说明如何您应如何做决策和挣钱，以及您将如何被支付报酬。

决策问题

在实验中，您将参加三个不同的决策问题。在每一个问题中，您将和另外一个人分为一组，你们俩互相作决策。您所获得的货币报酬取决于您和与您配对的人所作的决策。

您进行了第一个决策问题之后，您将与另一人配对参与第二个博弈。同样的，您所获得的货币报酬取决于您和与您配对的人所作的决策。

在您参加了第二个决策问题之后，您将再次与另一个人配对。与前两次一样，第二个决策问题中您所获得的货币报酬取决于您和与您配对的人所作的决策。

您不会获知与您配对的人的身份，同样地，您的身份也不会为他人所知晓。

在每个决策问题开始前，实验人员将会向您说明这三个决策问题的细节。这里所说的是决策问题的结构和每个决策问题的程序。

总体结构

总的来说，您和与您配对的人不会是第一对参与某一特殊决策问题的人。也就是说，大体上，在你们之前其他对已参与过这一问题了，要么在今天早些时候，要么在前几天。而且，您和与您配对的人也不会是最后一对参与决策问题的人。即，在你们之后也有其他对要参加这一问题的博弈，要么是今天晚些时候，要么是此后几天。

角色

在每个决策问题中，您将取代在您之前参加博弈的人。每个决策问题有两个决策者，A 和 B，而您将被指定为 A 或 B。

支付

在每个决策问题中，您和您的搭档都将做出一个决策，这些决策将决定您从决策问题中所获得的报酬。此外，您也将获得另一份报酬，这份报酬等于当他人取代您的位置时位置的替换所产生的一部分报酬。(您的前辈将获得您所挣报酬的一部分) 这样，一名被试从任何一个决策问题中所挣得的总报酬是他与搭档在决策问题中所获报酬加上他与搭档的后继者在决策问题中所获报酬的一部分。

建议

由于大体上您的报酬取决于您和您的后继者的决策，因此您可以将决策问题中应采取何种行动的建议告诉您的后继者。您的搭档也能将建议传递给他/她的后继者。处于您的位置上进行最后一轮决策问题的人可以放弃您有关应采取何种行动的建议。类似地，处于您搭档位置上进行最后一轮决策问题的人也可以放弃他/她有关应采取何种行动的建议。

历史

由于在您之前已经有其他人参加决策问题博弈，所以您将能够获知在您之前一部分博弈行动的历史。特殊情况下，您和您的搭档将能够看到之前所有配对所作的决策。

预测

在决策问题的不同关键点上，在做出决策之前，您将会被问及自己是怎样认为对手在该问题中会采取什么行动的。为了激励您尽可能准确地陈述您的看法，根据您对手的所作所为，我们将依据您陈述的准确性对您予以奖励。对您进行奖励的有关细节取决于您所参加的决策问题，因而直到不同决策问题的特别说明做出后，有关细节才能得以澄清。

如何得到报酬

您每日出勤并完成实验便可获得 5 美元的报酬。此外，您将依据每日参加的三个决策问题的结果获得回报。在稍后的时间里，基于您的后继者参加的三个决策问题的结果，您也将获得您的第二份报酬。当您的第二份报酬等着您去拿时，我们会通知您的。

说明

引言

在决策问题博弈中您将与别人搭档。当您所参加的决策问题结束时，您将被另一参与者所取代，他将替代您在决策问题中的位置。您在整个决策问题中的最终报酬取决于您在博弈中所获报酬和您的继承者在博弈中所获报酬。

在决策问题中使用的货币是法郎，所有支付都以这种货币计量。在决策问题结束时，您的法郎收入将以 1 franc = $ x.xx 的比率兑换为美元。

您的决策问题

您所参与的决策问题将有 n 轮。每轮中，每个参与者要么扮演建议提供者，要么扮演建议接受者。（到底扮演哪种角色将在决策问题开始前告诉您）

在博弈中，行被试必须选择一个行的策略，而列被试必须选择一个列的策略。存在两个行策略（1 和 2）和两个列策略（1 和 2）可供选择，根据行被试与列被试的选择决定被试的报酬。例如，如果行被试选择 1，列被试也选择 1，那么他们的支付就是列于矩阵左上角的两个数字。（第一个数字是行被试的报酬，第二个数字是列被试的报酬）这种情况下行被试获得 150 的报酬，而列被试获得 50 的报酬。如果行被试选择 2，列被试也选择 2，那么两者的支付则位于矩阵的右下角。这种情况下行被试获得 50 的报酬，而列被试获得 150 的报酬。如果行被试选择 1 而列被试选择 2（或者相反），那么二者都将获得 0 报酬。

您将使用计算机做出决策。如果您是行（列）被试且想选择任何一个行（列）策略，您所要做的就是用鼠标点击行（列）上您想选择的策略。点击后将高亮显示您所选择的策略。同时您要确认您的选择，计算机会问您：您确定选择行（列）策略 1（2、3、或其他）吗？

当行被试与列被试都确认选择后，你们选择的结果将报告给双方被试。此时计算机将显示您和您搭档的选择以及此轮你们的报酬。计算机将高亮显示行与列的选择以及所选矩阵单元的报酬。

您的报酬和您的后继者

当您完成您的决策问题博弈后，您将被另一个参与者所取代，他将和一名新招募的参与者在同样的决策问题中替代您的位置。您最后的报酬取决于您在决策问题中所获支付以及您的后继者在决策问题中所获支付。更详细地，您将挣得您在决策问题中所获的全部报酬和相当于您的后继者所获报酬的一半的支付。

给您的后继者的建议

您将获得后继者一半的报酬。由于您的报酬取决于您的后继者如何行事，所以我们允许您向您的后继者提供私人建议。这种建议的形式是简单的：您为后继者简单地建议一个行动，1 或 2 或 3 等，写下您认为后继者应该采取的行动。我们还提供一定空间供您写下关于您向后继者建议的行动的有关评论。此外，如果您愿意，您可以告诉后继者您的前辈给您的建议，以及您前辈博弈的历史，这一博弈历史您看到了，但您的后继者可能并未看见。

要提供建议，请单击"给出建议"按钮。您将看到屏幕上一连串的建议，您可以根据这个为您的后继者提供建议。

注意，除非您是第一个进行此项决策问题的人，当您坐在计算机前，您将看到您的前辈提供给您的建议。

历史

当您坐在计算机前您将看见之前参与者博弈的历史。

要查看历史信息，请单击建议对话框中的"历史"按钮。注意，最后，所有后继者都将看见他们前辈的建议以及前辈们参与博弈的历史。尽管如此，您却不可能获知您的搭档的前辈给予他的建议。

预测他人的选择

在决策问题之初，在您选择行策略或列策略之前，您将有机会通过预测您搭档的选择来获得额外的收入。当您需要做预测时，将会出现一个预测对话框，情形如下：

对话框暗示您的搭档将选择策略 1 或 2 或 3 等，这使您可预测搭档的选择。例如，假定您是一个行被试，您认为您的搭档有 40% 的可能选择策略 1，而有 60% 的可能选择策略 2。这意味着您相信策略 1 的可能性弱于策略 2，但策略 1 被选择的可能性仍然相当大。如果这是您对于搭档策略选择的信念，那么请单击"输入 1"旁边的空间，输入数字（40），单击"输入 2"旁的空间，输入数字（60）。注意您所输入的数字之和必须为 100。例如，如果您认为搭档选择策略 1 的可能性为 67%，选择策略 2 的可能性为 33%，则在"输入 1"旁边的空间里输入数字 67，在"输入 2"旁的空间里输入数字 33。

在决策问题的末尾，我们将看到您的搭档所作的实际选择，并对比您所作的预测。我们将根据您的预测向您支付报酬，情形如下：

假设您预测搭档选择策略 1 的可能性为 60%，选择策略 2 的可能性为 40%，则在"输入 1"旁边的空间里输入数字 60，在"输入 2"旁的空间里输入数字 40。假设您的搭档实际上选择的是策略 2。这个例子中您的支付将是：

$$预测支付 = [20000 - (100 - 40)^2 - (60)^2]$$

换句话说，我们将给您 20000 点的固定收入，并根据您预测的准确性从中减去一定的数量。当获知您搭档的选择（例如，要么接受该策略，要么拒绝该策略）后，我们取您对该选择所赋予的数值。在此例中，40 是您对搭档拒绝该策略所赋的值，从 100 中减去此数字，然后求差的平方。然后我们取您对搭档并未选择的策略所赋的数值。此例中，60 是您对搭档选择此策略所赋的值，也求出这个值的平方。我们将从最初所赋予您的 20000 点中减去这两个平方数，从而得到您最终的支付点数。您的支付点数将以 1 point = % francs 的兑换率兑换为法郎。

注意，在此支付框架下您的最劣信念是认为某一特定策略被搭档采用的概率为100%，并且为此项选择赋值100，而事实上搭档选择的却是其他策略。这样的话，您从预测中所获支付便将是0。类似的，你的最优信念是猜中搭档实际上所作的选择并对此项选择赋值100。这样的话，您的支付便将是20000。

虽然由于您是在获知搭档真实选择之前做出预测的，所以为了最大化您的预测报酬，您所能做得最好的事情就是如实陈述您的真实信念，即您认为您的搭档会作何选择。其他任何预测都将减少您的预测支付。

总结

综上所述，决策问题博弈将按照如下说明进行：当您坐在计算机终端前，您将看到之前的参与者所作的决策，您也将看到您的上一代的参与者给您提供的建议。您要填写预测对话框以预测您的搭档的策略选择。完成这步后，屏幕上将出现一个决策对话框，您要做出决策。之后您将看到您的搭档所作的决策并被告知您所获的报酬。最后，您要填写建议对话框，给您的后继者提供博弈建议。

参考文献

Berg, J., Dickhaut, J., & McCabe, K. (1995): "Trust, Reciprocity, and Social History," *Games and Economic Behavior*, 10, 122 – 142.

Boyd, R., & Richerson, P. J. (1985): *Culture and Evolutionary Process*, Chicago, University of Chicago Press, Illinois.

Bisin, A., & Verdier, T. (1998): "Cultural Transmission, Marriage and the Evolution of Ethnic and Religious Traits", Economic research report, C. V. Starr Center for applied Economics, New York University, RR # 98 – 39, November 1998.

Cavalli Sforza, L, & Feldman, M. (1981): *Cultural Transmission and Evolution: A*

Quantitative Approach, Princeton, NJ, Princeton University Press.

Cooper, R., Dejong, D., Forsythe, R., & Ross, T. (1989): "Communication in the Battle of the Sexes Game: Some Experimental Results," *Rand Journal of Economics*, 20, 568 – 587.

Cooper, R., Dejong, D., Forsythe, R., & Ross, T. (1992): "Communication in Coordination Games", *Quarterly Journal of Economics*, 107, 738 – 771.

Crawford, V. (1991): "An Evolutionary Interpretation of Van Huyck, Battalio, and Beil's Experimental Results on Coordination," *Games and Economic Behavior*, 3, 25 – 59.

Cremer, J. (1986): "Cooperation in Ongoing Organizations," *Quarterly Journal of Economics*, 101, 33 – 49.

Fudenberg, D., & Harris (1992): "Evolutionary Dynamics in Games with Aggregate Shocks," *Journal of Economic Theory*, 57, 420 – 441.

Fudenberg, D., & Maskin, E. (1990): "Evolution and Cooperation in Noisy Repeated A Games," *American Economic Review*, 80, 274 – 279.

Jackson, M., & Kalai, E. (1997): "Social Learning in Recurring Games," *Games and Economic Behavior*, 21, 102 – 134.

Kandori, M. (1992): "Repeated Games Played by Overlapping Generations of Players," *Review of Economic Studies*, 59, 81 – 92.

Kandori, M., Mailath, G., & Rob, R. (1993): "Learning, Mutation, and Long Run Equilibria in Games," *Econometrica*, 61 (11), 29 – 56.

Lewis, D. (1969): *Convention: A Philosophical Study*, Cambridge Massachusetts, Harvard University Press.

Ottaviani, M., & Sorensen, P. (1999): "Professional Advice," Mimeo, Department of Economics, University College London.

Nyarko, Y., & Schotter, A. (1998): "An Experimental Study of Belief Learning Using Real Beliefs," Economic Research Report 98 – 39, C. V. Starr Center for Applied Economics, New York University, December 1998.

Okuno-Fugiwara, M., & Postlewaite, A. (1995): "Social Norms and Random Matching," *Games and Economic Behavior*, 9, 79 – 109.

Salant, D. (1988): "A Repeated Game with Finitely Overlapping Generations of Players," *Games and Economic Behavior.*

Samuelson, L. (1997): *Evolutionary Games and Equilibrium Selection*, Cambridge, MA, MIT Press,

Samuelson, L. , & Zhang, J: "Evolutionary Stability in Asymmetric Games," *Journal of Economic Theory*, 57, 363 – 391.

Schotter, A. (1981): *The Economic Theory of Social Institutions*, Cambridge, England, Cambridge University Press.

Schotter, A. , & Sopher B. (2000): "Social Learning and Coordination Conventions in Inter-generational Games: An Experiment in Lamarckian Evolutionary Dynamics," Economic Research Report #2000 – 01, C. V. Starr Center for Applied Economics, New York University, January 2000.

Ullman-Margalit, E. (1977): *The Emergence of Norms*, Oxford, England, Oxford University Press.

VanHuyck, J. , Battalio, R. , & Beil, R. (1990): "Tacit Coordination Games, Strategic Uncertainty, and Coordination Failure," *American Economic Review*, 80, 234 – 248.

Vega-Redondo, F. (1996): *Evolution, Games and Economic Behavior*, Oxford, England, Oxford University Press.

Weibull, J. (1995): *Evolutionary Game Theory*, Cambridge, Massachusetts, MIT Press.

Young, H. P. (1993): "The Evolution of Conventions," *Econometrica*, 61 (1), 57 – 84.

Young, H. P. (1996): "The Economics of Conventions," Journal of Economic Perspectives, 10 (2), 105 – 122.

Young, H. P. (1998): *Individual Strategy and Social Structure*, Princeton, New Jersey, Princeton University Press.

名 词 索 引

人 名 索 引

图书在版编目（CIP）数据

人类行为的法则：学习行为实验经济学研究/朱宪辰
编选 . 一杭州：浙江大学出版社，2009
ISBN 978－7－308－06478－1

Ⅰ. 人… Ⅱ. 朱… Ⅲ. 经济学—文集 Ⅳ. F069. 9－53

中国版本图书馆 CIP 数据核字（2008）第 203142 号

人类行为的法则：学习行为实验经济学研究
朱宪辰 编选

责任编辑	赵 琼	
出版发行	浙江大学出版社	
	（杭州天目山路 148 号 邮政编码 310028）	
	（E-mail：zupress@ mail. hz. zj. cn）	
	（网址：http：//www. zjupress. com）	
排 版	北京京鲁创业科贸有限公司	
印 刷	杭州杭新印务有限公司	
开 本	710mm×1000mm 1/16	
印 张	20. 75	
字 数	370 千字	
版 印 次	2009 年 2 月第 1 版 2009 年 2 月第 1 次印刷	
书 号	ISBN 978－7－308－06478－1	
定 价	42. 00 元